走向适合教育

ZOUXIANG SHIHE JIAOYU

杨金明／著

山东人民出版社
国家一级出版社 全国百佳图书出版单位

序 一

人各不同，用统一的模式进行教育，显然会出现问题。所以，孔子提出了著名的“因材施教”说，通过因人而异的教育，让学生各自得到相应的发展。他还说：“中人以上，可以语上也；中人以上，不可以语上也。”可当下一些教师的教学，往往是不管学生是“上”“中”还是“下”，用同样的难度与语系对学生进行教学。于是，就出现了学优生吃不饱，学困生学不会的现象。对于习惯优劣不等的学生，在实施教育的时候，也常常因为采取“一刀切”的教育模式而出现事倍功半的效果。杨金明校长所说的适合教育，则遵循了“因材施教”的教育原则，让不同类型的学生找到适合自己发展的方位，从而“率性”地成长。

比如沾化县第一实验小学的“一班一品牌，班班有特色”，就为不同个性爱好的学生提供了自我选择与才华展示的空间。自我选择，既是对孩子的尊重，也遵循了学生发展的规律；才华展示，既可以让孩子的潜能充分发挥出来，又由此增长了他们的自信心与自豪感。其实，孩子们都有着巨大的发展潜能，只不过在大一统的教育体制下，很多潜能被压抑了而已。适合教育则恰恰相反，它极大地激发了学生内在的发展动力，让其潜在的能量喷发出来，为其未来的更大发展提供智慧储备。不过，这也会为学校增加负担，为教师增加工作量。可杨金明校长认为，没有这方面的“增加”，就不可能有学生更好成长的“增加”。他认为，作为校长与一线教育工作者，要有责任感与使命感，学生是要走向未来的，小学阶段为他们提供什么样的教育，在很大程度上，对其未来对社会贡献的大小有着至关重要的作用。

适合教育还有一个突出的特点，那就是它以思维为前提的现代教育。传统的教育是以知识为前提的教育，学生更多学到的是知识，而且是被动学习的。适合教育也会让学生学到知识，还可能学到更多的知识；可更重要的是，它极大地扩充了学生的思维，尤其是激活了他们内在的创造力，从而让学习走向了自主与自动状态，进而形成创造性的思维品质，让学生感到学习是一种其乐也无穷的事情。这种“审美”的快感，反过来又会让学生的学习更具思维的张力。

杨金明校长所谈的适合教育，还不只是学习这一领域，它是一个全方位的系统。它不但涉及学校教育的方方面面，而且还辐射到家庭教育与社会教育层面上。所以，就有了家校合作与社会实践活动等一系列的教育活动。这需要一种理念内化的过程。适合教育不但要根植于教师的心里，还有走进家长的心里，甚至向社区扩展。只有形成一种精神与行动上的合力，适合教育才能真正落地生根。

杨金明认为，适合教育在关注学生个性差异的同时，并没有排斥共通的要求。比如要求所有学生都要好好读书。他认为，学生在读经典著作的时候，不但可以从中汲取丰富的智慧，还可以提升人生的境界。一个形不成读书习惯的学生，不管其如何个性张扬，也是没有生命底气的。学校，就要用经典文化为孩子们的生命前程增添亮色。当然，学生在读书的时候，也可以根据自己的爱好而各取所需。看来，“共通”也不是一个绝对的概念，其中也还有一个“适合”的问题。

杨金明校长认为，在实施适合教育的时候，对学生的爱也是共通的要求；不过，爱的方式方法却要因人而异。比如，有的父母很爱自己的孩子，可是孩子并没有从中感受到这种爱。从这个意义上说，爱也是一种智慧，爱也要适合才行。所以，他要求老师们要爱学生，同时，还要让各不相同的学生都能感受到爱，并让他们也去根据自己的特点去爱教师、爱家长、爱同学等。因为有了爱，才是真正意义上的教育。

杨金明校长适合教育的成果结集出版之后，会有更多的读者分享他的经验与成果；希望他们也能做好适合自己的教育，让更多的学生受益。

陶继新

2015 年 5 月 3 日于济南

序二　适合的，即是完美的

英国历史学家汤因比在其煌煌巨著《历史研究》中讲到的一种现象始终停伫在我的脑海中：

远古时期，有一群赤身裸体、没有房屋、不知道用火的野蛮人，从他们的热带家乡自春初到夏末逐步地向北方迁徙。他们没有想到他们是在离开一年到头温暖的地方。一直到九月的某一天，他们开始感觉到在夜里冷得有点难受。一天比一天更冷下去，他们不知道是什么缘故，就到处乱走，打算避寒。有少数人回到了故乡，他们在那里重新过起旧日的生活，一直到今天他们的子孙还是未开化的野蛮人。至于那些往别处避难的人，除了一小群以外，全都死掉了。

这一小群人发觉他们不能逃脱凛冽的寒风，其中有些人就运用了人类的最高才能——自觉进行发明的力量。有些人挖掘土地打算找个住处，有些人采集枝叶来搭个棚子或者铺个暖铺，而有些人则用他们杀了的野兽皮毛把自己裹起来。不久以后，这些野蛮人便向文明跨进了几个最伟大的步骤。赤身的穿上了衣裳；没有家屋的有了房屋；对未来缺少打算的人也学会了干制肉脯并且把它同一些干果收藏起来过冬；最后发明了取火，利用火作为御寒的一种办法。如此，他们本来已经死定了，现在却活了下来。就在他们适应艰难环境的过程当中，他们向前大步前进，把生活在热带的人类远远地抛在后面。

强者的适应创造了文明，弱者的守旧获得的只有落后。我们可以看到，适应是一种精神，这种精神至少包含有这样的成分：之所以适应，是有崇高的目标的，没有了目标的适应，那是一种盲目的寻求；适应的主动权掌握在自己手里，因此才不会被环境同化，而是在适应的同时改良环境，完善自己；不论怎样的适应，都需要坚强，这种坚强既可保证自己不会被恶劣的外界所压服，又可以保持自己独立的情操。

沾化实验一小的杨金明校长则更进一步，他提出了“适合教育”的概念。这不但将“适应”的内涵深化和扩大了，而且在当代教育背景下具备了特殊的意义。

在杨校长的理解中，适合与适应一样，并不是被动的，而是积极主动的；并不是低劣的，而是崇高、有益的；并不是柔弱的，而是坚定、毅然的。他注意到，我们的教育之所以存在这样那样的问题，就是没有响应生命本身的呼唤，而“适合”即在于抓住生命的本质特征，去靠近它，聆听它的呼唤，感受它的脉搏。于是，“适合教育”就有了与众不同的特质。首先，你要去领悟生命的内涵。生命需要怎样的成长状态，需要怎样的未来面貌，作为教育工作者，应该仔细地去思考、去探究，然后在理性认知的基础上满足它的需求，你不能逆生命的需要而动，否则，那样的教育就是失败的教育。其次，生命的壮硕和生长是需要引领的。古希腊人将教育的本质归结于“引导”的原因即在于此，因此，有怎样的方向、怎样的目标，也就有怎样的教育。教育者对方向和目标的确立是至关重要的，它随后产生了你的教育行为，而这样的行为是否科学、是否有效，直接得力于它的支撑。故而教育者的使命在这里体现，精神在这里绚烂，追求在这里实现。归根结底，教育在这个意义上，不再是被动地服务，而是主动地担当。再次，我们的教育还担负着一个极其重要的使命，我们要振兴这个民族、这个国家。我们要着眼于未来而不能仅仅关注眼前，这个未来既可以说是学生的未来，也可以说是社会的未来，更可以是世界的未来，这样来思考，一个教育者的眼界就宽广了，心胸就开阔了，动机就崇高了，行为就理智了。从这三个意义上来讲，这里所说的“适合”就拥有了平常人难以觉察的底蕴，而实践这种教育的人也就自然地多了一份荣耀、多了一份责任、多了一份追索。

倘若理解到这一层面上，我们来看沾化实验一小的诸多作为就找到了根基。以杨金明校长为首的领导班子，为什么会把冬枣精神反复地挂在嘴边，为什么会注重学校文化方面的建设，为什么要把那种坚忍不拔、适应求变的精神深种在每位老师、每位学子的心灵里……所有这些，都包含着他们对“适合”的深层感悟。这样，针对每个生命出发的各项活动，就有了它的根据；这样，读书、感恩的举措就有了它的源起；这样，对家长们的教育和呼吁就有了它的背景；这样，那些为了孩子哪怕是流着泪也要付出爱心的行动就有了归依。

我喜欢这样的领导，我喜欢这样的学校，我喜欢这样的老师。他们心里有着对教育的由衷热望，有着对学生的热切关爱，有着对教育的独特理解。有追求，然后去理解；有理解，然后去思考；有思考，然后去完善；有完善，然后去行动。教育，便在这样的行动中变得完美起来。

我们毕竟远离了汤因比所描述的那种场景、那种状况。时代要求我们用新的目光去更深远地理解“适合”的内涵。沾化实验一小迈出了可贵的一步，我们期望着他们在探索“适合教育”的路途中走得更为坚定，走得更为从容。因为从他们的诸多作为中，我们已经体会到那份坦然和自信。

我相信，在这种步态下，沾化实验一小将会拥有一个辉煌的未来！

王三阳

2014 年 12 月于上海

目 录
CONTENTS

第一章

感悟适应，志存高远

第一节

悠悠不尽冬枣情

一个久远而充满神奇色彩的民间传说铭刻在所有沾化人的心里。

明朝居于北平的燕王朱棣发动靖难之役想要夺取皇位，途经沾化，燕军正欲包围村庄、准备大肆劫掠时，却见惊魂不定的村中百姓正围在一棵老树前跪拜祈祷，而那棵老树似乎听到了百姓们的召唤，枝干上空忽然冒出万丈霞光，霎时间电闪雷鸣，飞沙走石，扑向军中。燕军顿时感到头晕目眩，辨不清方向。军师见此情景，连忙命令全军急行，越过本地村庄。由于这棵老树的护佑，这方百姓遂得平安，而且后世人丁兴旺。

村民们跪拜的那棵老树便是冬枣树，正是它在危难之时大显神灵，保佑了这方百姓。受到庇佑的当地百姓心存感念，将那棵冬枣树视为“神树”。

岁月不居，时节如流，人世沧桑，当地群众传说的那棵“神树”已年老干枯，而从其本木繁衍的第三代树迄今虽已有三百余年，但仍根深叶茂，每年结枣四百余斤，被誉为“冬枣嫡祖”。这棵树现在移栽到沾化冬枣研究所院内，每日供人参观。而游人看到它的枝条、想到它的经历、感到它的贡献，无不升腾起浓浓崇仰之情。

而我，就是听着故事长大的；而我，就是吃着冬枣长大的；而我，就是感受着冬枣的精神成熟的。她的无限的营养滋润着我，鼓励着我。我无论做什么事，无论到什么地方，回首间，脑海里仍是故乡深深扎根的冬枣树——是她的风姿、她的面貌、她那母亲般慈爱而坚强的品性。

它叶子翠绿，花儿香浓，那张开的花伞吸引着嗡嗡嘤嘤的蜜蜂盘旋环绕，成为一道亮丽的风景。

它果皮光亮，皮薄质脆，落地即可摔裂；它果肉较厚，细嫩多汁，嚼之无渣，浓甜微酸，品味极佳，最宜鲜食。

它含有人体所需的19种氨基酸和A、B、C、P等多种维生素，含可溶性固形物34%—38%，维生素C352cg/100g。与其他果品相比，是苹果的70倍，梨的140倍。

它可以防治心血管病，可以调节免疫，可以解毒保肝。

它作为稀有资源从庭院走向大田，造福人类，改善民生。因为它的存在，我的故乡被命名为“中国冬枣之乡”。

它营养价值为“百果之冠”，被誉为“百果王”“活维生素丸”。一位中央领导品尝后称赞沾化冬枣为“天下奇果”，美国俄勒冈大学园艺农学院生命科研所主任鲍依尔、教授福基高米品尝后，称其为“世界第一果品”。

这就是冬枣，甘美、鲜嫩的冬枣，丰润、卓著的冬枣。

但是，你可知道，这一造福当地、享誉世界的果品，在它众多的令人称羡的赞誉背后，是怎样的一种生存状态？为了实现自己的价值，它又忍受了怎样的“折磨”和“摧残”？

我的眼光经常会不由自主地穿过岁月的风尘，回到那远古的历史中去。

这是黄河三角洲腹地，它的北部是一望无际的渤海滩，它的南部就是肆决泛滥的黄河。

九曲黄河，带着上游的泥沙，辗转万里来到这里以后，它似乎想甩掉一些包袱然后再轻松地奔入到大海中，于是，它将携带的泥沙尽情地沉积在这里。随着岁月的流逝，那些泥沙在增高、在增广、在蓄积、在沉淀，这样，就有了我的脚下这片丰厚的土地。

不知哪一天，一粒精致的种子被带到这里，它苏醒了，伸了个懒腰，打了个呵欠，感受到无边的黑暗和沉重的压抑，它想露出头来看看外面的世界，于是，它开始发芽，开始吸取营养成长。它不知道，面临的命运将会是什么；它更不会知道，它的到来会怎样改变这个环境；它只是奋力生长着，努力挣扎着。终于，那棵坚强的幼芽撑出地面，屹立在阳光之下。那是这片荒芜的土地上的第一抹绿，它的到来，宛如一声持久绵长、高亢旷远的角声。

那是一棵枣芽啊，一棵后来被无数的人们称道的冬枣芽。

在它的身后，有了无数接踵而至的枣芽，有了无数茁壮成长的枣树。

在它的身后，有了“枣园”“枣户”“枣坡”等名词，而在这些名词的背后，是我们的先民，他们敬爱枣树，感激枣树，于是，把它的名字与自己的生存紧密地联系了起来。

我常常追寻着那第一棵幼芽的诞生过程：它是以怎样的毅力下定决心扎根在这里的，它是以怎样的精神巍然屹立在这片土地上的。因为，这是一片含着盐碱极不利于生命存在的土地！

你看，这片一望无垠的土地，它处处泛着白色的痕迹。那是令人望而生畏的白色，也是令人绝望的白色。由于它的存在，五谷不丰，环境贫瘠；由于它的存在，饥饿成为一个始终摆脱不掉的影子；由于它的存在，许多娇贵的、优雅的、高傲的植物都与它无缘。

但，冬枣，却毅然决然地扎根下来，不但扎根下来，而且结出饱满鲜实的果子，而且将那果子无私大方地赐予这片土地上生活的干渴的人们。

而我还知道，这里靠海。我见过南方的许多高贵的树，它们的四周，被竹竿支撑着，因为一旦海风吹来，它就有倾倒的危险。但冬枣却不是这样，它沐浴着咸涩的海风，与伙伴们一起默默地接受着它时而温柔、时而狂暴的性格。它知道，既然你无法改变它，你就坦然地接纳它，并且用它来成就自己——正是因为有了海风的存在，正是因为对海风的吸纳，它才有了被人赞不绝口的薄而脆的皮肤啊。

“先有冬枣树，后有沾化县”。这句话的内涵是多么丰富啊。它既是对冬枣历史性的追索，也是对冬枣贡献的认可；既是对冬枣巨大文化价值的感叹，也是对冬枣生命力的赞扬。

但这还不够，在冬枣的美誉背后，它还承担了近乎残酷的历练。

我总是会给第一次来沾化的人讲到冬枣，在讲完它生存的环境之后，我往往还会情不自禁地叹上一口气，然后说：“你知道它为什么这么甘甜香脆吗？它是要挨刀的。”为了成就冬枣的丰硕，为了壮大冬枣的生命力，人们在它的身上做足了工夫。与其他果树的成长极为不同的是，几乎所有的冬枣树，每年都是要被刀割的。学术上的名词，叫开甲或环割。

在枣树盛花初期的时候，要对枣树进行开甲。初次开甲的枣树，在主干距地面10—20cm处开始，以后每年间隔3—5cm向上顺序进行。开甲的时候，先除掉粗皮，再用刀切断韧皮部，深达木质部。宽度依树龄树势而定，幼龄初果树0.2—0.5cm，成龄壮旺树0.5—1cm。开甲后晾2—3天，然后用塑料布包扎。环割是对主干或主枝环切1—2圈，深达木质部。环割在不适宜开甲的3—5年生幼树上进行，树势较旺时环切两刀，树势较弱时环切一圈。

每一个第一次走到冬枣树边的人没有不为它伤痕累累的躯体感叹的。记得有一个朋友曾经对我说：“我吃着冬枣的时候，只是觉得它是那样的甜美；而我到冬枣树边的时候，却陷入无边的怔忡之中。从它的身上，我深悟到一个道理：越是美好的东西，为了美好它付出的代价越大。”

是啊，这也是我常想的。

每次想到冬枣为了优秀付出的代价，我总会“不合时宜”地联想到我们山东名哲孟子那段有名的话语：“天将降大任于斯人也，必先苦其心志，劳其筋骨，饿其体肤，空乏其身，行拂乱其所为。”然后想，是不是孟子也曾受到冬枣成长的触发才说出这样的话来的呢？随之为自己的胡思乱想自嘲地一笑。

我自小生长在这片土地上，是冬枣树看着我长大的，也是冬枣树看着我读书、学习、工作的；我自幼是吃着冬枣成长的，我的身体里涌动着冬枣的经脉，我的血液里涌动着对冬枣的情意。冬枣的精神或有形或无形地时刻萌动在我的世界里，成为一种力量，成为一种激励。

环境不好怎么办？看看冬枣吧。它不是照样在恶劣的环境中生根发芽、开花结果了吗？而且果实是那样硕大，那样甘甜。

命运不好怎么办？看看冬枣吧。它不是照样默默忍受着？努力地汲取着少量的养分，壮大着自己，然后屹立成一道风景，并且给人类献上了它的甘美。

挫折失败怎么办？看看冬枣吧。它不是接受了难以承受的折磨才肥壮了自己的躯体？让生命变得厚重而凝实，让价值显得丰盈而富足。

自私狭隘怎么办？看看冬枣吧。它是那么豁达，那么乐观，付出了巨大代价收获到的果实，一毫不留地给予人们，而它却只是静默在阳光、海风中继续孕育，继续奉献。

而我，吃着冬枣长大的我，看着冬枣树成熟的我，毕竟走上了教育岗位，而且被放在一所学校的领导位置上。冬枣啊，你将以怎样的深沉和博大教诲我呢？

是的，我的故乡是一片贫瘠盐碱的土地，而冬枣却深深地扎根在这儿，并且结出了丰硕的果实。这是一种自强不息、迎难而上、不畏艰险、追求卓越的精神，这种精神就渗透在我们的血液里。我想，我应该去深刻感悟这种精神，我应该倡导全校师生理解发扬这种精神：奋发向上地创业，顽强拼搏地适应，孜孜不倦地寻求，一心一意地奉献，为沾化的明天播撒汗水，为沾化的教育贡献力量。因为，我们不但是冬枣的孩子，也是这片土地的孩子。

从冬枣出发，从这片土地出发，我深情地呼吁着：

我们生活在这块地方。我们每天踏着它坚实的地面行走，每天沐着它温暖的阳光微笑，每天吃着由它产出的粮食、喝着从它腹际流过的河水维持生命。它承载着我们，呵护着我们，滋养着我们。

大地的这个角落也有凄风，也有苦雨，也有秋天的萧瑟和冬天的冷寂，甚至也会有水涝，也会有高大峻峭的山脉将我们阻隔，也会有突如其来的震动将我们损害。

我们的眼里充满热切，总是将远方向望。我们向往一马平川的草原，向往四季如春的南国，向往白雪皑皑的塞北，向往清波荡漾的江湖。但我们却往往忽略了我们生长的这块土地，我们惯于享受它的恩典：它青青的草坪，它甜美的水果，它温润的丝雨，它浓郁的绿阴。这些美好我们由于司空见惯而视若无睹，由于沉浸其中而看作当然；但当它风里腥味向我们袭来时我们却知道不断地诅咒，当它落叶侵扰着我们的裙裾时我们却知道不断地憎恶，当它花瓣凋零而变得像个老妇时我们却知道不断地厌弃，当它洁白的雪融化成一摊烂泥时我们却知道不断地躲避。我们对它的缺陷是那么敏感，正像对它的优点是那么漠然。

它用它的厚重和诚笃拥抱着我们，用它的丰盈和饱满养育着我们，它塑造了我们的身体，进而净化着我们的灵魂。但它最充分的表达却是沉默。你说你爱它，它无语；你说你恨它，它也无语。它背负了太多的不公：它的贫瘠盐碱，它的洪水肆虐，它的风狂雨暴，它的垃圾遍地；甚至它上面行走的人们的素质低下、尔虞我诈、钩心斗角、自私自利、暴戾恣睢；甚至它上面建筑的坚硬冰冷、风格异化、破砖烂瓦、坍圮衰疲、古迹毁灭；甚至于交通拥挤、车辆过剩、尾气扑鼻、酸烟弥漫、污水横行；甚至于官员舞弊、罪犯行凶、事故频发、噪音超常……所有的罪名，我们都强加在它的头上，一提起它，就想到它标志性的不足和污点。很少有人去考虑，这一切本不是这片土地造成的，它本来是那么干净，那么纯洁，那么朴实，那么光明，正因为生存于它上面的这些孩子——淘气的顽皮的不守规矩的孩子，它才成为了这种模样。它有的只是美好，只是宽容，一任你的践踏，一任你的蹂躏，一任你强加的埋怨和咒骂。

兰波说：“生活在别处。”没有人阻止你向往远方的愿望，也没有人阻止你离开这儿到其他地方去追求梦想。但至少在目前，你是生活在这片土地上的。它养育了你的先辈们，说不定还会养育你的后代。纵然你去向他方，你的亲朋好友还会在这儿生活；纵然你的亲朋好友都离开了，还有和你一样长着黑色的头发、黑色的眼睛、黄色的皮肤的同胞要在这儿生活；纵然所有的人因为各种原因离开它，还会有一条鱼、一只蚂蚁、一只鸟儿、一棵树、一根草、一朵花在这儿生活。

所以，首先做的就是不要再抱怨这片土地，而应该感谢它。它虽然贫瘠，虽然盐碱，虽然物产不丰，但它毕竟养育了你，给了你生命，然后尽其所能地提供丰富的养料将你的身体滋养壮大；让你的精神在它的怀抱里充实升华。你将努力的辛苦的汗水洒在了它的表面上，它大方地吸收了，然后赐予你成果；你将痛苦的泪水倾洒在它的脸面上，它宽容地渗透了，然后赐予你成熟。你不高兴时，使劲地用脚跺着它，它发出遥远的回声应和着你；你高兴了，踮起脚尖轻盈地跳舞，它满怀慈爱地分享着你的快乐。你生气了，损害了被它的风景吸引来的一只小鸟的羽毛，折断了它尽心培育的一株小树，踢翻了正在它的怀里做着美梦的一粒石子，它都从来不说什么；你修养差了，将污水随意地倒在它的本来洁净的地方，将垃圾任意扔在它本来静默的一个角落，它也只能默默地忍受着。它给了我们需要的一切，我们却将不满、咒骂、冷漠尽情地倾倒在它的身上，这就是我们面对最伟大的恩情应该具备的态度吗？

所以，我们要呵护它，呵护它的美好，也呵护它的荣誉，而不能再损害它。我们应该尽力地去发现它的美妙之处，然后将这美妙之处保护、发展、净化；我们应该努力地发现它的不好之处，然后反躬自省，看看其中哪一份是我们造成的，然后改变自己，并用自己的行动和语言改变他人。更重要的，也许是我们应该每天勤苦地修炼自己，提升自己，并将自己的名字超越这片土地写在天空下，让那些看到我们名字的人都知道，我们是从哪里来的，并越过我们自身将那份荣誉归功于生育我们的那片土地；而那时的我们，则可以骄傲地说：我对得起养育我们那片山川，我对得起哺育我长这么大的那些养分，我的每一点成绩都来自于它的滋补，而我用我的成就同样将它的名字传向遥远的地方。而不能让人在看到我们身上污染、肮脏、罪恶、差劲的一面时，马上联想到我们出生，并进而将这样的缺点挪移到那片土地和还在它的上面生活的所有人们身上。

我们都是这片土地的孩子，无论走到哪里，即使别人不知道，我们仍然会深刻地体会到在我们的基因里，既流淌着它的水流，也流淌着它的文化，既涌动着它的过去，也涌动着它的未来。我们摆不脱它，就像我们无法从自己的皮肤里挣脱出来回观自己，但我们可以将自己表现得日趋完美，并由于我们的热爱将这样的完美回报到这片土地上。这样，在你真正意义上的回归时，你会坦然而自豪地说：我对得起你，生我养我的母亲，我回来了，但我已经把你崇高的名声传向了四面八方。

第二节

理念是一种引领

我常想，教育不仅仅像许多人说的那样是一种服务；更重要的，它同时应该是一种引领。

有了引领，就有了方向；有了引领，就有了目标；有了引领，就不容易误入歧途；有了引领，就不过于急功近利。

作为一所小学，它也应该有它明确的目标。不然，我们只是眼瞅着孩子这几年，只是在应试教育之下唯一看重孩子的成绩，只是应和家长的需求而忘记了教育更高的使命，那么，这样教育出来的学生诚然学习成绩优秀，但他们却走不了多远，攀不了多高。

经过冥思苦想，积极探索，调查研究，集思广益，我们最终将学校的办学目标确立为“汲取冬枣之乡文化精髓，积极打造素质教育齐鲁名校”。

“冬枣之乡”的文化精髓是什么？我想，从狭义的角度来讲，它首先是冬枣的精神。人，只要有了精神，就没有做不成的事。而就精神的确定，我们有着一定的优势。是的，我们生存、生活在这片地方，我们在耳濡目染、潜移默化中接受着本地的文化，我们都是本地文化的孩子。但如果不能将这种文化精神鲜明地提示出来，那么深味其精华然后向它靠拢也就成为空谈。既然我们将“冬枣之乡”的文化着重概括为冬枣的精神，那么，冬枣的精神主要体现在哪里呢？

首先，是它“不怨天、不尤人”的坦荡精神。既然生存于这样贫瘠、盐碱的土地而无从选择，那么就坦然地接受，而不是一味地埋怨、抱怨。

这起码是一种阔大的胸怀，是一种理性的生存态度。

其次，是顽强的拼搏精神。环境恶劣是确实存在的，这是无法取舍的先天条件，但不论条件如何，都要活出自己的价值，都要努力地实现自己的目标。

再次，是强烈的适应精神。适应虽然看似是消极的，但倘若是毫无贡献、毫无价值的适应，那迟早仍会被淘汰，于是，在适应的过程中积极探索，勇敢追求，汲取营养，成为一道亮丽的风景，这才是适应的终极鹄的。

第四，是无私的奉献精神。自己经历了风的洗礼，雨的打击，却满怀着一颗赤诚的心，将丰硕饱满的果实奉献在人类面前，即使在许多的赞誉之下，仍然谦逊而自励，默默地为下一季的收获做准备，这种精神是难能可贵的。

所以，我们将办学目标确立为“汲取冬枣之乡的文化精髓”的目的就在这里，我们经常看着冬枣树，经常听着它的故事，经常吃着它的果实，我们也应该做具有这种精神的人。不论对于我们的老师，还是对于我们的学生，甚至对于我们的家长，都应该具备这种精神。我们特意将它提出来，并不是安土重迁的故园思想在作怪，恰恰是对故乡的热爱，恰恰是想着将这种精神通过适当的教育渗透在血液里然后自豪地带向四方。这种召唤是亲切的，也是切实的；是崇高的，也是切近的。所以，得到广大师生的认可的拥护自然是容易的。

在这种精神的感召和引领下，我们最终将目标确立为“打造齐鲁名校”。山东教育现在走在全国前列，这是毋庸置疑的，而要想在众多名校中脱颖而出，需要我们付出巨大的努力和辛勤的汗水，这虽然艰难，但只要我们坚守冬枣精神，我相信它并不难实现。这里还有一个重点，那就是“素质”，我们不愿意做应试的奴隶，我们要真正地落实素质教育的要求，这就更需要我们做出比其他学校多得多的工作，但为了这方热土，为了教育的最终目标，我们愿意将它视作我们的生命去完成的崇高任务。

目标确立以后，我们又根据对教育的理解和我校实际概括出“创造适合师生共同成长的教育”这一办学理念。可以稍带自豪地说，这一理念的提出和践行在目前的中国教育领域还是不多见的。这个理念有些特殊，首先特殊在“适合”两个字上。

关于教育方面的“适合”二字，其实它的起源很早，古代思想家、教育家孔子提出的因材适教，就包含了“适合”二字的基本内涵。孔子不但说，而且也是这么做的。后来的书院教育，就尽情地发挥了这种教育理念和方式。苏霍姆林斯基也说过“让每一个学生都有最喜欢做的事”，这同样是对“适合”的诠释，“最喜欢的”，自然是最“适合”受教育的个体的。美国的教育部长提出“二十一世纪人类的最好的教育，是让学生享受适合自己的教育”，同样提到了“适合”。2010 年 7 月 29 日，我国正式颁布了《国家中长期教育改革和发展规划纲要》，首次明确把“以人为本”的教育理念纳入其中，要求“尊重教育规律和学生身心发展规律，为每个学生提供适合的教育”。所以，我们提出这种办学理念，既有着远古的渊源，又有着现实的号召；既有着国外的实践，也有着时代的要求。教育，不能仅仅跟着现实行走，还要尽最大可能关注由现实生发出的未来，眼光要看得长远一些，深刻一些，这应该是我们提出“适合”二字的初衷。

我们的特殊作法在这里，我们响应时代的召唤，我们眼望教育的未来，但我们却偏偏提出了“师生”二字，而且明确提出“适合师生共同成长”，这即使不能说是开创性的提法，也应该有与众不同的眼光。我们的原意念是：不论怎样的教育，都是通过教师来实现的，倘若教师得不到成长，倘若你所办的教育不适合教师，而只是让教师被动地应付，那么，最终学生也就得不到适合他们的教育，如此看来，那么，“适合”也就成为一句空话了。

是的，我们不能仅盯着学生，而要首先关注教师，有怎样的教师，就有怎样的教育，倘若教师安于现状、不思进取、故步自封、因循守旧、目光狭窄、观念陈旧，那么，他的学生能走多远当然就是个问题了；倘若教师因削足适履而丢失个性、缺乏创造，那么，他对教育自然就失去热情了，没有了热情，他的学生还能沐浴到教育的光辉吗？这自然是不可能的。

这里就涉及一个问题，什么样的教育才是适合教师的教育？当触及到这个问题的时候，也就触及到对教师本身或他的工作的尊重问题。这曾经引起我深深的思考。

这个问题很复杂，我是首先着眼于教师实现自己价值的最佳阵地——课堂来作为探究的突破口的。

既然作为一位老师，他的阵地首先是课堂。而不论怎样的教育，看一位老师，也是首先从课堂出发；学生接受不接受一位老师，也是首先从课堂出发；家长要了解相关信息，主要也还是从孩子那里获知。所以，适合教师的教育问题的解决，还是要立足于课堂。

确实，课堂非常重要。那么，对于一位老师，什么样的课堂才是理想的课堂？

从古到今的教育大家，都讨论过这个问题。现在最流行的几句话也是“教师是主导，学生是主体”。凡是人们提到这个话题，都是从教师与学生的关系的角度来探讨的。教师的工作不到位，那么，课堂的质量就不高；学生的主体地位被忽视，那么，课堂就成为一片荒漠。这些是明摆着的事实。但怎样才算主导，怎样才算主体，这是一个智者见智、仁者见仁的问题。由于教师的不同，对它的理解也就不同，对它的实践那就更是不同。本来探讨主导与主体关系的问题是为了让教育变得科学起来、明晰起来，但我们可以看到：一方面，许多老师根本就搞不清楚这样的名词背后的内涵；另一方面，更多的老师对它是置之不理，按照已有的意识和经验来深入课堂。所以，说得偏激一些，讨论这样的问题，对于大部分老师只是作为一个口号和问题存在，而对他们的教育教学一点影响也没有。

只就老师的角度来讲，什么样的课堂才是一个理想的课堂。我一直认为，只有理想的教师，才会有理想的课堂，也才会有理想的学生。倘若没有理想的教师，理想的课堂就成了一场春梦，而理想的学生更是无从说起了。

那么，我们就单纯地从教师的角度来说说，什么样的课堂才是理想的课堂。

教师也是一个完全的人，他有他的性格，有他的爱好，有他的脾气，有他的修养，有他的特点，有他的气质，有他的见解，有他的坚守。如果作为一个自然、社会的人存在的教师，被课堂压抑自己的综合，被课堂扭曲自己的圆满，被课堂支离自己的完整，那么，这样的课堂势必是失败的。相反，对于一位教师而言，如果能在课堂上展示一个完美的自我，那么，这样的课堂就是理想的课堂。

说得具体一些，就是我们能从课堂上，看出这么一位老师的素养，这么一位老师的性格，这么一位老师的爱好，这么一位老师的气质，这么一位老师的知性。总括为一句话，就是从课堂上，能看出老师的个性。并且这种个性是与整个课堂完美地结合为一体的，不是有意地强加的、掺入的、粉饰的。这样的课堂，如果说是引导，靠的是老师整个学识、学养、天性、经验、性情的引导。无论是托尔斯泰、卢梭，还是泰戈尔、小林宗作，都曾追求、钦羡过一种自然的教育，他们所谓的自然教育不但是从人的本性出发，而且谋求真实地深入到自然中去。对于我们现在的教育，深入自然已成绝对不可能实现的奢望，但从人的本性出发还是可以部分实现的，而这实现，首先就是教师自身的实现。

因此，从这个意义上来讲，真正的能展现老师个性特点的课堂才是最理想的课堂。当然这里的个性内涵比较广泛，诚如前面所说的，它应该包括教师个人的修养、蓄积、性格、脾气、爱好等各种因素在里面，也就是说，最理想的课堂应该是教师没有把自己淹没于知识海洋里的课堂，应该是教师保有一个独立的自我的课堂，应该是教师驾驭课堂而不是相反的。

我们先来看两种相反的现象。一种现象来自所谓的名师。我听过许多全国名师的课，也看到过诸多类似的案例，我发现一个很有趣但也令人感到悲哀的事情：几乎每个名师，都依靠一两篇课文起家，然后凭借几篇课文驰骋全国，在一个地方上的是这节课，换一个地方上的同样还是这节课；在今年一次大会上表演的是这节课，在明年这节大会上表演的还是这节课。这从名师崇拜的角度来看，当然是令人悲哀的；但从另一个角度来看，却有值得我们深思的地方。那就是，为什么这个名师会瞅准这有数的课文而不会选择其他？最直接的原因，当然是他喜欢这篇文章，当然是他对这篇文章最有感觉，当然是这篇文章有许多值得他挖掘利用的东西，当然是这篇文章最能体现他作为一个名师的素养和功底，当然是这篇文章能最大可能地展现他的上课技巧。这背后支撑着的东西，就是这个教师的“个性”，也就是他与众不同的地方。他按照自己的“个性”选择了这篇文章，按照自己的“个性”来引导这篇文章的学习，处处都流露着他个人的创造性的印迹，这样的课堂当然就精彩了。

我们听这样的课，有几种错误的态度：一种是盲目地因为他准备极为充分的一堂课而崇拜他，将他视作高不可攀的峰顶；一种是觉得他就在这节课上有水平，其他方面他没什么特色；还有一种是将这视作非常态的东西然后置之不理。其实，我们既不能妄自菲薄，觉得这没什么了不起，也不能大加责罚，认为这种现象属于畸形。我们应该仔细揣摩、琢磨、研究，是什么支撑起了这么一堂课？表面的精彩背后隐藏的是这位教师的什么东西？我想，这中间最应该值得我们注意的就是，这堂课的成功恰恰是因为它完美地展现了这个教师的素养和思想，这种素养和思想是不同常人的，也就决定了上课的流程和形式也是与人相异的。说得简单一些，这就是这样的教师的“个性”。

我们与这样的教师接触的机会比较少，这是一个非常大的遗憾，否则，我们可以互相交流、向他请教，从他的言谈中把握他的思想脉络和文化修养。我们接触最多的是普通的老师。普通的老师，大多数的个性是被泯灭的、被压制的，我们稍加注意就会发现，这堂课，由这个老师来上和由那个老师来上，没有什么区别，也就是说，这个老师的课堂没有一点个人特色，他的工作是任何人都可以取而代之的，他充其量只是一个知识的传声筒，有他不多、无他不少，这样的教师不是一个独立的个体。这就是我所说的一种相反的现象，这种现象极为普遍，普遍到我们习焉不察，其实这才是真正的变态，而我们却把变态视作了常态，而把常态视作了变态。

什么样的课堂是理想的课堂？我想，理想的课堂应该是能唤醒学生的生命的课堂。这句话是什么意思呢？我们知道，生命本身应该是丰富的、充满生机的、积极要求进取的。所谓丰富的，就是生命是完整的，这个完整不是贫乏的完整，而是丰盈的完整，而且这种完整在不断地壮大；所谓充满生机，就是生命不是苍白的，而是旺盛的，是有活力的，是不断涌动的，这种生机来自于生命本身，而不是外力强加的；所谓积极要求进取，就是生命注定是要不停地向前的，它不会原地踏步，不会萎靡不进。那么，课堂的作用是什么呢？它就在于一种充实，继续充实一个个个体的生命；它就在于激发，继续激发一个个个体生命的热情；它就在于引领，继续引领着一个个个体生命走向更大的辉煌。这里之所以说是“唤醒”，是因为所有的这些因子，本来就存在于学生的生命中，但它们被压抑了，被遏制了，被扭曲了。生命不再渴望完整，不再追求丰富，不再积极进取，而显得贫血，显得乏力，显得苦涩，显得空洞。这种状态，概括而言，就是生命原有的元素处于一种沉睡的态势，而我们所能做的，就是唤醒它。让它意识到自己的美好，意识到自己的强大，意识到自己的丰硕，然后张开蒙眬的睡眼继续阔步向前。

那么，一个没有个性的老师他的表现是怎样的？他是一个知识的传声筒，他按部就班，他循规蹈矩，他一来到课堂，所要做的一切事情都在学生的意料之中，所安排的一切事务学生依次进行即可，所讲述的知识学生一点一滴地消化就行。他往那里一站，整个课堂的流程和结局就可以预见了。这样的课堂，是没有起伏的课堂，是没有波澜的课堂，是没有生命力的课堂。我们看到的，只是一个拿着教本来传授知识的影子，而学生就被笼罩在这样的影子里走不出去。当一个个本来鲜活灵动的生命在知识的重压下失去了活力的时候，当生命的种子一露出头就被压制的时候，当那些耸动着准备往高处前行的生命被阻遏的时候，即使接受再多的知识，他们已经受到伤害了，而且这样的伤害是无法弥补的。

而一个有个性的老师则不同。我们可以想象，这样的老师站在讲台上，深入课堂中，他浑身上下就流动着生命的光彩，因为他本身就是一个丰富、鲜亮、进取的生命。最理想的课堂就在于生命与生命的碰撞，心灵与心灵的交汇。学生在学习知识，但这种知识是从这样的老师的生命中生发出来的，带上了老师昂扬宏大的生命的烙印；学生在接受思想，这样的思想是从这样的老师的生命中萌生出来的，是建立在老师完美的理解的基础上的；学生在依照方法，这样的方法是被这样的老师自然地使用出来的，是被老师的整体素质支配着的，当然会驾轻就熟，游刃有余，而不留斧凿之痕。最高的学习境界是什么？是不去询问学习的目的，不去探究学习的具体内容，不去讲求学习的方法，而在自然地、不知不觉中的境地获得。这种学习方式，只有个性丰富的老师或可达到。学生一天在学校里生活，消耗时间最长的就是在课堂上，一个沉闷枯涩、刻板平直的课堂是不会对塑造学生个性有所助益的，而只有保有个性的老师才能建构起让学生个性得到发挥的课堂来。这不仅仅是一个传授知识的问题，更重要的，是一个塑造学生生命的问题。

不仅课堂是这样，凡是教育所涉及的各个方面都应该是这样，它应该是适合老师的。这个适合，既有教育应该适合老师的成分在里面，更重要的是老师要寻求适合自己的理想教育，这种寻求里，就含有了探索，含有了追求，含有了学习，含有了提升。所以，这里的“个性”是一种广泛意义上的“个性”，需要崇高的修养、良好的素质、丰厚的知识、敏锐的思想。自然，我们离这样的目标还非常遥远，但我们完全可以将它视作一个理想，只要是理想，就有实现的可能。

完全可以说，即便老师的修养和水平达不到这种程度，只要意识到，就有能获得教育幸福的可能；更重要的是，只要认识到了，学生才有得到“适合”自己的教育的可能。从某种意义上说，创造合适学生的教育，是一场教育思想和理念的革命，是一场告别以书本为中心而走进学生发展为本的革命。昨天的教育是挑选适合教育的学生，而今天的教育则要向着创造适合学生的教育方向发展。这都为教育工作者提出了很高的要求。就目前的中国教育而言，实现“适合每个孩子”的教育的目标还有一定的困难，但我们愿意将这一理念提出来，愿意向着这个崇高的目标前行。

第三节

在精神的感召下

人生是需要目标的，没有目标的人生就如同没有航向的行船，没有鹄的的飞箭。

不论怎样，学校教育就是人的教育，实践教育思想的是人，教育的对象也是人。故而，目标就显得极其重要。

我们先来看看两种截然不同的人生：

18 世纪法国启蒙思想家孟德斯鸠写的《波斯人信札》中摘录了一个法国人的“墓志铭”，内容如下：

“此地安息着一个生前从不曾得到安息的人。他曾经追随过五百三十队送葬行列。他曾经庆贺过三千六百八十名婴儿的诞生。他用永远不同的词句，祝贺友人们所得的年俸，总数达到二百六十万镑；他在城市所走的道路，总长九千六百斯大特（古希腊量路的长度）；他在乡村间走过的路，总长三十六斯大特。他言谈多逸趣，平时准备好三百六十五篇现成的故事；此外，从年轻时候起，他从古书中摘取箴言警句一百八十条，生平逢有机会，即以此显耀。他终于弃世长逝，享年六十。”

而英国生理物理学家弗朗西斯·克里克，在 1962 年因参与测定 DNA 的双螺旋结构，获诺贝尔奖金后，为自己设计的一份通用的“谢绝书”。上面写道：

“克里克博士对来函表示感谢，但十分遗憾，他不能因您的盛情而：给您签名、赠送相片、为您治病、接受来访、发表广播讲话、在电视中露面、赴宴后作演讲、充当证人、为您的事业出力、阅读您的文稿、作一次报告、参加会议、担任主席、充当编辑、写一本书、接受名誉地位……”

我们可以看到，这是两种迥然不同的人生，前一位昏庸贫乏，俗不可耐，终日拉扯趣闻、吹拍名士，使身边无限膨胀的琐事吞噬了自己的一生；而克里克博士却超尘脱俗，不慕虚名，断然拒绝令世人所注目的各种待遇和荣誉，排除一切干扰，来保证自己从事科学研究的时间。这两种人生都是由目标决定的。一个将目标定为终日应对生活琐事的人自然不可能有什么成就，只会碌碌无为地走完自己宝贵的生命历程；而一个有着明确且高远目标的人，却可以摆脱无聊的作为，为人类做出一份特殊的贡献来。

我们号召老师们努力去在教育中实现自己存在的价值，它的前提自然是希望老师们有长远而崇高的人生目标。而作为一个集体，往往会是这样：集体成员的目标经过综合整理以后成为集体的目标，而集体的目标又反过来成为每个成员奋斗努力的目标，凝聚着每个成员，鼓励着每个成员，吸引着每个成员，也要求着每个成员。只有如此，这样的目标才是有价值的，才是可以实现的。

我们确立了“汲取冬枣之乡文化精髓，积极打造素质教育齐鲁名校”的办学目标，但这还不够。因为它过于凝练，过于简约，抽象的目标是难以找到实现的突破渠道的，是难以找到合理的实践方法的，它需要进一步的分解和阐释。为此，我们制定了“一条主线，两个基本，三个凸显”的办学思路。

“一条主线”，就是以学校内涵发展为主线。所谓内涵发展，就是在学校内功上下工夫，不浮躁，不泛化，不追风，而是静下心来，注重内在修养和素质的提升。我们认识到，一所只注重表面热闹的学校是走不了多远的，爬不了多高的，哪怕它暂时获得了一定的荣誉，取得了一定的成绩，因为没有内涵的支撑，这种局面保持不了多久，更莫说能够影响一个地方的风气，成就能够传下去的学校文化了。我们将内涵发展定位于文化的引领上，不但形成自己独具特色的文化，而且将这种文化渗透于一方教育之中，濡染人，熏陶人，成就人。具体说来，首先在于通过文化引领来提升全体教师的素养，继而在集体努力下大幅度提高教育教学质量；其次，让学校处处洋溢着文化的因子，处处都能感受到文化的气氛，从而将学校建成幸福的乐园；再次，让受教育者在这种文化氛围中潜移默化地受到影响，也成为有内涵的人。

“两个基本”，就是教师专业发展为基本，学生个性发展为基本。我们认识到，只有教师的专业素质得以提升了，教师才由于胜任这一项工作而获得成就感，而伴随着成就感的就是职业带来的幸福；同时，教育专业的发展直接受益者就是学生，唯有专业素质高的教师才会让学生享受到教育的快乐，而学生的个性也才能得到充分的发展。我们鼓励、推动教师多读书，做学问，目的就在这里。而我们同样相信，在高素质的教师队伍的带动和引导下，学生的个性终会得到张扬，特长终会得到发挥。如此，学生可以自由地畅游在知识的海洋里，充分发挥天赋，挖掘个人潜力，从而为未来精彩的人生奠基。

“三个凸显”，即凸显办学的规范性，凸显理念的前瞻性，凸显适应中求变的创新性。规范性，就是尊重教育教学规律，不急于求成，不虚张声势，不急功近利，不夸张粉饰；前瞻性就是要有长远的目光，要不断接受最先进的教育教学理念，让自己的头脑时刻与最前沿和先进的教育理念保持一致；而创新性，则要求我们不能故自封，不能因循守旧，而应不断地调整自己的思路和方法，在理性的指导下，在现实的基础上，不断完善已有的作法并且在其上加以创造性地开拓工作，唯其如此，学校才会不仅有腾飞的希望并且走得更高更远。

正是源于对适应精神的理解，我们确立了“适应求变，自强至善”的校训。“适应”是精神，“求变”是手段，而“自强”是原则，“至善”是目标。“适应求变”的最终目的是“自强至善”。在这个校训的指导下，我们的理想是，由我们培养的人才走出去，不但会不断地适应社会，适应环境，而且要善于求变，善于创新，并且通过良好的拥有崇高修养的自己将社会与环境建设得更美好；我们教育的人才，要有冬枣那样自强不息的精神，并在这种精神的支撑下追求至善至美的境界。

当初，确立“校训”之后，在考虑到“校风”“教风”和“学风”的定位的时候，我又想到叙利亚一个流传久远的故事：

有一次以色列神向以色列王提出了神可能向人类提出的一个最大的难题：

“有一天夜里，神出现在所罗门的梦里，神说：‘你愿我赐给你什么，你请求吧。’所罗门说：‘……赐给……你的仆人一颗能领悟的心吧。’……所罗门的这一请求，使神很喜悦。神对他说：‘因为你提出这一请求，而没有为你自己求寿、求富，也不是求结果你仇人的性命；你只是为自己请求判决是非的领悟能力；看，我已经按你的话照办了：我已经赐给你一颗有智慧和有领悟能力的心，在你以前没有人比得上你，在你以后也不再有人比得上你。而且我还把你没有请求的富有和荣誉赐给你，在你的一生中，没有任何别的王比得上你。”（《列王记》）

“所罗门的选择”的传说是这个选民的历史的比喻。以色列人智力的领悟能力超过了非利士人的军事力量和腓尼基人的航海胆勇。他们没有追求非犹太人所追求的那些事物，而首先追求上帝的天国；而其余的事物也就跟着来了。至于他们敌人的性命，非利士人后来都落在以色列人的手里。至于财富，犹太民族继承了推罗和迦太基的全部财产，在腓尼基人所不知道的大陆上，进行腓尼基人所梦想不到的大规模的交易。至于长寿，到今天犹太人还作为一种特殊的民族存在着，而腓尼基人和非利士人却早已经面目不辨了。他们的古代叙利亚邻居早已经回炉重新炼制了，变成了新的民族，取得了新的名称，而以色列人却不为这些冶金术——历史上所实现的无数次统一国家、统一教会、民族大迁移的严酷考验——所损伤，而非犹太人却在这些考验面前依次地屈服了。

我想，“校风”“教风”“学风”的确立也是一种选择，而且是一项非常重要的选择。它同样需要故事里提到的领悟之心。我们能确实怎样的“校风”“教风”“学风”，也就意味着我们对教育有着怎样的领悟；而我们对教育有着怎样的领悟，反过来又会决定我们的“校风”“教风”“学风”的确立。

这是一项重大的举措，也是一项重要的工程。虽然从表面上看，它的最终结果就是几个语词，但却决定了学校的未来走向。简单地说，至少确立怎样的“校风”“教风”和“学风”，我们的办学方向就要向着这些方面发展，我们要落实其中的含义，并且将其深华、升华并进而成为学校文化的有机组成部分。

经过仔细斟酌，集体研讨，我们将“校风”确定为“团结进取，有教无类”。“团结”，既讲求人与人之间的和谐相处，不争斗，不内耗，让大家都享受到其乐融融的氛围；又表现为困难共渡，成果共享，荣誉同受。

鲁迅先生曾经深刻地批评过国民性中的一点：我们善于内斗，我们惯于把有限的精力都放在了琢磨他人的心思上；我们生存的目的之一，就是揭发他人的缺陷从而获得一种心理满足。

西方人曾经对中国人的这种做法大惑不解，19 世纪到山东传教的教士史密斯就认为：中国人，总是特别注重别人的脸色，总是把大部分心思放在琢磨他人的想法上以期利用。这种习惯也就顺理成章地运用到工作中，因此，工作往往不是单纯的工作，而成为人们钩心斗角的场所；工作中被掺杂进了许多人为的因素，而人与人之间，也就多了份猜忌，多了份排挤。

时代发展到今天，我们完全可以说，这种国民的劣根性仍然是存在的。我们，尤其是知识阶层，能够互相赏识对方的优点的少，而看重对方缺点、从对方身上挑刺儿的居多，这就是古人所说的“文人相轻”。故而，我们，总是存在太多的内讧，而少一份真心实心的团结和协作；总是存在太多的轻视，而少一份发自内心的欣赏和赞美。

尤其在现在的学校，由于竞争日趋激烈，成绩唯上，许多老师为了个人利益和荣誉，为了个人能够压过别人，更是互相排斥，不讲合作；更莫说能看到对方身上的优点了。而许多领导开展的学校内部不适当的竞争更是让这种恶习愈演愈烈。老师们在一起，互相交流，唯恐将自己的方法讲出来以后被别人学到超过自己；老师们在业余谈起同行来也多是对方的不足，力图打击别人抬高自己。

这样造成的恶果是什么呢？人与人之间缺乏合作共赢，多了份内耗；人与人之间的关系相对冷漠，少了份温情；在这种环境中生活的人普遍缺乏一种安全感和幸福感，而工作渐渐地就变成为一种沉重的负担，从中享受不到应有的乐趣，容易产生职业疲惫感。

我常想，人与人之间的关系融洽了，反映到工作中，自然是乐观向上、积极健康的。这就是我们将“团结”二字纳入校风的重要原因。而只有在“团结”的前提下，才能实现“进取”——不满足于现状，不断追求完美，不断学习，不断进步，不断发展。

“有教无类”的思想自然是继承了孔子，但我们却赋予了它崭新的内涵。将它直指教育的实质公平。所谓的教育实质公平，不但指每一个孩子都应受到正确对待，而且指每一个孩子都受到公平、公正的教育，按照他们的个性特点因材施教，从而使每个孩子都能从教育中体会到成长的快乐。可以说，这是我们学校的传统，而我们目前所要做的，就是将其发扬光大。

我们将“教风”树立为“专业求精，言传身教”。我们认识到，只有专业得到提升了，只有在专业上不断地追求进步了，才能让孩子们受到良好的教育和平等的待遇。一个知识结构上存在缺陷、一个在认识修养上有所欠缺、一个在专业方面达不到高度的老师，他所教育的孩子是走不了多远的，因为老师的视界就是狭窄的，老师的水平就是有限的，老师的认识就是浮浅的。故而，我们将教风中的这一条与教师专业的成长紧密联系起来，努力打造名师，努力提高教师素质，目前已取得了卓著的成效。而“言传身教”，一直是中国传统教育中的优秀的因子。据《世说新语》记载，东晋的名相谢安就非常注重这一点，有一天，他的夫人问他：“怎么不见你教育孩子呢?”他说：“我每天都在教育他们。”谢安所说的教育，就是一种“言传身教”的教育。以自己的高尚的言行来感染孩子，以自己的刻苦的精神来影响孩子，以自己高远的理想来引导孩子，以自己良好的行为来规范孩子。可以说，越是对幼小的孩子，“言传身教”的作用越明显，我们所带的是小学生，他们才睁开眼睛看这个世界，所看到的，无形中就会模仿，而这种模仿往往会渗透在他们的血液里成为他们未来修养的一部分。这就为小学教师提出了崇高的要求。我们提出这样的“教风”，目的就在这里。

我们弘扬“立志、勤学、合作、创造”的学风。现在许多从事教育工作的人都为一种现象忧心忡忡——学生越来越显得没有精神，这种现象的出现原因是多方面的，在此我不想做太多的探求，但我想，面对这种现象，我们作为教育工作者所应该采取的态度不应该怨天尤人，而应该正确面对。这面对的其中一个重要的方法就是帮助学生树立起远大的志向，只有志向远大了，一个人才会充满精气神，才会战胜困难，才会充满斗志，也才能谈得上“勤学”。学习要勤奋，要善于从中找到乐趣，要善于从乐趣中汲取力量。而“合作”呢?则既是一种生活态度，也是一种学习态度。它是一种非常重要的品质，只有成功的团队，才会有成功的个人；也只有学会合作，才能互利互赢，共同创造。

校训、校风、教风、学风，是我校经过多年的探索实践并在良好的传统美德基础上提炼生成的，它们又反过来指导我们的办学。经过积极的宣传、氛围的营造，它已落实到我们学校师生的一言一行中。我们今后面临的任务，就是将它们发扬光大从而形成传统。

俄国文豪托尔斯泰写过一个故事。一个穷鞋匠在梦中听到天使对他说：

“我今天会去找你。”鞋匠醒来后就去工作。那天他碰到一个饥饿的年轻女人，他给她东西吃。一个路过的老人冻得发抖，他请老人进屋取暖。之后他又照顾了一对落难的母子。他做这些事完全不假思索，想也没想就做了。一天过去，鞋匠临睡前想起昨晚的梦，心想那个梦并没有实现，因为他并没有碰到天使。这时他耳边响起天使的声音：“亲爱的朋友，难道你不认识我？我就是那个女人，也是那个老人、那个小孩和他的母亲。你已经见到我，而且帮助了我。一整天我都陪在你身边。”

我们愿意用这种态度去对待每一个孩子，将他们都当做天使。是的，天使并不遥远，他们就在我们身边，我们所要做的，就是秉承这些理念，使他们变得更加美好。

第四节

发展是一种召唤

我深深地意识到，不论怎样的教育，关键还是在于教师。教育的水平决定了一个学校的层次，教师的意识决定了一所学校的发展。有怎样的教师，就有怎样的学校；有怎样的教师，就有怎样的教育；有怎样的教师，就有怎样的学生。我们的目标是创立名校，而名校的创立毫无疑问，最终还是依靠教师。

有一个事实摆在这里：教育的兴衰与教师密切相关，一个消极、怠惰的教师群落是很难让教育兴盛起来的。社会发展到现在，许多人都已认识到了这个问题，所以采取了许多的手段来提升教师的素养，鼓励甚至强迫教师学习，但收效甚微。教师水平和修养的提高似乎已成为一个积重难返的问题，难以得到解决。

我们面临的现实就是这样的，但无论怎样的现实，它的背后总是有原因的。那么，这里提出来的问题就是为什么教师会不思进取、安于现状?

对于这个问题存在两种情况，一种情况是这样的：倘若我们与一般的教师来探讨这个问题，许多人会觉得不可思议。因为在他自己的意识里，他是敬业的，他是勤勉的，他是一丝不苟的，他是兢兢业业的。而现在居然将“不思进取”这样的负面定义笼罩在他的头上，他不但不可忍受而且会出离愤怒。

所以，“提升”“提高”是一个很简单的词语，它们的内涵也很清楚明白，但能被一般人接受本来就是一个难题。因为在一般人的概念里，他们是将思想、修养、素质这些教师的综合水平与日复一日的认真工作是等同起来的。他严肃地对待了，他认真地履行了，他按部就班地运作了，他恪尽职守地行动了，那就等于是一个极为合格的教师了，这些已经与那些消极怠工、虚与委蛇、心不在焉的人形成鲜明对比了，按照这种行事的规范他不断地前行就可以了，谈什么提高与提升呢?

所以，我们可以看到，教师的不思进取，首先还是来自于个人的意识。一个人，倘若他从心底里反感诸如此类的名词，反感让他提升的提议，反感促使他走向崇高的活动和外力，他自然地会对现在的自己很满足，而一个对自己工作现状满意的教师当然谈不上提高，他觉得他拥有的东西已经足够了，至少可以游刃有余地应对这份工作。所以，若想对教师有所促进，不是靠外界的逼迫就能解决的，也不是靠一时的提倡就能解决的。

另一种情况则更为危险，许多人也意识到了自己存在缺陷，意识到了个人的能力和精神不足以应对工作，但他仍是不想去提升自己的水平，不想去提高自己的修养。在这个阵地里得过且过，徘徊不进。这又是另一种意义上的安于现状。

教师的安于现状，直接决定了教育的止步不前，这是明摆着的事实。既然这样安于现状的境况是由教师的个人意识所决定的，那么，我们现在所探讨的问题就应该放在是什么决定了教师的这种意识，也就是说，是什么原因导致了我们普通教师的不思进取。

第一个原因还是在于传统的农业社会的思想在作怪。农业社会有一个特点，它是停滞的、是稳定的，少变化、少动荡。一方面，被捆缚在土地上的人们生活本来就一成不变；另一方面，对于自然的依赖回馈于心理中就是对外界的妥协。这种社会现实决定下的小农意识并没有随着时代的变迁而消亡，而是深刻在于国民心理之中。被这种思想决定下的心态就容易满足；被这种思想支配下的方式就安于现状。翻开中国古代典籍，这种思想无处不在；随便与任何一个人交往，这种心态也时常显现。反映到教师群落，就是，在这个教师求学的阶段，好学和努力会占据上风，而这样的好学和努力就是为了追求一种稳定的生活，等到走上工作岗位以后，获得了许多年来需求的目标，就停止不进了。这样，目前的状态就可以是一生的状态，目前的高度就可以是一生的高度。

第二个原因在于教育工作本身的特点。虽然我们不断地在进行探索，不断地在进行改革，但总体来看，教育的变化并不大。即使是一个勇于改变自身的人，深入到教育生活中，也很快就会感觉到教育是重复的，是循环的。这种重复和循环就像一个泥淖，很容易将一个本来生气勃勃的人的意志消磨掉。一个老师，他的一天是这么过的，他的一个学期是这么过的，他的一年是这么过的，他的一生也是这么过的。这种贫乏和枯燥会使教师早早地就会升出一种职业疲惫感，在这种疲惫感的支配影响下，进取心就成为一种奢侈。所以，提升自己是需要坚定的意志和勇敢的精神的，是需要卓越的能力和超常的心性的。它需要一位教师不但要与周围的环境做斗争，更要与内心的惰性做斗争，它对一位教师的要求很高。倘若不具备这样的素质，就容易走向迷惑和放弃。我们看到许多老师，在刚从事这项工作的时候，都想着大展身手，努力进取，做出一番事业来，但因为惰性太大，自己意志又不强，所以，很快就缴械投降了。

第三个原因在于我们所面对的对象。教师一生面对的对象，从年龄上来看，比教师要小；从学力上来看，比教师要浅；从见识上来看，比教师要少；从经验上来看，比教师要薄。这样，对于任何一位教师，当他面对学生的时候，就很容易升起一种优越感：我吃过的饭比你吃的盐还多，我走过的路比你跨过的桥还长。这种优越感支配着教师，造成的心理就是他要比他每天面对的学生强大得多，博学得多，理性得多。一个人是否愿意提升自己，我一再认为关键还是要比照自己，原因也就在于这里。倘若将比较对象放在比自己“弱小”的学生群体上，那么，一位教师是很容易也是的确应该满足的。更为糟糕的是，这种心理随着年龄的不断增长不但不会消失，而且会越来越顽固，教师自认为拥有的崇高地位越来越不可动摇，教师的心态变得越来越固化、越来越保守、越来越自以为是，不但充分地表现在对待学生上，而且也表现在对待一切社会事务上，“好为人师”就成为许多教师的行为方式。原因就在于他的一生面对的都是“不如自己”的人。

第四个原因在于时代精神的影响。虽然说是当代经济社会的影响，但这个问题却由来已久。还是从教师的祖师孔子开始，就确立了一种实用主义的思想。孔子自学成才，名高当世，抱定的理想却始终实现不了，于是，当弟子问到他时，他就急不可耐地说：“沽之哉，沽之哉，吾待价而沽也。”那份迫切，那份焦灼，就是现在想来，也让人感受深切。从那时开始，人们就树立了一种理想：只要你有能力，有思想，那么，一定要用之于社会，否则，你就等于白白地浪费了。这种思想一直传承下来，给中国传统社会造成一种普遍的现象，那就是一切都围绕着实用主义的目的出发，凡有所学，必有所用，倘或不是这样，学就成为一种可有可无的东西。纵观整个中国历史，能安下心来做学问的人那是少之又少的，“学成文武艺，货于帝王家”的思想控制了整个知识分子阶层。到了当代，受经济大潮的影响，人心浮动，这种情况更是甚嚣尘上，不可遏阻。反映到教师这一群落里，那就是看过一本书，就想着将它用起来；写了一篇文章，就想着将它发表出来；有了一点想法，就想着靠它来成名成家；教了一批学生，就想着通过学生来谋取个人利益；工作了一段时间，就想着应该靠它来获取荣誉；稍微多付出了一点，就等待它来为自己带来好处。提升学养，提高素质，这是应该的，但如果看到这种提升和提高不能带来现实的益处，那么，提升和提高又有什么用呢？更为糟糕的是，这种想法变得越来越急迫，越来越紧张，不能容得一点余暇，凡事要马上见效，如果不能见效，那么，这个人立刻就会变得灰心丧气，没有精气。提升自己、提高自己，哪是那么快就能出成果的事情啊。学问的形成本来就是一个循序渐进的工作，本来就是一个要忍受寂寞和孤独的付出，也许辛苦几年，还是收获了了，试问当今天下，有几个人有这份耐心？有几个人有这份持久？既然那遥远的结果不会降临，当然只知道注重当下了，没有了长远的眼光，一个人又如何不会安于现状？

第五个原因在于教师所传授的内容。经常听到有教师这样的言论：教材又变了。言外之意很明显，教材一变，意味着自己又要多花一些工夫来钻研，以往的那些东西还得加以变化。其实，教材无论怎么变，相对世界的发展，仍是相当小的，但就这，也招来教师的抱怨和不满，原因在于哪里呢？原因当然在于，教材的变化让他得多付出一些劳动。

小学的知识有一个特点，它是基础，是根本，而凡是基础的、根本的东西，变化本来就不大。一位教师，穷其一生，用来教授的东西，其实就那么多。按六年一个轮回，回过头来教授的还是那些东西。所以，对于一位不求上进的老师，他将这些东西越教越熟，自然认为有现在的水平就足以应对了，至于这些东西有没有更深层的意蕴，传授这些东西有没有更为高明的办法，这些是不在他们考虑之列的。

第六个原因在于环境。教师这个群落是个特殊的群落，它带有一定的封闭性。教师交往的大多是自己的同事。这个环境怎样，往往决定了深入其中的人怎样。因为环境是封闭的，所以，人心也是相对封闭的。一般的学校如同死水一潭，外界的清风很难将滞重的空气吹得流动起来。常常看到一个本来还算好学的人，一旦进入这样的环境，受周围的同化，很快也就变得停止不动起来。环境的变化与经济的发展是密切相关的，尤其在一些落后的地方，整个学校的凝滞更为惊人。现在许多学校的设施发生了变化，但学校精神却还是依然故我。许多地方，为了振兴教育，政府投资很大，但先进的教学设备并没有改变人们的精神面貌。我到地方上一些学校去，看到的景象是令人酸痛的。办公条件非常优异，现代化设施非常齐全，但不要说是普通教师，就是一般的老师也将它们用得不当。举个例子来说吧，电脑配备了，网络联结了，但运用它的人，要么用来打游戏，要么用来看电影，要么用来下载一些教案应付检查。人的追求不改变，人的思想不改变，工具最终只会供他们消磨时间和偷懒怠工，哪会用到提高自我水平上去，这是诚可哀痛的事情。

第七个原因在于评价机制。评价机制表现为两个方面，一个方面来自传统。对于什么样的人生才是成功的人生，中国人自有他们的看法，而这些看法很多都与现代社会格格不入。我们可以看到，一般的男教师，很多会将精力放在捞取一官半职上；就是在这方面的发展没希望的人，也会找到许多寄托心志的东西，比如打麻将，比如喝酒闲聊。而一些在教学上有前途、有盼头的人，也会着眼于靠它来获取现实利益，这样的提升自我带上了许多功利性，而学问本来是一个要忍受清贫和安宁的事情，疯狂地追逐这些只会是缘木求鱼。另一个方面，考试制度统治下的教育，使教师的个性得不到充分施展，大家做的是同样的事情，期待的是同样的结果，在分数面前，你有再多的思想、再大的能力也只能望洋兴叹。许多有所追求的教师的悲剧就在这里——踏踏实实地做一些学问，往往与提高成绩没有直接关系，而这成绩也是着眼于即时的。所以，几乎所有的“名师”都是靠成绩起家的，这种急功近利的教育方式让许多教师日渐远离了真正的学问，成为应试制度下的工作机器。

没有了个人素养的提高，没有了前行的动力，我们这个群落就会很容易地应对着每天繁杂的事务。我们中间的大多数人，找不到生活的真正价值，找不到生命的真正定位。而我们知道，一个本身贫乏的、不求上进的人，也不可能拥有鲜活的时代精神，也不可能继承传统文化中的优秀因子。那么，我们又怎么能奢望我们的学生会完美地走向世界、走向辉煌呢？

上任伊始，我就思考到这些问题，并且苦苦地追寻着答案。我认识到，这个问题不但在全国教育界存在，我们学校也部分地存在。要振兴学校，必先感召老师。只有老师更新理念，意识到发展自己的重要性了，我们学校才有希望，才会拥有一个美好的未来。

为此，我们竭尽全力，冥思苦想，利用一切有限的资源助推教师的发展，而今，倘若你到我们学校，你会看到，我们的老师们是积极向上的，情绪是乐观饱满的，精神是昂扬健康的。这种氛围就笼罩在学校上空，使每一个接触到的人都感到温馨而安适。

在助推老师提高素养和改变意识方面，我们做了大量有益、有效的工作。首先，我们组织全校老师观看魏书生、于漪、任小艾、霍懋征等教育大家的报告。这是一种良好的学习方式——不出家门就可以领略到大家们的思想，观看到大家们的成长之路，感受到大家们的精神魅力。人，都是需要引领的，有怎样的目标，有怎样的高度，就有怎样的动力，就有怎样的方向。过去，我们只是蒙着头工作，而忽略了工作还有另外的形式；过去，我们只着眼于周围的人，而忽视了人与人在从事同样的工作时也有着诸多的不同。而今，当我们睁开眼睛看外界的时候，我们才知道天有多高，地有多广。同时，这也是一种提示：提示我们，有一种境界离我们并不遥远，有一种追求值得我们去付出，有一种理想我们也可以达到。当然，你也可以说这是一种转折——将老师们的注意力引导到如何提升自身的素养、素质方面来。我相信，一个能有意识地谋划着提升自己的人，他对于职业也就会拥有一种别样的情怀，那么，当热情占据了上峰、当追求让他尝到甜头的时候，不用说，职业的疲惫感是一定会得以消释的，而工作的积极性则会占据上风。

其次则是采用请进来或者走出去的方式，让老师们与专家面对面，聆听他们的成长之路，感受他们的精神精华，提高自己的思想意识，改变自己的工作作风。让老师们学习，我本人呢？首先就得做出表率。我随意回首，都会记得外出学习的日子，不是我记忆力强，而是因为往往在那些天我会觉得格外辛苦。我总是早早起床，做好听报告、讲座的一切准备；总是最先赶到会场里“抢”最好的位子；总是专心地聆听，认真地做好笔记，生怕漏过一句话、一个词。那样的听讲是一件非常艰辛但又非常愉悦的事情。说艰辛，是因为一场连着一场，中午只能休息一会儿，而就那一会儿，刚刚听到的一些新的理念、一些新的作法、一些新的见解还是不时地会萦绕在脑海里，供我咀嚼，供我品赏，哪有机会让大脑得到片刻休息呢？而且不间断地听讲，对于身体并不是特别强壮的我来说，无疑于是一项“苦差”，直坐得腰酸背痛、四肢麻木，听完报告，饭是什么滋味都品尝不出来了；说是愉悦，原因很简单，在那样的精神大餐面前，我是饕餮而食，各种观念理念应接不暇，挤满了我的心胸，一句有味道的话会让我回味良久，一个崭新的观点会让我思考许多。在那种场合，你似乎能听到自己思想成长的声音，怎么会不感到高兴呢？认识到这样做的好处以后，我也组织学校老师们和我一样步入到专家、名师的讲座和报告中去，深入到一些名校和名师的实践、课堂中去。面对面的交流，如沐清风的学习，使我们学校老师们的观念得到了更新，思想得到了解放，方法得到了改进。这是走出去，那么请进来呢？这样当然更有助于我们老师们的成长了，就在自己的工作场所，可以自由地交流，可以自在地碰撞，将更胜于出外。于是，我们先后聘请了乐陵实验小学的三位班主任来做班级管理策略的报告，上海的申淑敏老师来做《美丽的情感教育——做幸福的班主任》的报告，原山东教育社总编陶继新老师来做《教师发展与职业幸福》的报告，更组织全体班主任聆听了高万祥校长做的报告，华夏幸福教育研究会会长王三阳老师更是四次来我校亲临指导。所有这些，都极大地激发了老师们的工作热情。他们倾听着、议论着、学习着，也进步着。

我们学校本身就有许多优秀的老师，这些老师有着多年的教育教学经验，也有着令人钦佩的敬业精神；我们学校也有着许多年青老师，他们有工作的热情，想着实现自己的理想和抱负。针对学校老师组成的现状，我们着手于“一对一师带徒”的活动。与其他学校相似的举措有所不同之处在于，我们这样做的出发点有两个：通过年青老师拜师，促使老教师认识到自己的不足，从而在创新上下工夫，努力赶上时代的步伐，针取在原有的基础上攀上更高的境界；通过老师带徒弟，让徒弟很快地适应教育教学。而不是其他学校那样单纯地由老师带徒弟促进徒弟成长这一个。但不论怎样的形式，我们都强调一点，努力在教育教学中探索，努力提高自身修养和素质，从而在这样的前提下保有自己的个性，而不是实现“千人一面”“千篇一律”的模式化。我觉得，也许只有很好地发扬自己的个性，一个人在他的职业生涯中才会持续地保有热情，而热情将会成为良性工作的最佳助力。

最后，我们抱着科研兴校、科研提升素养的目的，加大了教科研工作的力度和广度。我们杜绝假大空的风气，着眼于学生现实、学校现实、教师现实，使各学科组开展了“微型课题”的研究。这一方面我相信将来会形成我们学校的特色，因为所有的问题都是从学校、学生实际中来的，从而使问题卓有针对性，这样的研究，自然会是有的放矢的，自然容易得到突破，自然极易产生效应。我觉得不论怎样的研究，都不能忽视我们目前面临的问题，只有这些问题得到很好的解决了，才能从此出发，研究更宏大、更高远的问题。同时，我们更不能忽视老师们的知识构成、认识水平等现实，不能一味地拔高，不能一味地空淡，只有一步一个脚印地走好了，才算是奠定了未来进一步研究的基础。现在，我们已由原来的一项课堂研究发展到了六项国家省市级课题的同时开展，大部分老师都被吸纳到课题领域中，科研成为了学校教学工作的常态。

有了名师的引领，有了出外学习的经历，有了自身提高的意识，有了课题研究的氛围，有了互帮互助的风气，学校的教学面目焕然一新，老师的素质得到显明的提高。现在，我们已经拥有了自己的一大批优秀教师：有几位教师多次被兄弟学校和乡镇教委请去作报告；有三位老师被中国教育学会评为全国优秀班主任；还有很大一部分教师分别获得市县级教育部门的表彰和教学能手、学科带头人等荣誉称号。不断地学习进取让老师们得到了从未有过的满足感，而这种满足感又让他们更进一步地追求和努力，回首当初，这种良性循环真是来之不易啊。

我相信，经过我们的不懈努力，更多更好的优秀教师会在我们学校诞生，而我们的孩子在这样的老师的引导下会更健康快乐地成长，而我们的学校，则会处处洋溢着幸福的阳光。

第五节

文化磁场的构建

在上任初期，我就想到了一个问题：我们不应该把学校管理仅仅定位于制度上，还应该建立学校的文化，并且这样的文化最终要形成我们学校的特色。

文化有什么作用？大概是一个智者见智、仁者见仁的问题，我觉得，作为一所学校的文化，它最起码要起到一个作用，那就是它的熏陶和浸润。教育的过程，是一个潜移默化的过程，身边的人、身边的事、身边的物合起来组成一个人成长的环境，而步入其中的人就在不知不觉中接受了看到的、听到的、闻到的那些物事，这些物事会悄悄地改变他的气质、观念、心理和行为方式。

我们提倡校园建设，其最终的意义不在于有几座大楼，有多少教室，而在于这样的大楼和教室是整洁的、优美的并且富有教育意义的。学生身处其间，无形中应该受到真、善、美的影响并且在他无意识的时候接受这种影响。我想，这应该就是校园文化的感染作用。但良好的校园文化还远不止于此，它应该有着更为丰富的内涵。

上任伊始，我便组织全校教职员工发挥集体智慧，设计属于我们自己的校园显性文化。老师们的智慧是无穷的，你想到的，他们会想到，而且比你想得更周到完美；你没想到的，他们也会想到并且能拿出具体的方案。经过我们的共同努力，我们最终构建了自己的校园文化。而且正因为是大家智慧的结晶，所以，就自然地具备了自己的特色。

教学楼从一楼到五楼，都有着鲜明的特色。五层楼的主题分别为“可爱的家乡”“适应自强”“开拓进取”“完美至善”和“放飞梦想”。

在这里，你可以看到与我们家乡息息相关的历史人物和他们的事迹，也可以看到我们家乡最主要的特点和最大的变化。这是一种提醒，也是一种昭示。提醒我们的孩子，家乡是美丽的，是日新月异的，是值得我们用心去热爱、去拥抱的；昭示一种精神、一种传承，我们的家乡并不是像日常看到的那样贫瘠、那样无味，它有着优秀的传统，有着出名的人物，有着前人的贡献，有着今人的付出。一个连自己家乡都不热爱的人，是走不了多远的。我们将这样的人物和变化放在那里，就是给孩子们从小灌输一种理念：家乡养育了我们，它的文化熏陶了我们，它的人物成就了我们，它的进步自豪了我们，我们在为它感到自豪的同时，也应该从小确立为它付出的理想。我曾经看到过许多学校的校园文化，它们什么都有，就是缺少家乡文化这一环节，我觉得这是一种遗憾。将家乡纳入校园文化建设，并不是安土重迁的传统思想在作怪，而是在意识到当今家乡观念淡漠之后的一种努力，而且我相信这种努力应该会取得它应有的效果。

在这里，你可以看到《口渴的乌鸦》《试着把生命折叠51次》《狮子、羚羊的家教》等故事。这些故事是通俗易懂的，非常适合年幼的孩子们。它们是寓言，也是童话，故事简单，但里面包含的道理却是可以用一生去消化的。这些故事里，有着善意的提醒，也有着委婉的劝说，有着深刻的教育，也有着谆谆的告诫。为选择这些故事，我们可以说是煞费苦心。它们既要浅显到初学的孩子一看就懂，又要经典到种植在他们的生命里让他们背负着那些前人用血的教训总结出来的经验前行。从目前来看，它的效果是显然的，我们学校每个孩子都对这些故事耳熟能详，不但随口就能讲得出来，而且还会从中抽取出隐含的道理；不但能通过它来教育自己，而且还会在适当的场合拿来教育别人。故事的意义是巨大的，而懂得挖掘则显得更为重要。我们做到了，我们应该为这感到自豪。

在这里，你可以看到采自中国经典《晏子春秋》《周易》《大学》等中间的名言。它们就悬挂在一上楼就能看到了最醒目的位置上。先是名言，然后是解读。这是我们学校提倡的精神的集中体现。我们既在告诉孩子们，前人有着丰富的人生体验，他们站在一定的生命高度上对人生进行了关照，这些经验就传承下来，值得我们去品味，去消化，去遵循，去实践；同时，我们也给了孩子们一个间接的提示：许多的理想，许多的道理，许多的崇高，我们并没有彻底实现，或者说只是在某一时期的某些人身上得到了实现，而今天，我们就担当着一个神圣的任务——将传统文化中优秀的部分继承下去，将它发扬光大。那些名言是深刻的，但又是鲜明的，它告诉我们，懂得并不难，关键在于践行，而我们希望通过耳濡目染的方式教育孩子们的目的也就在这里。

在这里，你会看到许多对国家、对民族、对教育有着特殊贡献的人物形象。比如齐白石、陶行知、苏霍姆林斯基等。可选取的人物很多，之所以选择这些，是因为他们的精神容易被我们感知，是因为他们对教育的理解不但对孩子，就是对老师也有助益。伟大的人物可以帮助我们打开一个可供仰望的窗口，同样还可以打开一道可以攀登的通道。过去，我们也宣扬向伟大的人物学习，但心理学告诉我们，倘若这样的目标太崇高、太伟岸了，那就会让人生出畏难心理——觉得自己不是这样的材料，结果呢？自然适得其反。而这样的人物，他们都有着平凡的一面，那一面是我们熟知的，但就在这样的平凡中他们却创造出了不平凡的业绩。这样的业绩我们的孩子可以通过毕生的努力去实现，而我们的老师也可以通过日常的工作去部分地完成。因此，他们的存在，他们或冷峻、或沉思的身影，就是一感召，至少我觉得应该这样，我们应该自觉地向他们靠拢，因为我们担负着同样的责任。

在这里，你可以看到每个班级的展板。整齐的绿色的展板富有生机，那是提供给孩子们的园地。在那个园地里，他们可以将自己的才艺、特长、进步、想法尽情地展现。每个走过展板的家长、老师或者学生都会不由自主地驻足停留，把眼光深情地投射在上面。他们会微笑，因为从那上面看到了一个富有才华的孩子的身影；他们会黯然，因为或者想到了自己求学的日子，或者看到了自己存在的不足，或者更是领悟到孩子们潜藏的内心不为人知的一面而有所触动；自然，他们也会赞叹——平时那么一个不起眼的孩子，竟然有着这么聪慧灵动的一面。而孩子们呢？无形中会有一种崇高感和成就感：自己有特长、自己进步了，它就那么显明地显现在其他人的眼里，得到他人的认同、赞扬和期许，这不就是催人奋进的最后的力量吗？

在这里，你可以看到走着“平凡的路”、抱着“求索的心”的老师们的形象。他们是一所学校里最重要的一个群落，孩子们一年一年地来了，又一届一届地走了，但他们却一生都坚守在这里。许多的学校，虽然也知道他们位置的重要，但多用的是纪律上的管束，多用的是制度上的警告，很少想着在校园文化中能为他们留下一席之地。但在这里，你看，他们是充满微笑的，他们是健康乐观的，他们或者满身的书卷气，或者满脸的满足感。应该是看到教育的学生有进步了吧？应该是为一个问题找到答案了吧？应该是在合作中体会到人事关系中的愉悦了吧？是的，我们的文化是为孩子们服务的，但同样也是为我们自己服务的，只有我们幸福了，我们才会传递幸福，才会播撒幸福。

在这里，你可以看到孩子们“我研究我的课堂”的图画。你可别小看这样的画片，它的里面渗透着一种理念，一种理想，甚至可以说一种关爱和尊重。多年以来，我们都把课堂的所有权力掌控到自己的手里，导致的结果是课堂僵化，孩子厌学，形式单调，容易疲惫。在那样的课堂中，孩子们的性灵被湮没了，个性被泯灭了，兴趣被扼制了。而这样的图片就隐隐透露着我们的理想，我们要进行课堂改革，我们要改变观念，我们要跟上时代的步伐，最重要的是，我们要尊重教育的规律，理解孩子的需要。

虽然明知这条路很难走，但为了孩子、为了教育的明天，我们愿意坚守这种理念并且穷尽毕生去追求。因为时代就把这样的任务交给了我们。

在这里，你可以看到配着鲜明的格言的形象的画："海阔凭鱼跃，天高任鸟飞""一桥飞架南北，天堑变通途""赠人玫瑰，手留余香""长风破浪会有时，直挂云帆济沧海"等等。它们就散布在我们各个楼层，成为一道亮丽的风景。它们是激励，也是提醒；是鼓励，也是劝告。这样的图片毫无疑问并不是我们仅有的，但我们的运思却在于，它们不是随便挂置在那里的，它们的存在既符合那个楼层的文化主题，又因为加了简约的解释而风采倍增。说实话，在选取怎样的名言上我们是颇下了一番工夫，它既要显豁明达，又要符合孩子们的认知结构；它既是传诵不衰教育意义显明的，又要通俗易懂而不流于贫白。教育无小事，同样表现在这些方面，深味一句话也许就可以让一个人受益终生，哪位哲人不是说过吗？"一个人一生也就为几句话而活"！

但最有特色的，还应该属于我们沾化特有的"冬枣文化"。在其间，你既可以看到冬枣的成长环境，它在这片贫瘠的土地上，不屈服、不气馁，勇敢顽强，适应自立，并最终成长为名闻全国的佳果。那些鲜明的图片，是那些被学生所熟知，而那种精神，却又是那么容易地感染人。这是一种号召，号召孩子们向冬枣学习，拥有那样的精神并且将它带到四面八方去，那时，无论到何处，我们都可以骄傲地说："我们是冬枣的孩子，它不但给了我们营养，而且给了我们一种精神。"同时，我们从冬枣的一片叶子开始，它生长，慢慢地结果，渐渐地沐浴着阳光雨露，在最后成熟。这多像一个人的成长过程啊，我们不也就这么吸取着知识慢慢长大的么？总有一天，"冬枣成熟了，我们也长大了"，那时，将是怎样的感动和留恋啊！

所有的显性的文化载体，都遵循一个原则：适应孩子的需要，符合孩子的眼光，应和孩子的心理，让他们能怦然心动，若有所感。你应该会体会到，在这里，文字柔和而不刻板，语言委婉而不粗暴，画面绚丽而不刺眼，语气谦和而不生硬。是啊，满载了感动和心血的东西，如何不令人心襟摇荡、目眩神迷呢？

这中间，有我写的一句话："教学生六年，为学生想一生，为国家民族想永远。"这是我的希望，也是全校老师的心愿。我相信，在这种冬枣文化的佑护下，我们的理想一定会实现。

当所有的布置工作完成之后，我给全体学生讲了如下一段话，就权当是我对文化的理解吧：

你打开被子睡觉，总能可到被面上绣着牡丹、荷花等各色的花；你端起杯子来喝水，总能看到杯壁上绘着竹子、扁舟的图饰；你到别人家做客，厅堂的正中就挂着一幅笔墨酣畅的中堂；你到教室学习，墙壁上总免不了有几句激励你的诗句。

你到一座山上游览，总能远远地就能看到那座寺庙上面的匾额，那上面四个金色的大字就在阳光下熠熠闪光；你信步走进某一个公园，总能从其中的楹柱上看到一副含意隽永的对联；你登高，眼前不单单是河流入川、群山俯首的景象，你的脑海里自然会出现"风起天高猿啸哀，渚清沙白鸟飞回"的诗句；你欣赏一朵花，看到它的娇艳、它的妩媚，突然进入你脑海的还是"只恐夜深花睡去，故烧红烛照红妆"的雅趣。

春节，你会兴奋地早早起来放鞭炮；清明，你会与父母一起去为去世的先人烧几张纸；提到端午，你就知道应该吃粽子、赛龙舟；提到中秋，你就知道应该赏月亮、庆团圆。

你见了别人的面，会不自觉地脱口而出"吃了吗"？有人的亲人去世了，你无论是真心还是假意，总会说"节哀顺变"；叔叔结婚了，你会缠着他要喜糖；饭桌老人不动筷子你只能不断地吞着馋涎。

这些现象你肯定已经司空见惯了，对它们也是视若无睹，觉得一切都不足为奇。究其原因，那只是因为你像鱼生存在水里而感觉不到水的存在一样，你生活在这样的氛围里而没有觉察到它就是属于本民族的文化。倘若你站在另一个国度里回头来看这些，你会深深地体会到传统文化的魅力。它就渗透在这片国土的角角落落，流露在这个群落的方方面面，从每阵风、每阵雨、每个笑容、每声呼喊中都表现出来。它不单像阳光一样在故宫的琉璃瓦上浮动，不单像编钟一样在楚地上激荡回响，不单像汉墓一样凝重地伫立在西风残照下，不单像书法一样流畅地舞动在竹简丝帛上，也深深地印在你的周围，烙在你的身上。你刚出生，便被它打上了印记，从此，无论你走到何方，无论你愿意还是不愿意，你的举手投足，你的言谈论说，你的处世姿态，你的思维方式，都作为它的一部分而流露。你想摆脱它，如同要从自己的皮肤里钻出来看自己一样艰难。

这样，你应该知道，文化对于你并不是什么玄之又玄的词语，它的内涵虽然极为丰富、极为深广，但你完全可以把握它，它就在你的四周，你只要张开眼睛就能看到它，只要伸出手去就能捕捉到它；它就在你的身上，只要你稍加回观自己，就能感受到它，触摸到它。想到柳树，你想到那次长亭外缠绵悲苦的离别；想到梅花，你想到那些孤标傲世、坚贞不屈的英魂；看到流水，你想到岁月的流逝和时代的更迭；看到流云，你想到人世的漂泊和世道的沧桑。这说明你的心灵在不知不觉中已被这样的文化雕刻。看到一位老人，你不由自主地放慢脚步让开通道；出席一个宴会，你下意识地坐在最下方的位置；你对长辈有意见，但你默默地忍耐着不出声，而渴望着他的自察自省；遇到同学的吵闹，你不去制止，而是自己找一个安静的角落。这说明你的行为也在不知不觉中已被这样的文化塑造。无论你愿意与否，无论你觉得是否得当，但你明确地知道，你知道在这样的文化造就的环境氛围里，你必须或者全部或者部分地去接纳、去消化。

所有的这些，都不是一天两天形成的，它的源头可以直接追溯到我们最早的先民那里去。而后世所有生活在这片土地上的人们，都一边继承着它，一边更新着它。所以，那看似简单的一个仪式，看似平凡的一个画面，看似习常的一种动作，看似普通的一种思维，都不是凭空出现的，而是有着它的根据、它的渊源的。所以，在一定程度上可以说，你就是这份传递几千年的文化在某一天结出的一个果子，一个不可复制、不可替代的果子，鲜亮而多汁，丰盈而充实。它积淀多年，延续到你的心灵，然后指望着从你那儿得到更好的传承和阐扬。

就是这样的文化，它塑造了国民的心魂，也塑造了你的肉体和灵魂。但就你所接触的、认识到的而言，它只是表面的，表层的，而那隐藏在表面、表层背后的支撑着它存在的观念和思想却也正是需要你这样的人探求思考的。没有一种文化现象没有它产生和存在的原因，当你触摸到那个原因时，你才会真正地认识这个民族，这种文化，更重要的，你才能真正地认识你自己。

所以，做一个生活的有心人的含义就在这里。我们唾弃浑浑噩噩，我们厌恶得过且过，我们渴望创造革新，我们希望有所贡献。而所有这一切，都必须立根于这样的文化土壤。它就像古希腊传说中那让泰坦巨神赖以汲取力量的大地母亲该亚，它浑厚博大，广袤无垠，一理领会其精义，你也就拥有了昂然地行走于世的资本。

当然，没有一种文化是完美无缺的，它也有缺陷，也有不足。而这样的缺陷和不足也时或反映在你这个文化的果子上面。在我们这个时代，关注于它的缺点的多，而拥抱它的优点的却少，因此，就产生了传统文化的虚无思想。而继承那些优秀的因子，摒除它的糟粕，这样的任务就落在了你的头上。不但为了这个民族的前程，同时也为了你自己的完善。

既然作为一个果子存在，那么，它就不自觉地担负着将自己变成一粒种子并且植种下去让它生出茁壮的苗的任务，这是许多人意识不到但却绕不过去的使命。直面它吧，祝愿它在你这里得到继承和发展，得到净化和升华。

第二章

创建特色，心系明天

第一节

特色班级尊个性

倘若你走进我们的校园，你会发现一道亮丽的风景线——在每间教室的门口，都有几个美丽的字体，它们以流动写意的形式昭示着这个班级的特色活动：

“我爱唱歌谣”，哦，这个班级的特色是以歌唱来抒发心声，以歌声来促成成长，在歌声中受到美的陶冶，在歌声中感受异域文化。看到这几个字，你的眼前宛然是那些稚嫩的孩子昂起头颅、展现他们的风采的形象。那一刻，你似乎能听到优美的童声在教室里飘荡，而那美妙的音符就从窗口飘出去，去与天空的流云嬉戏，去与远处的海潮呼应。

“诗配画”，一个多么富有诗意的名字，由这个名称，你仿佛也能窥见这个班的班主任那富于艺术气质的心灵，你仿佛也能窥见这个班的孩子那灵动而多彩的画笔。记得以前，曾经看到过许多优美的画，而就在那画的旁边，用漂亮的字体书写着“梦笔桥东夜系船，残灯耿耿不成眠”，写着“春潮带雨晚来急，野渡无人舟自横”，写着“自把玉钗敲砌竹，清歌一曲月如霜”。那画面伴着那诗句就长久地铭刻在记忆里，即使岁月的尘沙也湮没不了。而今，就在这里，在这个班级里，那些充满幻想、充满诗情的孩子们，拿起他们的画笔，发挥他们的诗情，走近经典，书写经典，也把那些先民们营造的美好意境以自己的理解书写在走向未来的路途上。

“变废为宝”，这是一个别致的名字，里面分明流露着一种愿望，一种智慧，一种技巧。是啊，它的目的就在于“欣赏鉴别，动手创作”。我们身边有着无数的废品废物，就那么舍弃了，就那么浪费了，多么可惜啊。而当我们引导孩子们的目光瞅向它们的时候，它们却往往是一个胚胎，一个模具，里面孕育着美的芽苞，包含着创造的花朵，只要你具备一双会欣赏、会鉴别的眼睛，你就会从中挖掘出你所需要的物品来。在那种劳动的过程中，你享受着创作的喜悦，感受着废物利用的甜美。它可以用来装点生活，可以用来吸引蜂蝶，可以用来栽花养鱼，可以用来博人一笑。而就在它的作用展现的时候，那小作者，一定悄悄地躲在一边窃喜吧。

这是每个班级的特色，而这些班级的特色组合在一起，就构成了我们学校的特色。

我们创建的是适合教育。大抵适合教育者，其最根本的内涵就在于适应不同的学生的不同需要。我们现在的教育，表面上是尊重学生个性的，但由于现代教育的特点，由于工业文明的背景，实现起来那是难之又难的。如果从大的方面着眼，相同年龄的孩子接受相同的教育，这本身就有问题；同一年级的孩子学习同样的内容，这本身就有问题；同一班级的孩子面对同样的教材和作业，这本身就有问题。但倘若要实现公平公正的教育，这种现状又是避免不了的。所以，理性的教育工作者总会在不可改变的现实基础上尝试着改变，这种改变的指向，是在能实现的范围内尊重“每一个孩子”的个性特点，满足“每一个孩子”的成长需要。这样，这个工作无形中就显得艰难了，无形中就要求教育者付出比其他人更多的努力和汗水，无形中就对教育者提出了更高的要求。

这个工作的艰难和繁琐我们是知道的，但我们还是迎难而上，坚持去做。原因只在于我们深深地知道：我们每一个人，生来都是不同的，所谓的“人人生而平等”指的是享受政治方面的权益而言，而我们的性格、我们的爱好、我们的天赋，一方面由于遗传，一方面由于后天环境的影响，势必会有这样那样的不同。你难以将一个五音不全的孩子教育成贝多芬，你难以将一个色盲教育成一个伟大的画家，道理就在这里。而真正的教育，就在于发现这种不同，尊重这种不同，并在可能的前提下，把擅长的、感兴趣的、有潜质的一面尽可能地加以畅扬。文化课，那是在时代和评价机质要求下必须一概重视的，那么，学生的另外的方面呢？则可以予以必要的提升、必要的挖掘。

这样做的好处在哪里？

其一，这样做是对学生天性的尊重。学生的原始生命状态就是千差万别的，不可强制用统一的标准来衡量，兴趣的培养与爱好的发挥，正是从他们的生命需求出发的，就这一而言，可以说这样做是满足了他们的天性，照顾了他们的需要。

其二，学生有着不同的兴趣和诉求，在他们的成长过程中，这种兴趣和诉求往往是受到压制的，因为压制，生命也就缺乏必要的亮色，而这样做，正是对生命原初意义的揭发和畅扬。

其三，不同的学生需要在不同的方面得以实现人生的价值，从中找到支撑他们前行的动力，只注重一个方面而忽视其他，学生往往因为找不到兴趣点、找不到成就感而很快地感到疲惫和厌倦，而特色班级的建立目的就在于借此为触发来调动学生生命的活力。

其四，这样的特色不仅限于学生的展现和表演，同时也包含了学生与学生之间、学生与教师之间的合作，而合作精神，是当下不论是学习，还是生活，都必需的。

其五，人的生命成长过程中，包蕴着一定的游戏成分，良好的游戏如我们所进行的这些，满含着学习的内容，将二者有机地结合起来，在学习中活动，在活动中学习，有助于学生的健康成长。

其六，即便为学生的未来考虑，也应该为他们培养一个良好的爱好，对于人的一生，有一个良好的爱好是受益终生的：当我们感到无聊的时候可以有一个有益的消遣；当我们感到空虚的时候，可以有一个可靠的寄托。而这些，恰恰是人类追求艺术的原因之一，也就是说，这中间孕育着艺术的萌芽，这个萌芽是为未来做准备的。我们的教育，毕竟不能只顾眼前。

同时，还有重要的一点，我们也应该看到。班级特色的建立是与班主任老师息息相关的，不同的班主任，对班级管理有不同的认知，对班风建设有不同的想法；不同的班主任有不同的爱好和理想，有不同的兴趣和特长，故而，班级特色的建设就与班主任的职业修养和个人特点紧密地结合起来。这样做，一方面有利于班主任兴趣和特长的发挥，另一方面则容易激发班主任的工作积极性。

于是，这样的目标就是完全可以实现的：在“一班一品牌，班班有特色”的教育思想指导下，不但适合教育可以得以实现，它同时可以促使学生的潜能得以健康和可持续的发展，引领每一个学生走上成才之路；它可以进一步提高班级管理的文化品位，对建设优良班级提供帮助；它可以弘扬个性，充分鼓励学生自我管理、自我教育、自我服务和自我发展，激发学生的创造力和团结协作意识，增强集体荣誉感；它可以提升学校德育管理内涵，树立良好的班风、学风、校风，将学校整体的道德教育与学生管理工作推向新的台阶，形成新的局面。

这中间，就不可避免地遇到一个问题：如果从建设班级特色的角度出发，势必会出现千帆竞发、百花奇放的局面，这是我们希望的；但也势必会出现一些不和谐的音符——因为尊重学生的需要而不能科学地设定班级特色。针对此，我们根据学生成长规律和学校管理现实做了必要的规范。将主题从大的方面予以了规定，大致说来有如下几种：

行为规范特色班：包括仪容仪表特色、环境卫生特色、班级活动特色。

才艺特色班：包括琴棋书画特色、球类特色、健体特色。

文化特色班：包括温馨教室创建、书香班级、阅读写作、说事拉理、说学逗唱等主题特色。

特色班级的申报允许几个班级同时申报其中一项，更鼓励不同的班级选择不同的特色。目的在于，选择同一项的，有了竞争，有了借鉴，有了交流，有了促进；选择不同项的，则可以互相感化，互相熏陶，互相濡染，互相影响。就这个角度来看，有时是一个班级的特色，但通过我们后面将会讲到的评价方式则可以形成辐射。这样，无形中就解决了这样的问题：一个班级确立特色之后，内部的成员并不是在这个特色中就开始故步自封，内部对本班特色不感兴趣的成员就会疏离于其他特色，这样的班级仍然是开放的，其间的成员仍然可以从其他班级的特色中汲取营养。

这中间，势必会产生许多问题：如何处理好不同班级的特色建立？如何搞好正常学科教学与特色建立之间的矛盾？如何让特色真正成为特色而不是流于形式？如何使其得到长期良性的发展而不是像现在的许多教育现象仅图一时的热闹？

我们首先号召广大教师加强学习。这是一个必经的路途。长期以来，我们的教育处于封闭、保守的境地，学校如固守的城垣，外界的清风很难吹进来。于是，出现的显著现象就是我们的老师虽然都是优秀的，但观念却得不到及时的更新，方法却得不到改变，意识却得不到提高。很显然，这不利于特色班级的建设。而我们之所以搞特色班级的建设，不但是针对学生，也是针对广大教师的。目的就在于，让我们的老师们立足于现实，寻找到不足，在搞特色的过程中学习新的知识，掌握新的本领，了解新的动态。而更为重要的是，通过特色的建立，不但这汪水活泛了起来、流动了起来，而且有助于老师了解每个学生的特点，真正地做到关怀每一个学生，将工作做到实处。而这，同样是一种学习——一种将失落的教育精神重新捡拾起来的学习。

其次，我们确立了适合班集体发展方向的原则。客观地说，现在各处的教育，都存在等而下之的情况，所谓的“等而下之”，表现在于教育往往是盲目的，方向不明。看似教学目标和明确，但这个目标将会把学生引领到什么地方，却不在关心之列；看似有班主任计划，但这个计划到底要实现什么教育目的，却鲜有人去追究。这样长期下去，教师就大都成为被动应付工作的机器，在这种被动应付中，学生的主体性和个性特点得不到尊重，教师的理想和抱负得不到施展，热情随之而消磨，精神随之而怠惰。因此，我们借助于班级特色的建立，努力地为班集体的发展指出一个基本的方向——学生应该具备怎样的素质，这样的素质应该会对他长远的将来有益。

其三，我们确立了集体传统性原则。即各个班集体都培养和建立自己独特的传统和风格，具有班级的特色。我们不应该回避一个问题：班主任对于学生一生的影响是巨大的，哪怕再怎么规范，一个班主任的言行举止、行为特点、思维方式都会影响到他的学生。因为这个年龄的孩子的学习过程，正是通过感性、模仿和观察认识世界、了解生活、健全自我的过程。不论你愿意与否，班主任的教育中间潜移默化这种方式都起着相当重要的作用。因此，常有人怀疑：你把特色这么规定了，那不就把这个班级的学生加以限制了吗？这不更不利于他们发挥自己的个性和特长了吗？其实，我们这样做，早就考虑到了这一点。既然班主任对学生的潜移默化的教育是长期存在的，那么，为什么不能让班主任本身的特点通过特色的建立得到科学有效的发挥而不至于漫无边际地散射呢？既然在目前的教育情势下，学生的个性受到压抑、兴趣受到阻碍，那么，为什么不能通过这种渠道加以合理而有效的疏导、实现呢？这就是我们强调特色建立中"集体"性原则的原因；而所谓的传统，它的内涵就丰富了，它的目标就长远了。它意味着开展这样的活动，必须要有计划，必须要有方略，必须要有目标。是的，起初一定有困难，一定有挫折，一定有麻烦，但坚持下去，就不但会形成这个班级的传统，而且这种传统将深种在孩子们的心里，并被他们带着播种到四面八方。

其四，学生主体性原则。学生是教育教学活动的主体，班主任为首的教师集体对学生的影响，应在激发学生内在动机基础上进行指导，要帮助学生学会自己管理自己、自己教育自己，真正成为班级的小主人。教师在这方面的影响是一定的，但主要的角色还是学生。特色的建立说到底，是一种活动，而这种活动，最主要是由学生来自己组织、自己管理，而在这样的过程中，受益最多的仍然是学生。他们在搞特色的时候，势必要团结，势必要合作，势必要互相帮助，势必要互相评价。而这些素质，是成长过程中非常重要的素质，只要具备了这些，才有助于他们飞得更高、走得更远。看到过一篇科普文章——动物也是要游戏的。而在游戏中，他们学会了消除矛盾，学会了避免灾难，学会了消耗多余的精力，学会了适应这个伟大而浩瀚的自然。人不也是这样吗？很显然，这种活动的开展，自然地会让学生对班级升上一种认同感和主人翁意识，有助于培养他们的集体荣誉感。这种荣誉感反馈到学科学习中，只会是有百利而无一害的。

其五，我们确立了德育形成合力性原则。特色班集体建设不仅是班主任的工作，学校每一位教师都是德育工作者，只有全校上下齐心合力脚踏实地，才能创造特色鲜明的班集体。这里强调学校每一位教师，就在于我们认识到每一位教师都是有他的才华的，都是有他的特长的，这些才华和特长不加以利用，不但会埋没，而且会让老师们找不到工作的激情。有谁不愿意将自己的才情展示呢？有谁不愿意让自己那潜藏在内心的艺术热情得到展现呢？所以，建设班级特色的过程，无形中就成为团结教师、增加凝聚力的过程。同时，这个班的特色是这样的，那个班的特色是那样的，大家互相交流，互相沟通，互相学习，互相鼓励，这种局面，应该是一所学校最为理想的局面。

自然，不论怎样的形式，在当前的教育形势下，都需要一定的评价。而我们则没有把它简单粗暴地处理，而是采取评议验收授牌的方式。验收办法分为：

自评。各班对本班创建过程和目标实现进行自评，形成自评报告，力求突显班级特色。

校评。学校根据对各班创建实施情况的巡视检查、听取汇报、成果展示情况、选出候选班级。

学生访谈。通过学生座谈，了解特色班级开展情况与实效。

成果汇报：宣传展示，各特色班级在学校统一指导下，制作展板、宣传画等进行特色展览；成果汇报，学校组织特色班级创建报告会，候选特色班级组织团队讲述创建细节、创建活动中的精彩故事，并进行特色展示；颁奖授牌，学校对特色班级进行授牌。

于是，我们在一定的时间按照主题开展活动，在那里，充满了欢歌笑语的场面，充满了你追我赶的竞争，充满了其乐融融的气氛；

于是，快乐的活动之后的学生拥有了快乐的心情，并把这种心情带到学习中，那些天真可爱的笑脸终于证明了他们的年龄特点；

于是，一个班级有什么特色，产生了怎样的效果，成为大家议论纷纷的话题，学校呈现出一种健康向上、开放明朗的态势；

于是，在合适的时候向家长、社会开放的时候，你从家长脸上看到了欣赏的笑容。认可的点头。鼓励的掌声。由衷的赞美。

就这样，当以《三字经》的诵读为特色的班级念诵那些朗朗上口的语句时，当那整齐、优美的童声放飞在校园上空时，你才知道经典是怎样浸润着每一个灵魂的，你才知道应该在那些年幼的心中播撒怎样的种子，你才知道所谓“真正的教育就是遗忘后剩下的东西”的内涵是什么。

当以课本剧为特色的班级在那里演出他们编排的课本剧的时候，你才知道看似平常而简单的课文背后隐含着怎样深广的内容，你才知道学生的创造性是怎样被压制而在我们这里得到发挥的，你才知道那些表演的演员内心里蕴含着怎样丰富而深厚的情感。

当以书法为特色的班级在那里挥毫泼墨的时候，你才知道我们的孩子们有着怎样强烈的模仿的本领，你才知道汉字之美怎样在下一代手里得到传承而不衰落，你才知道那些幼小的心灵里包蕴着怎样的艺术的冲动。

第二节

特色活动呈异彩

时至今天，每周二、周四下午的第三节课，已经真正成了我们学校的孩子们最快乐的时段。各个班级的特色活动纷纷开展，孩子们欢呼雀跃地走进活动场地。这个时候，成为他们充分地发挥创造力的时候，成为他们尽情地享受创作的时候，成为他们畅快地发扬天性的时候。而就在这样的活动中，他们快乐着、成长着，也感受着、收获着。正是在这个意义上，特色班级活动真实地成为了锻炼孩子、适合孩子成长的“摇篮”！

让我们走近这些活动，领略其中的韵味吧。

任景文老师开展了以“雅言传承文明，经典浸润人生”为主题的“古诗词诵读”活动。

这项活动，可以提高学生的思想修养，可以提高学生文化品位和审美情趣，可以提高孩子的口头和书面表达能力，同时，背诵古诗文还有增强记忆力、增强自信心、培养耐性等功能。

为了达到目标，任老师制订了详细的计划，花了大量的工夫。她对学生的要求是比较高的，这项活动中，学生要背诵小学生必背古诗词 140 首，要诵读毛泽东等名人的现代诗词，要诵读优秀诗歌及美文。为了实现这一目标，任老师想出了许多操作性强的方法，比如先计划后背诵、共同诵读、定时复习巩固等。从而收到了很好的效果，活动小组中的成员，不但诵读的兴趣和积极性极大提高，而且百分之八九十的学生能达到活动的要求，体会到其中的快乐。

刘贵香老师则开展了主题为“诵唱国学，传承经典”的“经典诵读活动”。

这项活动，可以使学生在记忆力最好的时候以最便捷的方式获得古诗文经典的基本修养，受到中华传统文化的熏陶，传承中华文明，提高文化底蕴，培养爱国主义精神。

针这个崇高的目标，刘老师将诵读的内容加以了选定，定为《三字经》《弟子规》《论语》、唐诗宋词中的优秀篇章以及一些名家的美文。活动采取循序渐进、由浅入深的方式，逐步激发学生诵读的兴趣，培养学生诵读的习惯，提高学生诵读的信心。在诵读过程中，刘老师为了激励学生，还举行了评选诵读小明星、男女生对抗赛等多种方式，让学生积极参与，培养兴趣。以多鼓励、多表扬为原则，让学生愉快地、自主地参加这项活动，并在活动中感到生活更加充实、更加意义，从而体验到成功的喜悦。

王存俊老师开展了以“品味诗歌魅力，彰显文化精髓”为主题的“诗朗诵活动”。

整个实践活动环节是按照“收集——整理——赏读——提升”来开展的。通过活动，学生丰富了知识，增长了见识，享受到了乐趣，学到了很多书本上学不到的东西。

通过这项活动，培养了学生对中华诗词的兴趣与爱好，提高了他们对民族文化的热爱之情；培养了学生对古诗词的阅读理解与鉴赏能力，提高了审美情趣与文化品位。

孟庆玉老师开展了“诗中有画，画中有诗”的“诗配画”特色活动。孟老师认识到，在我国古老的文化长河中，诗与画是一对关系十分密切的姐妹艺术，“诗画同源”有着悠久的历史传统。开展“小学生诗配画”活动，可以更好地使学生感悟经典文化内涵，丰富校园文化生活，活跃学生身心。因此，孟老师选取《咏鹅》《春晓》《村居》《悯农》《梅花》《古朗月行》《风》《绝句》《江雪》《所见》等诗歌，指导学生先对自己喜欢的诗歌进行精选和分类，然后配上相应的图画，让浓浓的诗情变成生动鲜明的图画。不少学生的作品构思独特，富于诗意，诗与画融为一体，达到了“诗中有画，画中有诗”的艺术境界，真实地反映出了学生们对诗歌的理解及他们对诗歌、对生活的热爱。同时也让孩子们体验到了古诗的独特韵味，培养了学生的想象能力以及对祖国优秀传统文化的热爱之情，潜移默化地提高了学生的审美情趣。

颜冬梅老师组织的活动出人意表，她开展了主题为“小汉字，大创意”的“汉字创意设计活动”。这项活动的目的在于激发学生识字兴趣和提高识字兴趣；初步了解汉字创意设计，进行简单模仿创作；应用汉字创意设计美化生活，提高文化品位和审美情趣。

在这项活动中，学生在认识常用汉字的同时，也了解了渗透在其中的字理知识；同时，进行字的联想训练，让学生通过无依据联想识字，扩大了识字量。这项活动，使汉字文化进入课堂，学生经历了由“识”字到“赏”字的过程，从而培养了热爱祖国语言文字的感情；并且还有效地调动了学生的各种感官，降低了识字难度，促进了学生的智力发育。

张国芳老师开展了以“幽默风趣新民谣”为特色的“顺口溜”活动。顺口溜，新时期赋予时代名称“新民谣”，同诗歌、曲艺和唱词等一样，或多或少要讲究一点韵辙，这样人们听起来就悦耳和谐，念起来才顺口易记。开展“顺口溜”活动，可以更好地使学生感受语言的魅力，提高学生的学习兴趣，活跃学生身心。

为此，张老师进行了精心的准备，选取了《七个妞妞摘水果》《九大行星》《洗澡歌》《小树苗》《小牙刷》《小雪花》《长颈鹿》等朗朗上口的民谣。让学生正确、流利地朗读并且熟读成诵，从而在幼小时便初步感受到语言的押韵美。

这项活动，因为内容贴近孩子的生活实际，学生学习的积极性很高。大部分学生都能做到熟读成诵，部分学生还能模仿说几句自编的句子，真实地反映出了学生们对语言的理解及他们对顺口溜、对生活的热爱。

姜艳美老师举行了以“精彩故事，欢乐童年”为主题的讲故事活动。

通过讲故事，可以进一步激发学生课外阅读的兴趣，可以学习课外阅读和课内阅读相结合的读书方法，从而体验读书的乐趣和学生的语言表达能力，锻炼学生的胆量，培养学生的综合素质，丰富班级学生的文化生活。活动中，学生们提前准备好故事，每个学生都有上台展示的机会。在这种场合，学生们的热情往往很高，活动课成了学生们最快乐的时光。故事的内容各种各样，有讲童话故事的，有讲科幻故事的，还有讲笑话和脑筋急转弯的，形式很多，学生们的创意也很多。

自该班开展讲故事活动以来，学生的课外阅读面得到了扩展，语言表达能力得到了锻炼，不但对语文的学习帮助甚大，而且学生也从中学到了做人做事的诸多道理。

李敏老师则独具特色，举行了“绕绕复绕绕”的“精彩绕口令”活动。

基于选修课程以学生兴趣为主、旨在发展学生兴趣爱好、提高学生综合素质的原则，李老师立足学科特点，合理构建课程资源的结构，开展了这一活动。

绕口令是我国民间文学中一种比较独特的艺术形式。它是很有价值的待开发的语文课程资源。这一课程资源主要面向低年级学生。

它可以作为小学低年级语文教学中汉语拼音教材的补充和口语训练的素材；它使语文课程资源显得更加丰富，更加贴近学生实际；通过学习绕口令可以培养学生学习语文的兴趣，丰富学生的语言，使学生对语文资源的丰富性有更加明确的认识；通过学说绕口令，可以提高学生发音的准确性；通过欣赏绕口令，可以体会汉语言的美妙所在；通过各种绕口令游戏、竞技可以提高学生的自信力；它还可以发挥对阅读教学重要的促进作用，充分体现语文课程的实践性。

在活动中，李老师组织学生，定期举行绕口令比赛，提高学习的趣味性；设立不同级别，以考级的方式激发学生学说绕口令的热情；将绕口令学习与孩子们喜欢的各种游戏形式结合，丰富学生的课间活动内容；通过网络、视频欣赏不同艺术形式的绕口令，主要有马增芬老师的西河大鼓，著名的相声段子等等，提高了学生的鉴赏能力；引导学生用自己喜欢的方式表现绕口令，如绕口令配画，将绕口令改编成小故事，仿写、创编绕口令等，锻炼了学生的口才。

经过几年的使用，绕口令这一语文活动课已经日趋完善，在活动过程中学生的语文能力得到不断提高。各个活动特色班积累了大量学生的活动资料，特色班的活动视频发到学校博客上，受到广大家长的好评。活动班级推荐的语言类节目相声、小品等在历年的六一儿童节汇报演出中，都深受全校师生的欢迎。我校选出的学生参加市级口语大赛，取得优异成绩。

魏德鑫老师开展了以“说学逗唱，快乐分享”为主题的特色活动。

这项活动通过观看相声的表演，让学生了解“相声”这种中国的传统曲艺项目，让学生感受中国传统文化的魅力；同时，让学生通过模仿或自己编写段子，提高对语文的兴趣、对语言的感受力和语文素养；这项活动，还有助于锻炼学生在人前说话、表达的能力，从而锻炼学生的勇气，提高学生的综合素质。

活动中，全班同学按照自己兴趣、爱好，自由组合分成几个小组，有单口、对口和群口相声，自主分工合作搜集或编写有关相声的段子，在此基础上，学生观看经典的相声片段，直观感受相声的表演技巧和艺术魅力，然后按照小组分工展开活动，表演各组的相声。为了激励学生，魏老师还进行了必要的褒奖，到一定的时候，评选学期表演之星，诸如最佳编剧之星、最佳笑星、最佳组合等。

附：相关活动图片

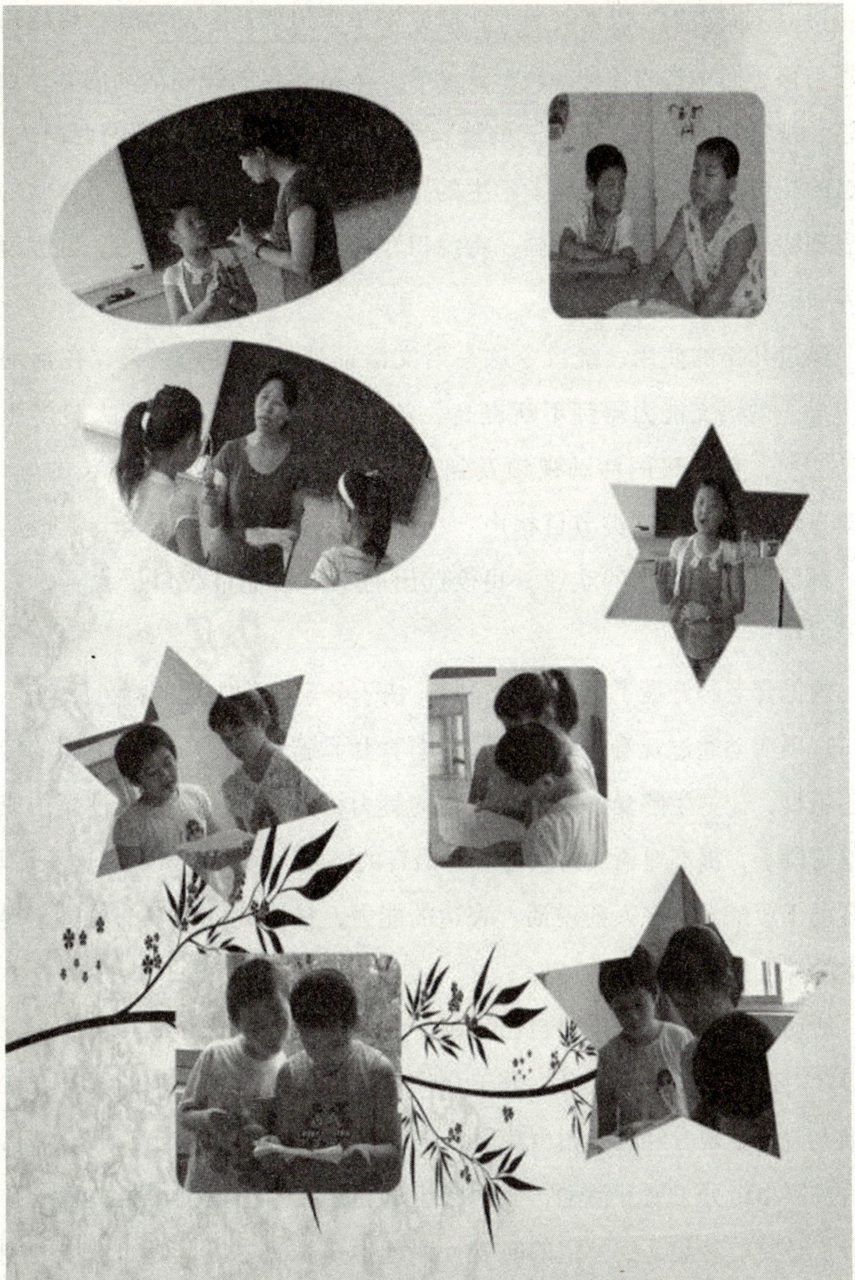

活动花絮

这项活动，调动了全体学生的积极性，增强他们的自信心，学生也从中学到了很多知识，懂得了很多解决问题的方法，受到了很大的启发和教育。

纪明芳、张菲老师开展了“感受英语，尽享快乐”的“趣味英语角”活动。纪老师和张老师发现，小学英语学习由于缺乏语言环境，学生遗忘现象比较严重，出现学时会、用时忘的现象。长此以往，会导致一部分学生成绩偏差，慢慢对英语学习失去兴趣，影响老师的正常教学。她们觉得，小学英语教学的活动应该立足于现实，着眼于学生的未来的学习和发展。而课外活动是课堂教学的辅助形式，是课堂教学的补充和延伸，对于培养学生学习英语的兴趣、激发他们学习积极性、丰富他们的课余生活，有十分重要的作用。

因此，两位聪慧的老师从学生现实生活入手，以自我介绍、学生唱英语歌、根据话题进行讨论、编对话、讲故事及表演等形式来开展丰富多彩的英语活动，取得了良好的成效。

王红梅老师则开展了以“巧手妙剪，无言成歌”的“趣味剪纸”活动。

剪纸教学是美术教学中要求极高的一门独立的艺术，有很多学生对剪纸有很大的学习兴趣。儿童剪纸活动不仅能促进儿童的身心发展，同时也让儿童在活动中受到美的熏陶、培养和发展了儿童的创造力，而且还能让儿童感受了中国的传统艺术文化。随着剪纸活动的开展，他们手部动作的灵活性与精确性也会有较大的提高。由此出发，王老师在3—6年级招收了30多名有一定绘画基础而且爱好剪纸艺术的学生。每周二、四下午最后集中上一节课，平时鼓励学生自主练习。从最基础的折纸、画稿进行循序渐进的教学活动。

在整个教学活动里，王老师始终扮着引路人的身份，充分挖掘学生的潜力，发挥他们的想象力和创造力；尊重学生的个性张扬，激发他们学习的兴趣和创作的热情；特别鼓励学生课余坚持练习。把自己的剪纸书籍借给他们看，这样既训练了学生的剪纸水平，又陶冶了性情，丰富了课余生活，还培养了学生毅力。

在整个教学活动里，王老师都十分注重学生的情感体验，展示他们的作品，只要有一些细小的进步，就及时肯定；经常鼓励学生用自己的作品来扮靓自己的小房间、美化教室、馈赠同学，给各班其他爱好者当小老师，进行展示和宣传。

在今年元旦，剪纸班主办了一期剪纸专刊，很多作品都是孩子们运用所学知识独自创作的。孩子们的这份执著让王老师这个启蒙老师“自叹不如”。通过她的努力，孩子们真心地喜欢上中国民族特色的剪纸艺术。

附：部分作品

李树纲老师则开展了以“现代电脑科技，描绘美好世界”为主题的“电脑绘画活动”。自开课以来，同学们认真刻苦，认真上好每一堂课，使每节课都有每节课的收获，每节课都有每节课的成绩。

通过学习软件，同学们接收教师的演示，学习教师的每一步操作方法，使学习新知识更快更方便。每节课都有每节课的任务，大部分同学都可以达到每节一幅作品的要求。同学们完成的作品，会及时地通过极域电子教室上传到教师机，发现好的作品，老师会向同学们展示，认真点评并给予及时的鼓励与表扬，这样极大地提高了学生的学习兴趣和积极性。

通过开展电脑绘画活动课，学生有了很大的收获，同学们的绘画知识、绘画技能、审美能力、动手操作能力有了很大的提高，完成了很多技术含量高、画面漂亮干净的作品。

附：部分作品

张宝枝老师匠心独运，开展了以“百变魔尺，智慧无限”为主题的活动。

魔尺是一种益智玩具，就像积木一样，可以随意变化、自由组合。它能够挑战学生的智力，启发学生的创意，提高学生的理解力、逻辑力、创造力、想象力及手部操控力。张老师因势利导，引导学生开展了“魔尺变变变”的活动，让学生在互助玩中轻松学习，不知不觉中学会了一些变的技能；还会举一反三地创造性构建。弥补了集体教学中照顾不周、时间紧迫的不足。

张老师的这项活动分三个阶段进行。第一阶段："观图速变"。让学生自己观察玩具说明书中的图形，用最快的速度拼出图形。通过活动，培养了孩子良好的观察能力、空间想象能力和手眼协调的能力。

第二阶段："放任自流"。让学生随意玩，在玩中摸索，在玩中交流，在玩中享受！自从开展这一活动后，学生们的关系比以前更融洽了，不会的学生会主动去请教别的学生，有的学生主动地当起了小老师辅导有困难的学生，在活动中大显身手。学生通过自己的设计和建构，既可以充分发展感知运动技能，培养动作的精细性，又可以促进他们的记忆力、空间想象力、思维力、创造力的发展。

第三阶段："辅以竞赛"。为了让孩子能人人参与，并让活动有一定的激励性，每月组织一次争霸赛。这样的比赛对孩子们非常有趣味，他们已经掌握了 100 多种花样的折法。

百变魔尺，智慧万千。孩子们在参与中体验了比赛的精彩，享受了无穷的乐趣！

附：部分活动图片

王春霞老师的"创意制作，装点生活"的"手工制作特色活动"开展了。在这个活动中，不但废旧报纸被孩子们充分利用，而且生活垃圾、工业废品这些废弃的东西也粉墨登场。在这种性质的活动中，它们通过各种组合成为美的艺术品、装饰品。中间凝结着孩子们对自然的爱、对美的体察、对生活的感悟。

附：部分作品

第三节

用习惯成就未来

75 位诺贝尔奖金获得者在巴黎聚会，有人问一位诺贝尔奖获得者：

“您在哪所大学、哪个实验室学到了您认为最主要的东西呢?”

这位白发苍苍的获奖者回答：

“是在幼儿园。”

提问者愣住了，又问：

“您在幼儿园学到些什么呢?”

科学家耐心地回答：

“把自己的东西分一半给小伙伴们；不是自己的东西不要拿；东西要放整齐；吃饭前要洗手；做错了事情要表示歉意；午饭后要休息；要仔细观察周围的大自然。从根本上说，我学到的全部东西就是这些。”

这位获奖者的回答得到了与会者的共同认可。

这段对话是耐人寻味的。从幼儿园学到的基础的东西，直到老年时还记忆犹新，可见留下的印象是非常深刻的。这说明从小养成的良好习惯会伴随人的一生，时时处处都在起作用。诚如著名教育家蒙台梭利所说：“三岁决定一生。”

许多有所成就的人、许多有识之士都认识到了习惯的重要，他们从良好的习惯中收获成果，也将这样的心得告诉了世人：

世界著名心理学家威廉·詹姆士有段名言：“播下一个行动，收获一种习惯；播下一种习惯，收获一种性格；播下一种性格，收获一种命运。”

我国著名教育家叶圣陶先生也说：“什么是教育？简单一句话，就是要养成习惯。”

就目前中国教育而言，小学阶段无疑是一个人一生中最为重要的受教育的阶段。小学养成良好的学习、做人习惯了，那么，中学、大学乃至于走向社会，一个人都会坦荡得多、顺利得多。倘若小学没有养成好的习惯，中学学习成绩势必一塌糊涂，难以为继。因而，作为小学老师就这一点而言也是神圣的，也是责任重大的。

我们学校针对学生的习惯培养可以说是花了很大的气力，“好习惯伴我成长”就是我们持之以恒落实的口号。

一个人有了好的习惯，必然会产生好的结果。学校是培养人的地方，养成教育是育人的基础工程，也是素质教育的基本内容。对学生的养成教育，不是某个人或是某些人的工作，而是一个系统的、长期的、需要学校全体教职员工参与的工程。为此，我们确立了“全员、全方位、全过程”的育人理念，要求全体教职员工都要以严谨的行为和良好的表率成为养成教育的实施者；教师要做到教书育人、管理育人、服务育人，让学生在每天的学习生活中时时刻刻都能受到教育。学校在管理制度方面，制定了一套较为完善的制度体系，以“适应求变、自强至善”为宗旨制定了学校领导岗位职责；以“立志、勤学、合作、创造”为宗旨制定了学生行为规范；以“专业求精、言传身教”为宗旨制定了教师岗位职责。同时，各班根据各自实际和学校的各项制度规范要求，制定了相应的班规班约。并通过各种教育形式，贯彻到实际的工作中，使全体干部、师生的行为做到有章可循、有章可依。这些规章制度也督促教职员工严格约束自己的行为，为学生做好表率，为学生创造了良好的学习和生活环境，形成了良好的行为习惯和和谐有序的工作学习氛围，保证了养成教育的健康发展。

在具体地讲到我们是如何操作的之前，我们先来看看我们并不熟知的美国的《小学生守则》：

美国小学生守则：

1. 总是称呼老师职位或尊姓。

2. 按时或稍提前到课堂。

3. 提问时举手。

4. 可以在你的座位上与老师讲话。

5. 缺席时必须补上所缺的课业。向老师或同学请教。

6. 如果因紧急事情离开学校，事先告诉你的老师并索取耽误的功课。

7. 所有作业必须是你自己完成的。

8. 考试不许作弊。

9. 如果你听课有困难，可以约见老师寻求帮助，老师会高兴地帮你。

10. 任何缺勤或迟到，需要出示家长的请假条。

11. 唯一可以允许的缺勤理由是个人生病、家人亡故或宗教节日。其他原因待在家里不上课都是违规。

12. 当老师提问且没有指定某一学生回答时，知道答案的都应该举手。

相比我国的《小学生守则》，我们可以发现，美国的《小学生守则》显得要细致一些、朴素一些。它规定得更为具体，也更容易被年纪幼小的孩子接受。说到底，它是针对学生在这个特殊的阶段的年龄特点制定的，这一点值得我们学习。试想，倘若对正在接受小学教育的孩子提出过高的要求，他们无疑会望而生畏，不知所从；倘若太过空泛、太过漂渺，学生也无从落实、无从遵守。那样的规则就成为很好听的一纸空文了。

为了将良好习惯的培养落到实处，我们付出了许多：

近年来，学校根据学校实际发展状况和教育教学实践，形成了“适合教育”的办学思想和“以人为本、全员参与、规范管理”的管理模式。在办学实践中秉承这一思想，重视德育工作，重视学生思想道德素质的培养。

在常抓不懈的德育实践中，以育人为核心，以养成教育为主线，以校园文化生活为载体，以贯彻《中小学生守则》《中小学生日常行为规范》和校规校纪为抓手，抓基础，抓常规，对学生的养成教育坚持从理论上进行指导、从思想上进行启迪、从情感上进行交流、从行为上进行训练，使学生养成了良好的学习习惯、健康的生活习惯和文明的行为习惯，为学生的终身发展奠定了坚实基础。

为了有效地挖掘和整合学校德育工作力量，形成全员育人的“大德育”体系，学校成立了以校长为组长的德育工作领导小组，组员包括副校长、各职能部门主任、团委书记、年级主任，并明确领导小组成员分工，将学校德育工作细化为每个人的职责，形成“校长—政教处—年级—班主任”的管理网络和学校、家庭、社会三方参与实施德育的格局。在注重德育领导机构力量配备的同时，学校十分重视德育队伍的建设。重点加强了“二支队伍”建设：即教师队伍和班主任队伍。

德国教育学家第斯多惠曾说：“教师本人是学校里最重要的师表，是直观的最有教益的模范，是学生最活生生的榜样。”塑造良好的师德形象，是学校加强学生养成教育的必要前提，也是养成教育的关键，正所谓“正人先正己，教人先自教”。教师的行为表率是对学生进行经常性的养成教育的有效方式，教师的模范行为是推进学生进行道德实践和行为仿效的榜样。每个学生都有自己的个性和兴趣爱好，他们必然在教师中寻找自己的榜样。各学科教师的群体形象及教师平时的一言一行，本身就是养成教育丰富的资源和最形象、最生动、最富有感召力的教育。因此，学校在狠抓学生道德行为习惯养成的同时，重点强调了师德建设，大力提倡“爱学生、爱学校、爱事业”的三爱教育，力求以优良的师德师风去感染、教育学生。在师德教育中，做到治本为先，抓起点、抓风气，对教师高要求、严要求，大力倡导“学校无小事，教师无小节”的育人观念，从教师的自我养成、自我完善着手，特别是在仪容仪表、言谈举止、遵纪守法、爱护学生等方面，要求教师要做到彬彬有礼、温文尔雅，在潜移默化中影响学生的行为习惯。

班主任队伍是学校德育工作的核心，是学校实施养成教育的关键，班主任队伍的素质直接关系到学校养成教育的目标能否落实到实处。为此，学校加强了对班主任队伍的培训工作，做到规范化、系统化、科学化。学校通过召开班主任会例会和班主任工作论坛，组织班主任进行理论学习，向班主任传递最新的德育信息与方法。请优秀班主任作班级管理和教育学生的经验介绍，外请教育专家举办讲座，从而提高了班主任队伍的整体素质，有力地促进了学校的班级管理和育人工作。

以校园文化为载体，浸染思想，规范行为。学生活动的时间空间几乎都在校内，既给学校增加了教育管理的任务，又为学校拓宽教育渠道，更为主动地对学生进行全面素质的培养提供了条件。校园文化建设就成了学生养成教育的有效载体，校园文化通过显性的形式表现出来，因此各楼道、楼梯、长廊、展板都成了养成教育的阵地，使学生在潜移默化中受到熏陶，养成良好的行为习惯。

从学生入学的第一天开始，学校就引领导学生养成良好的行为习惯，学校就对学生提出“好习惯伴我成长”的口号。教育学生明白“一日生活规范是一周规范、一年规范、一生规范的基础”。一年级学生入学前两周是集中学习，学校通过讲解、指导、模仿、强制、激励等手段，引导学生掌握规范、认同规范、直到自觉执行，形成习惯。管理细节，从学生入学第一天开始，直到毕业，从不间断和放松，同学们在这样的引导和约束下，逐渐形成了良好的生活习惯和作风，同学团结友爱。

开展主题活动，着眼终身发展。养成教育作为一种教育过程，是永恒不变的，而作为一种教育现象，其内容又是多种多样的。如何把握养成教育的特点，顺应时代变化，捕捉学生需要，较好地处理养成教育过程持续性和内容灵活性的关系，实现养成教育的不断创新和深化，是实施养成教育的关键。我们的体会是坚持不懈地开展系列的、有所侧重的、丰富多彩的主题教育活动，以活动为载体，让学生在自觉参与中深化道德认识，践行道德规范，从而达到养成教育与实践活动的有机统一。

学校从学生的行为习惯狠抓养成教育，从学生准备进入校门的那一刻起，养成教育就在进行着，从学校大门口两侧开始，跨过大门，穿过广场，伸进教学楼，一条条黄色的行走路线格外醒目。每天早上和中午，一只只整整齐齐的小队伍宛若一条条小龙，就是踏着这一条条线上整齐有序地来到学校读书。“抬起头，挺起胸，拐直角，走直线”这是学校对学生进入学校的第一个要求，也是从最基本的层面上要求学生的行为习惯。

立足校本，着眼未来，“晨读书，午习字”教育模式，学校根据不同年级的特点选取适合学生接受能力的传统文化经典，利用早上课前 15 分钟进行诵读，用经典美文滋润学生的心灵。

晨诵古诗文，让阅读成为习惯。一日之计在于晨。小学阶段是孩子记忆力的黄金时间，为了引导孩子多接触祖国的传统文化经典，多积累语言，学校为每一位师生准备了《诗意童年》。同时把每天早上的 7：45—8：00 作为“晨诵”时间。当时间一到，孩子们便自主地拿出诵读的经典诗文和老师一起诵读经典。唐诗宋词，饱含精华无数，字字珠玑，清丽扼要，动人心弦。这些经典的诗词，通过诵读，丰富了师生的精神世界，也让我校师生养成了阅读中华经典的良好习惯。

墨香满校园，书道育英才。利用中午 15 分钟写字课，全校开展书法练习，使学生的书写水平普遍得到提高，用书法练习去美化自己的人生。为营造学生爱书法、学书法的良好氛围，提高学生书法艺术修养，传承中华艺术瑰宝，我校将书法教育列为重要的校本课程内容。

每天下午课前 15 分钟都是学生的午练时间，此时当你走进实验小学的教学楼，就会看到孩子们个个端坐桌前、屏息凝神、静心练字的场面。为了培养学生良好的写字习惯，提高书写水平，学生们养成了良好的书写习惯，书写水平不断提高，受到家长和社会的好评。

为了提高学生的书写水平，加强写字指导，我校每个教学班每周都开设了一节写字课，纳入正常的课时安排中，由专职书法教师有计划、有重点地进行写字指导，在练习中培养学生良好的书写习惯和兴趣。老师们根据学生年龄特点，低年级着重要求学生将字书写规范，中高年级则在规范的基础上要求学生将字写漂亮。

为了提高学生写字水平，激发学生热爱祖国语言文字的积极情感，学校把硬笔书法实行考级制，每学年全校组织一次大型的书法大赛，评上段位的学生颁发证书。

学校大力开展感恩教育，通过系列国旗下讲话，引导学生把感恩的实际行动体现在对老师的尊重上、体现在对父母的理解和关心上、体现在对他人的友善和帮助上。

结合母亲节、父亲节、三八节、教师节、国庆节、地球日、环境日等节日开展感恩教育活动。例如：9 月份，学校开展“行为规范养成”主题教育月活动，10 月份开展“人人都是环境、文明礼仪伴我行”主题宣传实践教育月活动，安排形式多样、丰富多彩的教育活动。主题教育月活动结束后，各班都及时进行总结，深化教育效果，政教处也通过全校学生大会对各班的活动情况进行点评，对表现突出的班级和个人给予精神和物质上的奖励，取得了很好的教育效果。

学校还运用班队会进行主题教育。如：举办“法制教育”“心理健康”“交通安全”等讲座，加强未成年人思想道德建设，帮助学生树立自尊、自立、自信、自强的意识。

为培养同学们勤俭节约、保护环境的良好意识，发扬“热诚、参与、奉献、成长”的志愿精神，让生活中的废旧物品重获新生，变废为宝：变成创意十足的趣味玩具作品，成为我们活动的经费来源，同时有助于养成整洁卫生好习惯。本着“取之于民，用之于民”的原则，少先大队委员会将废旧物品集中收购，集中变卖，妥善分配使用废品收入。经过两年的探索和发展，教室里的废弃物基本上没有了，校园里的垃圾也基本上消失了，展现在我们面前的是整洁干净的校园环境。

一系列主题教育活动的开展，不仅丰富了学生的课余生活、陶冶了学生的情操，而且在活动中也体现了学生的个性特长，增强了伙伴间的合作与团队精神，发展了学生的综合能力，从而实现了活动中锻炼人、活动中培养人、活动中塑造人的育人目标。

第四节

为了希望的牵手

教育现实告诉我们，教育家长的问题始终是一个极为重要的问题。

德国著名教育家福禄培尔曾说过：“国民命运与其说是操纵在掌权者手中，倒不如说是掌握在母亲的手中。”家庭对孩子的影响是巨大的，在一定程度上可以说，有什么样的家庭，就有什么样的孩子。家庭教育，是一个人终生教育不可或缺的部分，更是决定一个人未来发展的要素。

但是，我们痛心地看到，在目前，我们的家庭教育现状却存在着许多问题，表现在一部分家长对孩子放任自流，认为孩子不听家长的而听老师的，把孩子送到学校一切万事大吉；还有一部分家长整天忙忙碌碌，美其名曰一切为了孩子，可以出手大方让孩子吃好的、穿好的、参加兴趣班的学习，但很少去观察孩子、研究孩子、与孩子沟通交流；还有的家长对孩子的教育“高度重视”，但在理念、内容、方法诸方面不够科学合理：重视智力因素的培养，忽视非智力因素的培养；重视知识的积累，忽视良好道德品质的培养。有的家长冷漠、尖刻、专横；有的家长又娇惯、溺爱等等。

这种情势之下，就出现令我们深思的一个问题：许多的孩子在走向小学时，是带着家庭教育的印迹的，但这些印迹却有好有坏。也就是说，当我们接手的时候，孩子已被打上了一定的烙印。那些优生的习惯和正确的想法，可以有助于学校的教育；而一些恶劣的习惯和错误的想法，则给老师的管理和教育带来了相当大的难度。除此而外，不论何时，学校的教育都还是不同程度地受到家庭的影响：有的家庭可以将学校里接受到的教育更加引向良性地发展，而有些家庭，则可以毁掉学校的教育而加给孩子另外的思想和做法。家长大部分都是关心孩子成长的，但关心的到位不到位，科学不科学，则需要另当别论。作为教育工作者的我们，并不能因为家长的失误而一味地谴责，我们必须面教育现实。我们也看到了许多家长的无奈、焦灼，也听到了许多家长的后悔、懊丧，更知道许多家长想正确有效地教育孩子但无从着手，不知从何做起。

因此，作为具体社会良知的教师群落，就必须担当起一个看似不属于他们的、超乎他们正常工作以外的重要工作——教育家长。

教育家长的意义不但在于让家长配合学校将孩子努力地造就成一个有道德、有修养、有文化的个体，不但在于能让家长用正确科学的方式对待孩子、培养孩子，同时也让家长明白，教育本来就是一个系统的工程，缺乏任何一环都不可以；更让家长明白，孩子是一个完整的生命，有他的喜怒哀乐，有他的情绪观念，有他的爱好兴趣，有他的优点缺点，我们应该客观公正地面对这个生命。不能以一时好恶粗鲁地对待孩子，不能将个人的意愿强加在孩子身上，不能随意地处罚指责孩子，不能将自己的不良情绪转移到孩子身上。

因而，我们的家长教育就包含了两方面的主要内容：一方面，让家长摒弃那些不利于孩子成长的容易产生负面效应的教育方法和理念；另一方面，帮助家长建立起正确的教育观和育人观。只有抛弃旧有观念和做法，才能树立正确的教育理念。这不论是对于这个家庭，还是孩子，都有着重要的意义。

鉴于上述情况，我们认为搞好家庭教育对于切实提高学生素质、提高学校办学质量、促进社会和谐具有重要意义。于是围绕三个层面采取如下措施：

一、打造一支过硬的家教团队，做好家庭教育工作的基本保证

如何引领家长、指导家长科学教子，家教队伍是关键。家教队伍对教师的要求较高，不但要教师对学生各方面的情况有深入的了解，而且还要对家长的教育现状有全面的理解和深刻的调查。大部分教师，在面对学生时，可以侃侃而谈，做到因材施教；但往往面对家长时，却隔靴搔痒，不得要领。针对这种情况，我校发动一切可用的力量，努力提高教师素质，放手打造家教队伍。目前，我们的许多教师已经具备了科学、理性地教育家长的本领。他们对家长开展的讲座，受到家长的欢迎。

杨娜老师在家长学校中，有着这样精彩的讲述：

第一，请相信你的孩子是优秀的，是可以进步的。因为我发现，每一个孩子都有闪光点，每一个孩子都能够有进步，没有一个孩子在课堂上学不会应该学到的基本知识。所以，要坚信每个孩子都可以成功。

第二，请给你的孩子一份真正的爱。这份爱说起来容易，做起来很难。什么是真正的爱，我想，应该是那种发自内心的细致的关照，这种关照有利于孩子的健康成长，从长远看有助于他的一生。比如，今年三八节，为了发现鼓励孩子们的特长，我让班长刘淑琪专门为王一诺举办了一次个人音乐会，其实，在这次音乐会上，很多孩子也都得到了展示，因为大胆放手把任务交给孩子们了，他们筹划得反而更好了。三八节前一天，我突发奇想，这个节日是个表达爱的日子，何不趁这个机会送孩子们一个礼物呢？思来想去，我决定送给他们一个花钱买不到的礼物。在节目最后，我告诉孩子们："老师是爱你们的，平时管理你们很严格，你们很辛苦，但是请相信，老师是真心爱着你们。今天，老师要送给每一个同学一个礼物，请你们用心感受老师的爱。"然后，我给了每个孩子一个深深的拥抱，拥抱的一刹那，孩子们都流泪了，我也流泪了，因为几乎每个孩子都在拥抱时附在我耳边说了一句祝福的话。那一刻，我突然感到，什么是幸福？这就是一

个老师的幸福，我得到的远比我付出的要多得多。我付出的仅仅是一个拥抱，而孩子们给我的，是65颗纯真的心。有一个孩子甚至对我说："妈妈，祝你节日快乐！"我想，这世上，给老师的，没有比妈妈这个词更高的荣誉了吧。这样的例子我们班有很多很多，举这一个例子就是想告诉家长们，什么是真正的爱，不是你给了孩子多少零花钱，不是你给了孩子多么优越的物质条件，也不是你给他报了多少的特长班，更不是在你强行压制下逼着孩子学习，也不是无限制满足孩子的各种愿望，而是俯下身来，真正关心你的孩子，从他内心的需要来关注孩子，努力学习、认真听课、认真完成作业、好好学特长等等，这一切都能用更好的方式让孩子快乐地自愿地努力去做到。严格要求的同时一定要给孩子真心的爱，让他知道你是真心地爱他，不是在管束他。暴力有时可能会管用，但我想，不用暴力能解决的问题我们是否可以不采取暴力。

第三，请培养孩子的自信。这自信，不是盲目夸大孩子的某个优点，不是泛泛地说句"你真棒""你真厉害"之类的话。老师说这样的话是在一定的条件下说的，不是空谈。家长们面对的是一个具体的孩子，我们能不能把孩子在一件事情上的成功之处找出来，帮他分析成功的原因，让孩子知道这是成功，按这个办法以后还能成功。失败了，帮孩子找出失败的原因，让他知道失败其实就是因为一点点的疏忽，从而成功帮助他们建立自信。

第四，请跟孩子进行有效沟通。大家在网上、电视上，甚至自己亲眼见到过大学生、中学生乃至小学生自杀、杀人的现象，我们会说，那人心理变态，好像距离我们很遥远。请大家思考一下，那个从日本回来一下飞机就亲手杀死自己妈妈的孩子，她妈妈之前在看到这种现象时想过这件事情会发生在自己身上吗？想过这件事距离自己很近吗？现在的孩子心里压力很大，社会压力、家长压力、同学压力等等，如果不能跟家长有效沟通和及时沟通，那么，我们孩子的想法、做法距离那些孩子可能不会太遥远。

所以，我替孩子们请求家长，耐心一些，多听孩子说说学校里的事情，发表一下自己的意见，他有了知音，你保持了童心，何乐而不为呢？我们做的课题研究的最终目的不是知道孩子们想什么，而是让孩子们把心里的话说出来。我同学经常问我，你研究心理学，你看看我现在在想什么。我总是笑笑解释说，心理学家不是神仙，他们也不会猜透你在想什么。心理学的最终目的是让你把该说的想法说出来。所以，我们跟孩子进行交流，不是用犀利的眼睛看透孩子，而是要让孩子把自己的想法表达出来，你明白了，他也就没有了困惑。

第五，请关注孩子的学习。这话好像不该说，说实话，我们关心最多的大概就是孩子的学习了。但是请问，你关心最多的是孩子的学习计划，还是学习习惯，还是学习方法？你关注的最多的是成绩吧。再请家长们思考一个问题，你最关注的这个成绩是个什么？是个结果而已，过程在哪？过程你忽略了。试想，结果是什么造成的？是过程造成的，过程实施靠什么？我们整理一下，学习是一种活动，先列计划，然后找准方法，按照计划，遵照方法，把过程实施好，才有了后面的结果，前面都做好了，结果又怎么会不好？再请大家想一下，我们更应该关注学习的哪个阶段？不说您也明白了。

第六，请给孩子一个积极乐观的人生观，给孩子创造一个幸福和睦的家庭氛围，给孩子做一个好的榜样。星期天，去大高镇做了一个报告。休息的时间，跟几个老师交流了一下。谈到自己的学生时都说，家庭氛围非常重要。从我自身来说，如果我不热爱生活，我会如此热爱教育吗？如果我不积极乐观，我能给孩子们带来什么样的课堂？再请大家想一下自己的生活，我们一个三口之家，无论日子富裕还是贫穷，能健康地活着就是幸福，能每天下班后在一起吃饭就是一种幸福。还有我们的工作，我的朋友、我的同学们，无论什么职业都很羡慕我，说当老师真好，你总是那么快乐，他们被我感染都想当老师，认为当老师是一种最快乐的职业。我总是笑笑说，你当了老师也不一定跟我一样快乐。每种职业都有自己的优势和劣势，每种职业都可以当成事业来对待。如果我们都以积极乐观的心态对待我们的工作，如果我们家的饭桌上每天都是欢声笑语，那么我们的孩子将来也会拥有这样的人生。我们总想让孩子努力学习，那么，试问，我们努力工作了没有？我们总想让孩子不要抱怨作业太多认真完成作业，那么，我们抱怨工作辛苦了没有？关于这点，我不想多说了，真的不是想教育大家，只是以自己的亲身感受帮大家分析一下我们孩子出现问题的原因。

颜冬梅老师在家长学校中做了名为《让爱和鼓励伴随孩子成长》的报告，也非常具有感染力：

（一）对孩子的期望值不宜过高

我觉得从我们的家长角度来说，家长要定位你的期望，你要客观地看待孩子目前的水平。作为家长主要的工作应该是给孩子一些鼓励和提醒。实际上鼓励的确能给孩子提供自信，这才是家长和老师们都应该做好的事。我曾经在网上看到一篇文章很受启发：

不做“要强的妈妈”

我越来越发现，当妈妈不能太要强，信了那句老话：“要强娘养出笨姑娘”。是的，为了孩子的全面发展和健康成长，为了全家的幸福和祥和，我决定不再做要强的娘。我现在能说出一百条理由，说服你不要再做要强的妈妈。

首先，太要强的妈妈对孩子容易苛刻，孩子很难体会骄傲和成功的喜悦。因为您老的标准太高，不够完美的结果不仅不会得到您的鼓励和肯定，而且极容易导致您的吹毛求疵，当要强的妈妈用挑剔的眼光审视孩子的作品、体味孩子的成长时，对母亲而言，总是少了些满足，而这样教育的结果，总是容易让孩子缺少自信而变得怯懦。因为，

他多么害怕失败或者不够完美的成功将会换来您失望或抱怨的眼神呀
所以，做个不太要强的妈妈吧，让您的孩子放开手脚去做，当他迷茫或无助甚至是一败涂地时，用您赞许和鼓励的眼神告诉孩子："已经做得很好了，再去试试，再去坚持！"

第二，太要强的妈妈对孩子容易急躁，孩子很难体会到循序渐进的快乐。要强的妈妈一般希望一眼就看到完美的结果，因此，对于必然存在于每个步骤中的缺憾总是难以容忍，最常听到的就是"这个字怎么写的还是这么难看"！其实，拜托，请您翻开孩子前面的作业看看，现在的字比以往的规范多了！为孩子每一点滴的进步而欣喜吧，让孩子在您的欣喜中确定自己努力的方向，确定自己要攻克的下一个目标，让孩子在您的每一次肯定中深切体会成功的快乐！

第三，太要强的妈妈对孩子容易大包大揽，孩子缺少自主自立的机会。太要强的妈妈，总觉得早晨起床孩子自己穿衣服不够快，于是三下五除二就为他搞定；总觉得孩子自己系的红领巾不好看，于是麻利地一挥而就；太要强的妈妈甚至不愿让孩子受到批评（因为那样她也会没面子）而教会孩子简单地撒谎（例如如果忘记戴红领巾了就说自己还没入队呢，免得让值周的记下来扣班里的分、挨老师的批评和同学的抱怨）；太要强的妈妈，总是让孩子很体面，而孩子自己又什么都不会干！孩子缺乏自主性的意识培养，缺乏自立的锻炼，反正，是妈妈能干，说什么都算！所以，妈妈不要太要强，孩子自己的事情，做的好不好就让他自己去锻炼吧！

第四，太要强的妈妈做事情急功近利，容易舍本逐末，但结果往往是欲速则不达。她总是希望一下子就看到期待的完美，于是就用尽方法策略去促成。这样的一种情绪，很容易让孩子只重视结果而忽视过程的意义，而人生最大的美丽，就在于在生命进行中用心体验过程的美丽。在任何人的眼睛了，任何一步就可以迈到的地方，风景永远不是最美的。所以，要强的妈妈，应该以平和的心态，和孩子一起感悟创造生活的真谛。

第五，太要强的妈妈对生活容易失意，孩子容易有不良的情绪。比如，嫉妒、狭隘的攀比意识是要强妈妈的大敌。她多么喜欢和别人评比然后战胜别人呀！但是在人生的竞技场上，谁都不可能永远是第一。所以，她容易感染孩子太多的失意，孩子也很难领会宽容的魅力！太虚荣的妈妈，让孩子也跟你活得累！所以，太要强的妈妈，一定地注意孩子性格的培养，让孩子健康地生活在友好、合作的天地！

曾经，我很要强，我看孩子衣服穿得慢、脸洗得不干净，就帮他穿衣，喂他吃饭，但当我看到同学家比他小一岁的弟弟吃得比他还好时，我终于明白了：饭，得让他自己一口一口地吃，即使撒一地，要干净的话多收拾一遍而已。

曾经，我很要强，因为孩子期终考试不符合我的想象，所以有些失望。可是，有一次，孩子看到我英语演讲比赛二等奖的证书，不服气地说："哎呀，怎么也没拿个第一。"我告诉他，我的第二也很值得骄傲，是妈妈一路拼来的。之后我想，觉得自己的第二已经很不错了，孩子的第三、第四、第五又何尝不是他一路拼杀的结果呢?！从此，我对孩子的每一点进步都认可，我觉得，他真的很争气！

现在，我放开了手。我不怕他的衣服脏，只要他玩得开心；我不怕他没有拿奖，因为他还有很多的机会；我不怕他收拾书包太慢，因为我要他自己去体会时间；我不再担心他把饭粒撒了一地，因为他的肚子不再空虚；我不怕他字的不好，因为我看到他在刻苦地练习……我发现我的孩子每天都会给我数不清的惊喜！

我不再是个要强的妈妈。我却发现我的孩子一天比一天要强，一天比一天优秀，我们的生活也一天比一天开心。发誓不再做要强妈妈的我，总是在别人不绝于耳的夸赞声中，在心里，醉了又醉。

所以，有什么理由再去做那个自己累极了、别人烦透了的要强的妈妈呢？

（二）家庭中要养成良好的学习习惯

养成读书的习惯。孩子喜欢读书，养成读书习惯，可以培养听力、理解力，成为“听话高手”，集中力和持久力也可在不知不觉中养成；另一方面，听多了故事的孩子，接触各种文章的内容，表现能力及语言表达也很好。对于书中人物的言语、行动，小孩也会思考为什么这么说这么做，思考力、解读力也同样得到培养。低年级的家长可以考虑小孩的年龄、发育、兴趣，选择有意义的图画书、故事书。家长还要注意，小学一年级还是幼儿园的延长教育，所以家长说给他听、念给他听是有必要的，千万不要一概拒绝：“自己看！”最好念小孩自己想看的故事书给他听，不要强迫小孩接受大人的选择，不喜欢读书的小孩，多半讨厌看见许多密密麻麻的小字，家长可选择适合幼儿的图画书，字体要大一点的。

养成写字的习惯。书写能力是学力的指标，有的小孩虽然话说得很流利，却不太会写字，有的小孩写字速度很慢，如果老师出的生字练习多一点，他就唠叨半天，到中高年级就可能讨厌作文，这是因为思考力、想象力、文字表现力不足的缘故。所以从一年级开始就得训练写字，例如小孩放学后，总向家长叙述：“妈妈，今天在学校……”即使只是很简单的几句话，家长也可以准备一个日记本鼓励他写下来，慢慢地，家长可以问他：“为什么这样呢？”“你怎么想？”“老师怎么说？”让他渐渐将文章扩大、加长。一年级的孩子喜欢使用学过的文字写字，家长看过之后要夸奖他、鼓励他并慎重地保存起来。我们班级每个同学都有一本积累本，就是为孩子们涂鸦做准备的。

养成做事情精力集中的习惯。值得注意的是不要让孩子边学习边做其他事。有的小孩总是一边看电视，一边听音乐，一边做功课，这样，学习不够专心，注意力容易转移。有的孩子精力不够集中，家长可以采用这样的方法培养孩子用眼睛听的习惯：在安静之处，将手放在孩子的肩膀上，互相看着对方的眼睛说话，不管什么话题都没关系，每天进行一次。只要视线相连接，孩子就不得不集中注意力听，只要每天持续不断，就能培养出很会听“话”的孩子。另外，家长注意，有的小孩玩得最起劲时不要叫他，因为这正是他最集中注意力的时候。

让小孩有广泛的兴趣。应该尽量培养小孩的兴趣，对各种事物表示关心，一年级正是好奇心旺盛有活力的年龄，家长可以依照孩子兴趣参加各项活动，让孩子成为有个性有魅力的人。

必须限制孩子看电视、玩游戏机的时间。长时间看电视的小孩，会流利地和人交谈，具有协调性。但问题也很多，很多调查都指出，看太多电视会带来负面影响。有报告指出，看电视的时间越短，提出问题的积极性越佳。因为小学生听看的节目，以娱乐性质的节目居多，不需要像读书般认真思考发挥想象。只是一直坐在那儿，看着不断变化的画面，感到有趣而已。久而久之，就养成了注意力不够集中，不喜欢思考问题，学习成绩也不会好。“电视儿童”总显得没有活力，因此有些学者还主张，12 岁之前的小孩不应该多看电视。原则上不要边看电视边用餐、聊天，每天限制看电视的时间，而且规定完成功课才能玩，节目内容也必须注意，家长与孩子之间应该针对节目内容充分交换意见。

在生活中让孩子学会忍耐。家庭教育中，最容易被家长忽略的就是忍耐。能够忍耐的孩子，在学业及社会生活上都容易获得成功。所以不论运动或游戏，让孩子学习忍耐吃苦是很重要的，家长让孩子忍耐饥饿、口渴、寒冷、疲劳等身体的苦痛，一些昂贵的玩具叫孩子忍耐到生日或重要节日再买，这样，孩子对于想要之物没办法立刻得到，可以培育出忍耐力，毅力因此得到锻炼，使孩子拥有自信。在这个物质丰富的时代，家长看到自己的孩子受限制真是有点痛心，但是请家长记住：欲望很容易得到满足的孩子，是不懂得珍惜的。家长要对小孩的物质欲望严格，情绪欲求宽松。当他向你撒娇时就抱抱他、摸摸他的头、用心疼他。当小孩忍耐痛苦的时候，大人也要忍耐，并请家长称赞他！只要家长与孩子之间以爱心、信赖维持感情，孩子不但成绩优异，而且拥有自信，也会受到朋友的欢迎和信赖。

我们可以看到，以两位老师为代表的家长学校，传授的课程是非常富有针对性的。所有的问题，都立足于学校、学生、家长现实，娓娓道来，深彻入理，使家长能从中受到很深的教益。他们的授课，还有一个鲜明的特点，就是操作性强。对于由各个层次水平组成的家长来说，每一种作法都是可以听到后就可以感悟的，感悟后就可以实施的。

当然，这种以讲课的方式对家长进行教育只是其中的一种形式，在这种形式上，我们又进行了创新，分别设立了个别交流、家长讲课、专家讲座、家长互动等方式。努力地通过这种有效平台，改变家长观念，更新家长理念，使家长学校的一系列工作都落到实处。

取自于本，服务于本，是我们家长学校的宗旨之一，它面对的是现实问题，解决的是家长最为关心的问题。自然效果就比较理想。

现在，我们的家教队伍越来越大，几乎每一位班主任、每一位教师都参与到了对家长的教育之中来。我们深知，我们播下的这粒种子，将会带给我们丰硕的收获。

二、加强课程建设，使家庭教育工作落到实处

讲解授课对于家长教育作用是非常明显的，但也存在一些问题，比如，有些家长由于受到各种原因的限制不能将课堂内容彻底消化，有些家长在教育孩子上还存在与其他人不同的个性特点，有些观点家长一时不能理解而最终置之不顾，这种状况亟须我们以更深广、更积极的方式来进行引导和操作。

针对这种情况，我们从课堂与教材入手，收到了良好的成效。

学校成立了“家长课堂”和“亲子课堂”。课程内容以自主开发和整合为主线，在调查研究的基础上，以主体单元的形式组织授课材料；在授课形式上，根据年级不同和老师的风格特点分别采用讲授式、讨论式、参与式、亲子互动式等方法。要求教师做到与家长进行平等、朴实、真诚、虚心的对话，既能站在家长角度体谅人，又有坚定不移的教育价值观。

学校建立了意见反馈制度。学校制定征求家长意见表，定期发给家长，然后回收反馈，从中了解家长的所思所想和遇以的问题，然后在这样的基础上有针对性地解决。同时，还建立了班主任家访制度，身临其境地了解孩子的生活学习情况。

学校建立了评先表彰制度。具体做法是，每学年评选一次优秀家长，由学校颁发荣誉证书，并举行表彰。以这种方式来鼓励家长智慧地投入到孩子的教育中去。同时，开展“学习型家庭”创建活动，努力营造“书香家庭”，为孩子创造良好的学习氛围。并通过“家长学校”的学习，在家长中广泛征集家庭育儿经验论文，评奖择优刊登在网上，并积极向各家长推荐。

三、深化课题研究、个案研究，及时帮助家长解决家教中的棘手问题

时代在急速地变化，学生在这种文化背景之下，也一届又一届表现出诸多的不同来。教育本来就既有一般性，又有特殊性，不能只关注共性的问题而忽略个别，我们在着眼于一般问题的同时也没有忘记关注特殊的。为了从长远建立有效的家长教育机制，为了解决一切迫切的问题，我们积极要求学校老师开展家校联系方面的课题研究。现在立项的“家长委员会建设与管理”就是其中一项。

在这项研究中，我们提出了这样的具体规划：

完善制度。按照试行办法建立和完善家长委员会工作制度，明确家长委员会的定位和宗旨，制定切合实际的工作章程，完善家长代表、家长委员会委员和领导的产生和管理工作制度，结合学校实际进一步细化家长委员会的职责、权利和义务，逐步建立科学规范、有效参与、有序开展、成效显著的家长委员会运行机制和工作格局。

深入研究。组织研究团队，对家长委员会建设管理工作进行研究，积极探索，逐步构建有效的工作机制和制度。（1）定期召开家长委员会会议。（2）建立家长委员会和学校定期沟通协调的议事机制。（3）为学校发展创设有利环境。（4）帮助开展家庭教育工作。（5）选派家长委员列席学校校务、教务等会议，与学校一起组织家长听课、家长接待日，参与对学生和教师的评价，帮助学校改进和完善教育教学工作。（6）促进社会教育，支持和帮助学生的校外实践活动，为学校和学生开展社会实践活动提供方便。

在开展这些工作之余，在深入进行调查研究基础上，家长委员会与学校德育工作小组还根据不同的学生、不同类型的家长，分期、分批地进行指导和引领，以提高家长学校实效。

新生家长。每年一年级新生入学之前，举办新生家长培训班，传授教育学、心理学基本知识，明确怎样做好孩子入学准备工作，知道怎样帮助孩子逐步养成良好的学习习惯。

毕业生家长。根据毕业班学生的特点，专门举办毕业生家长学校，重点“做怎样的毕业生才是合格的毕业生”“如何做好小学与初中的衔接工作”等讲座。

待优生家长。学校中总有一定比例的待优生，他们有的道德品行较差，有的智能较差，有的则是体质较差。为了做好转化工作，我们举办了“待优生家长学校”。在这一专题家长学校中，我们十分注意方式方法。做到：不告状，不在会上批评或披露孩子的错误，不责怪家长教育无方。请他们来谈认识，分析孩子前后的主客观原因，分析孩子的现状及双方配合的策略，使家长放心而来、满意而去。

家长的教育，是一项浩瀚的工程，需要调动来自各个方面的力量。这项工作是艰辛的，也是困难的，但为了孩子，为了学校和家长共同的希望，我们愿意在这方面付出更多的精力和智慧，因为只有双方真正做到手牵手了，才能保证孩子有一个美好的未来。

第五节

家校联合促发展

“新年伊始，万象更新，现在虽然还春寒料峭，但各位家长却为我们学校送来了暖暖春潮，学校迎来了一件大事、喜事，我校家长委员会正式成立了！这是学校依靠家长办学的重要举措，也是学校对外开放办学的有益尝试，必将对学校的改革与发展产生重大而深远的影响。多年来，学校的发展，得到了广大家长的支持和鼓励，也正是社会和家长的支持和鼓励，才使我们更加增强了办好学校的信心。在座的各位作为热心学校教育事业、关心学生健康成长的家长代表，在百忙之中能参加学校家长委员会成立大会，我在此表示衷心的感谢和热烈的欢迎！并对学校家长委员会的成立表示热烈的祝贺！”

这是我在“首届家长委员会成立仪式”上的讲话。这些话是发自肺腑的。

成立家长委员会，是不是可有可无的？绝对不是。正如我在这里所说的，这个举措，既是对学校开放办学的有益尝试，更会对学校的改革与发展产生重大的影响。

长期以来，无论是教育界，还是社会其他组成部分，都有意无意地形成了一个误区：孩子的好坏，是由学校说了算的；有怎样的学校，就有怎样的学生；这种观念直接导致的结果，就是择校现象的普遍发生。

这种观念诚然有它合理的成分，但作为理智的教育者，却不能以偏概全，教育，尤其是小学的教育，是与家庭教育密切相关的。如果认识不到这一点，我们的教育就很容易走向歧途。

教育学和心理学的研究告诉我们：父母对孩子的影响是巨大的，母亲对孩子的影响主要是德行礼仪、品格气质，父亲对孩子的影响主要是兴趣方向和理性作为。伟大的母亲，从事的是上帝的工作；伟大的父亲，一定是孩子的引路人、思想的奠基人。

如果孩子精神萎靡、没有爱好兴趣、没有方向感、没有责任感，父亲要负主要责任，而孩子意志消沉、情趣堕落、不懂礼仪、不知感恩、不合群，母亲要负主要责任。

母亲在孩子一生中是非常重要的，可以说，母亲的工作正是上帝的工作。美国的斯特娜夫人就中国教育说："中国是最早开设学校的国家，尽管如此，他们的文明落后了。这是由于他们没有认识到妇女教育的必要。过去，中国人认为妇女不应受教育，因此，中国大多数妇女是文盲，也不进行家庭教育，受不到母亲教育的国民绝不能成为伟大的国民。"教育是世界上最重要的岗位，母亲的工作是世界上最有价值的工作，母亲的工作是最有创造性的工作！"你可以不是天才，但你可以成为天才的母亲"，"推动世界的手是摇摇篮的手。母亲的素质决定着民族未来的命运。""母亲的教育可以影响孩子的一生。"

教育孩子是世界上最大最深的学问，尤其是在孩子生命的最初几年，他的生命中最本质最重要的东西都是由母亲给予的，这种教育不仅影响着孩子自己的一生，而且同样以社会遗传的方式，也强烈地影响着更下一代的成长，没有哪一种教育比母教的影响更为深远更为永久的了。

母亲对于孩子来说的确太重要了，母亲教育对于孩子的健康成长来说的确太重要了！一个好母亲胜过一百个特级教师！

在教育过程中，父亲也同样担当着重要的角色，可以说，父亲的肩膀是孩子通向社会的桥梁。

在孩子生命的前几年，父亲并不直接参与到孩子的生活中，而是通过给母亲的一颗安定和平的心灵来传达父亲的浓浓爱意。父亲是房子，庇护着母亲和孩子；父亲是大树，母亲和孩子是树下乘凉的客人。教育孩子必须要父母双方通力合作，也只有双方共同努力才能教育好孩子。

但是，父亲是否只是扮演一个经济赞助商的角色呢？不是！三岁以后，孩子对父亲的注意越来越多，出现同母亲的精神分娩。从这时候起，父亲在孩子的心目中逐渐成为英雄，他们对父亲的依赖也逐日增加。起初，当孩子尚缺乏同母亲的对话能力时，孩子还只是通过自己的感觉，意识到父亲的存在。随后，孩子的醒世意识开始从混沌走向朦胧，加上母亲时常道及“爸爸这个”“爸爸那个”“你问问爸爸”“你看看爸爸怎样做”等，自然而然地让孩子对父亲的行为产生认同。当孩子的醒世意识从朦胧走向明晰时，父亲给孩子的范式，往往会多情而又无情地影响孩子的一生。

弗洛姆曾这样评价父亲和母亲的不同作用：“母亲是我们的家，我们来自那里；母亲是大自然，是土地，是海洋，但父亲却没有这些特征。在第一年他和孩子很少接触，这时的他的重要性不能与母亲相提并论。然而，虽然父亲不代表自然界，却代表着人类存在的另一极，那就是思想的世界、科学技术的世界、法律和秩序的世界、风纪的世界、阅历和冒险的世界。父亲是孩子的导师之一，他指给孩子通向世界之路。”

我时常在想一个问题：对于学生身上出现的一些坏毛病，我们总会把它归结于“社会”；我们的口头禅之一就是“这是社会造成的”，“社会”一词在当前的教育界似乎隐隐带上了一层贬义，它对于学生的影响好像全都是负面的。说到底，这是一种不负责任的表现，大家你也说“社会”，我也说“社会”，而浑然忘却了自己也是社会的一员，社会的构成自己也算是一份子。

诚然，学生的一些坏习惯、坏思想、坏毛病与社会有关，他们与社会接触，不自觉地受到濡染，而他们的人生观、世界观尚未形成，于是，就出现兼收并蓄的情况。一个有思想、有理性的教育工作者应该辩证地看待这个问题。我的经验是，既然学生容易受到社会各方面的影响，那么，为什么不因势利导，将社会有效的、良性的资源加以充分利用呢？这种利用，可以帮助学生认识社会，可以改变学生对社会的一些偏激认知，可以提高学生各方面的能力，可以形成社会与学校的良性互动。我相信，如果这种想法得到真正的落实，它是有百利而无一弊的。

当然，不论怎样，对社会资源的利用，都离不开学校，学校从中不但起到纽带的作用，同时也起到整合、提炼、引导的作用。能否实现良好效应的，在于社会成员与学校教师之间的协调和合作。

我们在认识到这个问题以后，就开始着手开发能够利用的社会资源，因为众所周知的原因，我们还是先从家长入手的。

而这里所说的“家长委员会”就是建立在这种理念之上成立的一个机构。之所以成立这个机构，就因为我们认识到，家庭是社会的细胞，是社会的基本组成部分。学生学习经验的获得首先来自于家庭，家庭对教育具有特殊的重要的价值，家庭课程资源是我们不能忽视的宝贵的课程资源，同时，它又是联系学校资源与社区资源的重要纽带。随着当今教育的发展，越来越多的研究者发现：教育单靠学校或家庭的力量是有限的，没有家长参与，最好的学校也会有限制。因此，家校合作越来越凸显出它的重要性。

我们成立的家长委员会，专门制订每年的工作计划，通过各种方式鼓励家长了解学校管理，积极参与学校管理，促使学校、家庭、社会形成育人的合力，推动学校教育教学水平的提高。家长委员会成员要充分发挥各自的特长，从不同侧面为学校献计献策。逐步构建学校、家庭、社会三位一体的教育体系，为营造良好的教育环境，深入推进素质教育，促进学生全面发展再创新举。

我们公布家长委员会所有成员信息的目的，一方面在于公开透明，另一方面，则在于通过他们来联合家长。联合的意义是丰富的，家长对于学校有什么意见和建议，对于孩子教育有什么想法和困惑，由于各种原因，与老师沟通起来往往存在这样那样的不便。而信息公开、尤其是各班委员的信息公开后，广大家长无疑就找到了一个合适的渠道：他们有着共同的目标，有着共同的背景，有着共同的心愿，有着共同的困难。通过家长委员会成员在适当的场合道说出来，就会起到意想不到的效果。从学校管理方面，也可以弥补漏洞——管理，本来就应该在细节上下工夫，而社会上的一些反应、一些信息又不是我们即时就能捕捉到的，等到出现问题，再来修补，那就会陷入被动。

我们定期进行家长委员会成员座谈会。对于这个会议，学校从上到下都比较重视。教育发展到今天，毕竟不是一切由学校说了算，毕竟不是学校政策唯上唯真了。我们只有吸纳各方面的意见，在理性的指导下加以综合运用，方能为学校的进一步发展开辟出新的路途。学校在一定时段内应该把工作重心放在何处，除了正常教育教学还有什么问题应该予以重视，我们的工作是不是存在哪方面的疏漏从而影响了孩子的成长等。我们都利用这样的会议来虚心地听取家长的意见和建议。比如，家长们就提出，上学路上存在交通拥堵的问题，应该大力提倡教学开放日，应该举行家长知识专业专题讲座等。所有这些，都引起了我们的足够重视，并且在力所能及的范围内加以了解决和优化。从而不但得到了家长的认可，而且收到了良好的效果。

我们为家长委员会的召开确立讨论主题。一段时间，总会发现一些新的问题，这在工作中是难免的。如何得到家长的理解和支持，如何进一步扩大社会影响力，如何最大限度地发挥学校的办学优势，这都需要得到家长的认同。故而，在一定的时间、一定的需要下，我们确立主题征求家长的看法。往往在那样的会议上，家长热情特别高，七嘴八舌，你方说罢我登场；而往往他们对学校的想法和做法都会予以同情基础上的理解和支持。这对于我们，无疑是一种继续前进的动力。而想得到这种结果，我们也做了大量的工作。我们首先做到的就是开诚布公，不藏着掖着，而是充分地相信家长，尊重家长。这样，更有助于营造家校联合、其乐融融的氛围。

我们利用一切资源鼓励家长参与学校管理，广泛地团结家长，教育家长。我们有效地利用网页、校报平台。随着电脑和互联网技术的发展和普及，电脑走进了千家万户，互联网也成了家庭交流信息的主要渠道之一。由于互联网的便利性、快捷性和互动性，通过互联网来进行家校之间的信息沟通与交流，不失为一种极好的方式。我们在学校网站中加入了家校合作的网页，把学校的整体情况及家校合作的组织、活动等制成网页进行介绍，以便家长了解；发表学生的各种作品、成果、家长的讲课材料等。我们的教师还和家长通过电子邮件交流学期活动计划，注意倾听家长的意见，及时调整活动内容，解除家长的困惑。

向家长征求意见，是家长委员会成立后，我们应该长期以来坚持做的一项工作，它对我们办学的意义是重大的，而这更加证明了当初成立家长委员会举措的正确性，更加证明了我们虚心地、接纳式地办教育的正确性。

问计于民，其要在行。问不是目的，行才是目的，关键在于用好意见。有价值的建议能否被采纳、利用，这是家长最为关注的问题。他提出的是合理的，是完全抱着为学校发展的心愿的，倘若处理不好，不但会伤害到家长的热情，更会影响到学校的发展。为此，我们在活动之初，“用好征集成果，使优秀成果引入学校管理，发挥应有作用”的工作方针就被明确了。每一次，我们都会对家长的意见和建议进行认真梳理，并且根据学校现实切实提出改进措施。面向各个层面的征集活动结束后，德育处进行认真梳理，从中梳理出涉及总务、德育、教学三个方面的突出问题。学校同时还专门召开“征集”成果转化工作会议，确保征集梳理出的问题事事有人抓、件件有落实。

“杨校长，你真行，上次的我提出要对英语教学多加关注，提高学生的学习兴趣。没想到，你们很快就想出了办法，而且付诸实施了。”

“杨校长，感谢你对我们的信任啊。上次我提出是不是每周布置一点家务作业，让孩子操心家务，从而帮助他们理解父母的辛苦，帮助他们健康成长。你们很快地就宣传落实了。我的意见得到尊重是一个方面，看到孩子们在做家务的时候明白了父母的辛劳更是一个方面。谢谢你！”

类似的话，经常回荡在我的耳边。我感谢家长，他们对教育、对孩子是发自内心地关心的；我也想到我自己，我怀着一颗谦卑的心走上这个岗位，我怀着一种吸纳的精神开始了自己的工作，而这种态度，也带给了我们学校丰厚的回报。

“我们深知，要培养未来社会需要的高素质人才，单一的学校教育已远远不能适应全面育人的重任，必须与家庭教育、社会教育密切结合，互相补充，形成合力，才能保证青少年的健康成长，而家长委员会正是顺应这种形势的需要应运而生的一种工作形式，是家长自己的组织，是家长和学校之间的纽带，成立家长委员会，就是为了增进家长与学校之间的联系，推动学校、家庭、社会相互沟通、相互理解、相互支持，良性互动，共创学校良好的发展环境。我真诚希望各位委员能够充分发挥桥梁和纽带的作用，及时向学校反映家长及学生们的合理化建议，增强家长与学校之间的相互了解与互动，为孩子们创造一个优良的教育环境。‘教育’意味着一种沉甸甸的历史责任，是一份值得为之贡献毕生精力的灿烂事业。挑战与机遇并存，家长朋友们，让我们携起手来，奋勇拼搏，努力为孩子的人生奠定坚实的基础，努力将沾化县第一实验小学办成为学生提供良好教育和良好服务的精品学校。相信，随着家长委员会的成立，我们学校的教育将会迎来更加美好的明天！”

这是我在家长委员会成立大会上表达的心愿，而今，经过几年的发展，家长委员会在我校教育教学工作中起着越来越重要的作用。他们的热情、他们的周到、他们的细致、他们的爱心，都让我们学校的每一个成员感动。

第三章

读书感恩，成就未来

第一节

沐浴书香博且雅

是什么习惯，可以使一个人受益终生，日高日远？

是什么习惯，可以使一个人提升自我，具备修养？

是什么习惯，可以使一个人满腹经纶，气质高华？

答案是读书！

犹太人被世界公认是一个坚韧优秀的民族，他们的精神力量和民族素质很大程度上来自读书。

在每一个犹太人家里，当小孩稍微懂事时，母亲就会翻开圣经，点一滴蜂蜜在上面，然后叫小孩子去吻圣经上的蜂蜜。这个仪式的用意不言而喻：书本是甜的。

古时候，犹太人的墓园里常常放有书本。说是在夜深人静时，死人会出来看书的。当然这种做法有一种象征的意义：生命有结束的时候，求知却永无止境。犹太人家庭还有一个世代相传的传统，那就是书橱要放在床头，要是放在床尾，就会被认为是对书的不敬。犹太人不禁书，即使是一本攻击犹太人的书。

犹太人爱书的传统由来已久，深入人心。联合国教科文组织 1988 年的调查表明，在以犹太人为主要人口的以色列，14 岁以上的以色列人平均每月读一本书；全国的公共图书馆和大学图书馆 1000 多所，平均每 4500 人就有一所图书馆。在 450 万人口的以色列，办有借书证的就有 100 万。在人均拥有图书馆和出版社及每年人均读书的比例上，以色列超过世界上任何一个国家，为世界之最。

读书对于我们不论哪一个人都是极为重要的一个良好习惯。养成这个习惯，你才不会成为琐碎的知识的奴隶，你才具有深邃而广博的思想，你才拥有翩翩的风度，你才会有不俗的谈吐。最为重要的是，你才会有科学的价值观和积极的人生观。

经过多日的筹划，经过深思熟虑，经过再三调查研究，我们开展了活动的主题为“阅读中华经典，享受读书乐趣，让读书成为习惯”的读书节开幕式。

那一刻，我也很激动，我用诚挚而深情的语言，给师生们讲明了读书的重要性。你可以将其理解为一种呼唤，也可以将其理解为一种引领：

借阅读打开一扇窗口，给你的眼睛，给你的心灵。

仰望太空，它高旷玄妙，莫测高深；环视大地，它沟壑横陈，难睹全貌；凝望秋山，它高岭起伏，树木丛茂；静观流水，它舒卷前行，波浪翻滚；回首历史，它烟霭迷漫，不可明辨；细瞅当前，它风云变幻，热闹纷呈。

你的眼光，在这样的奥妙深广里迷失，在这样的动荡不定里散乱，在这样的宏大深厚中自卑，在这样的纷乱来去中惶惑。

你的心灵，在这样的斑驳陆离里焦躁，在这样的五彩缤纷里灰暗，在这样的模糊不清前混乱，在这样的伟大崇高前渺小。

当从你自身生发出这些问题的时候，那么，阅读吧，阅读并不能解决一切问题，并不一定使你的身体摆脱地球的引力上升到高远的太空来俯视大地，但它可以为你打开一扇窗口，一扇明净、清洁的窗口。

阅读为你打开的窗口足够大，大到可以包涵天地、容纳万物。透过那个窗口，你能看到一颗比你生活的星球大千百倍的星星的运转，你犹如站在那个神秘的遥远的异乡伸出你的指尖指点着偌大的宇宙；你能看到一场历史尘埃掩埋的壮烈的杀伐，那时残阳如血，兵戈相接，喊声四起，流血漂杵，烈烈长风中，破碎战旗下，一匹战马跃出空壕，奔跑在无边的旷野上，发出阵阵嘶鸣；你能撑一艘小船，扁舟一叶，纵情遨游于烟波浩渺的江海，水光接天，一碧万顷，临风啸傲，“不知今夕何夕”；你能跃马塞上，霜风凄紧，关河冷落，四顾苍茫无际，唯见沙碛纵横，在它的深处，匈奴草黄马肥，战鼓发出金革之声，令边陲风云为之而变色；你能步行穿越于非洲草原，那时太阳发出烤焦大地的光芒，一只雄狮刚刚结束了一场狩猎，正躺在树荫下惬意地舐着唇角的鲜血。

阅读为你打开的窗口足够美，美到让你心襟摇荡，情不自已。你无法将头探到这样的窗口外面，但你可以通过它来捕捉世界的一切美好。在那部小说里，一个孤独而倔强的少年从厚厚的雪褥上行过，走向无边的冷瑟和萧条，就在那时，他在雪地上看到了自己的名字，那是一个女孩用脚尖划上去的；在那篇散文中，一个经霜打过后的鲜红的枫叶飘飘悠悠地落在寂静的山谷，被一位打柴的樵夫捡到了，拿回家去放在了他女儿的书册中；在那首诗歌里，一个漂泊他乡的失意的诗人泊船于沙渚，看着月亮投到水里的影子，然后俯下身子将它爱恋地捧到掌心；在那部传记中，一个伟大的妇女将众人钦慕的奖章送给孩子作为玩物，细小的动作反映出一颗美丽而高尚的心灵；你也可以阅读数理，可以阅读音乐，可以阅读绘画，可以阅读科普，“凡有所学，必成性格”，那个窗口虽小，却将所有的美妙接纳，并一览无余地呈献在你的面前，最后塑成你美丽的灵魂和品格。

阅读为你打开的窗口足够亮，亮得让你的眼光可以穿透深浓的雨夜，可以窥见伸手不见五指的夜里那棵掉在地上的绣花针。从一首精短的诗里，你读出了一份失落的感情是如何濡湿一颗同样多情的心灵的；从一首隽永的词里，你读出了一个孤独的灵魂是如何在一朵花瓣前寻找到存在的意义的；从一个平时不注意的字眼里，你看到了深藏在它背后的宇宙般的浩渺和空阔；从一句哲理深厚的话语中，你读出了一颗饱经沧桑的眼睛所看到的人生底蕴。那些书籍，那些文字，揩拭着你蒙昧的眼睛，抚摸着你懵懂的心灵，激动着你跳跃的血脉，充斥着你健将般的四肢，让你走出阴暗而拥有光明，步出沼泽而拥有平原，摆脱沉重而拥有愉悦，抛弃浊气而拥有清明。它们就像火炬，引领着你走出泥淖行进在坦途上；它们就像烛光，在风雨如磐的夜里照亮你的航程。

阅读为你打开的窗口足够暖。虽然时隔千年，虽然物质文明进步到令人瞠目结舌的程度，但常常，我们却感到语言难以表述的寒冷。我们的精神时常会感到孤独，我们的人生时常会感到无助，我们的脚步时常会感到酸软，我们的眼光时常会感到迷离。所有这些，在我们多感多愁的青春时节，会突如其来地控制我们，挟制我们，压迫我们，让我们感到冰天雪地、四顾无人、冷风渗入、砭人肌骨、痛彻心扉的寒冷。那时的我们，会感到天地空阔，宇宙无穷，时光如梭，但却找不到一处立足之地的旷世寂寞。于是，所有的黑暗在一刹那间蜂拥而来，悄悄地、强势地、无声地控制了我们。而唯一能安慰我们的，则是阅读。同样的人生体验，曾经降临在每一个智慧的头颅上，他们就将那些惨痛的人生体悟用他们的笔记载下来，那里面有寻找，有焦灼，有挣扎，有尊严，最后，则有突破，有希望，有光明，有寄托，而当我们用阅读把握住他们的脉搏时，我们便也拥有了相同的心跳，而那剧烈的不甘的跳动，会赐予我们以鲜活，以温情，以强壮。有了它，我们也就有了可供越冬的木材和火焰。

阅读为你打开的窗口足够深。时常，我们会感觉到自己的浅薄。我们轻狂，我们逃脱，我们安于现状，我们流于浮泛。这样的日子长了，我们难以感受到生命的厚重，生命便变得轻浮起来，就像天上无家的云，就像水中无根的萍。但通过阅读我们知道，有些痛苦是必须经受的，有些感情是必须珍存的，有些经验是必须具备的，有些呐喊是必须收藏的。一个一个的故事会告诉我们，在看似简单的表面背后隐藏着深广的学问；一个一个的道理会告诉我们，在看似平常的总结背后隐含着用血吸取的教训。我们一节一节地阅读，我们一句一句地消化，我们便也随之变得深沉起来，宽厚起来，博大起来，而有了这样的深度，我们同样也就登上相应的高度。当我们处于那样的高度来俯视人生的时候，我们便也多了份从容，多了份同情，多了份慈爱，多了份自在。

四季在我们的身边匆匆流淌，保持着从那些古圣先贤的身边流淌的同样的姿势。但当我们以阅读的姿态出现时，我们却越过了时间的界河，触摸到任何一个想接触的灵魂，观望到任何一个想涉足的世界。在阅读中，我们是自由的，我们成为超越时间和空间的存在。因为阅读，我们有了尊贵，有了资本，有了财富；因为阅读，我们变成了大写的人；因为阅读，我们成为一个岁月的风吹之不去的坐标。

“在读书中提升精神境界，享受读书的幸福，领略人生的快乐”是我的希望，在一个浮躁喧哗的时代，如果不能静下心来读一些书，这样的人始终是浅薄的，始终是走不了多远、攀不了多高的。而我们的孩子正处在读书的最好时光，他们眼睛好使，头脑灵活，记忆力强，倘若失去这个最佳机会，那将不但是孩子们终生的憾事，也是教育者的不负责任。

我们关于开展读书节的理想就是：在学校里形成浓厚的读书氛围，为创建书香型学校奠定基础。

热情饱满的倡导加上同学们的表演，将那次读书节活动的开幕式推向了高潮，也很好地起到了宣传、鼓励的作用。我高兴地看到，开幕式刚结束，许多同学就在那里交头接耳，开始彼此询问对方读过什么书，什么书可以值得一读。

但作为一个理性的教育工作者，我知道，这种热情往往来得快，去得也快。因为，毕竟在现在教育的背景下，孩子们拥有的读书时间是比较少的；哪怕是有时间，也因为缺乏欧阳修所说的那种“枕上、马上、厕上”的读书精神而不会利用；到底读什么书，如何读才会有效，对于没有读书习惯的学生来说也是一个难题；同时，我们也应该看到，当前社会，整个都缺乏一种读书氛围，一个爱读书的人也会容易消泯到这个泥淖中去。所有这些，都给我们的安心读书带来了巨大的挑战。

与许多事情一样，越是看似简单的事情，坚持起来越难，落到实处越难。所以，为了使读书活动得到长期有效的开展，我们确立了富有学校特色的实施方案。

倘若一个不爱读书的人，到了一个其他人都读书的环境中，他会被环境濡染，自然地拿起书来阅读；倘若一个爱读书的人，到了一个所有人都不读书的环境，他的读书行为渐渐地会成为一种“另类”的象征，那么，除非他有巨大的毅力，否则就会慢慢地放弃这个习惯。因而，不论怎样强调读书，首先都得营造一个有益于读书、有助于读书的环境氛围。

学校氛围也是一种语言，是一种传递信息的独特的交往形式，蕴含着巨大的潜在的教育意义。走入到怎样的氛围中，就会受到怎样的感染和熏陶。基于此，我们在校园里张贴了有关读书的标语，在校园内开辟阅读长廊，并且办了读书宣传橱窗，既用名人名言引领师生，又用读书的意义呼唤师生。它，或者将部分成年人原来具备但已经沉睡了的习惯唤醒，或者将那些不具备这样的习惯而有所渴望的眼睛点亮。读书，说到底，是一种文化的行为，而文化也是需要宣传的，也是需要注入的。

在班里，我们办黑板报来呼唤学生阅读，争取让读书的信息无处不在。同时，通过各种方式，我们完善了班级图书角的建设，要求每个同学把自己喜欢的书带到班级，由班级图书管理员统一管理、借阅，形成“好书都来读，我来读好书”的读书氛围。在交换图书的过程中，培养学生爱护书籍的意识。大量的书籍就整齐有序地摆放在那里，召唤着孩子们。这样，整个班级自然地充满了浓浓的读书氛围。

当前孩子们的学习任务是比较重的，时间也是比较紧张的。但我们却也看到，这中间还是有大量时间是被浪费的。其实，我们都明白，只要你愿意读、喜欢读，时间总是能挤出来的；问题就在于惰性在起作用，是惰性让我们远离了书籍，也是惰性让我们为不读书寻找了诸多的借口，同样是惰性让我们不知道合理地利用时间。道理是这样的，每个人都明白，包括我们的孩子们，但明白了道理不一定就能按照道理所昭示的意义去做。尤其是年龄幼小的孩子，自制能力相对较差，自我放纵比较严重。因此，与许多良好习惯的养成一样，它需要外界的“强迫”。是啊，“强迫”有各种各样的，我觉得，在一个人接受教育的初期，是应该有一些强迫，只要这样的强迫是被实践证明有效的，是在受教育者可以接受的范围之内的，并且对他终生的成长发展有益。

所以，我们规定了读书的时间，在这个时间之内，一律朗读课外书。说实话，做出这一决定是艰难的，因为我们现在的教育背景是唯成绩是问，唯成绩是从。但一个具有长远眼光的教育工作者同样也可以看到，不说读书的其他意义，就以成绩而论，一个没有丰富的积淀、一个没有深厚的积累、一个没有学会静心思考、一个见识不够广博的人，越到后来学习会越费劲，收效也会微茫，哪怕成绩会高一些也是建立在不牢固的个人修养基础上的，这样的人是升不了多高的。

这种“强迫”有什么好处呢？或许，你看一看就会知道，那时的孩子们全部是安静的——在浮躁的社会背景之下难得的心静如水；那时的孩子是明亮的，似乎有阳光照耀在他们身上，是的，就是阳光，知识、思想的阳光；那时的孩子是可爱的，他们抛弃了那些平时的小动作，抛弃了一些不好的习惯，只是沉浸在书籍的海洋里；那时的班级是令人感动的，没有了喧哗，没有了躁动，只有学生的呼吸和翻书的声音响起，而那些书籍中所蕴含的智慧就那么随着这安静一缕一缕地渗进孩子们的心灵里，一缕一缕地发散在教室的上空，飘荡在校园的每一个空间。什么叫校园文化？这才是实实在在的校园文化啊。

一个人的世界不论怎样，都是比较狭隘的，只有互相影响、互相包容、互相接纳的世界才会变得越来越广阔。读书也是如此，一个人的眼界总是有限的：什么样的书好，什么样的书最有价值，并不是所有的人都知晓的。

所以，当读书的活动进行到这一步的时候，也就是大家彼此影响的时候了。为此，我们举办了“好书推荐会”。好书的推荐与分享会引起更多人的阅读积极性，各班级举办一次好书推荐会，要求每位学生都做一次“好书代言人”，对精心选出的书的梗概、推荐原因等内容进行介绍，形成好书共享活动。另外，每个年级的任课老师要为本年级的学生推荐10本以上观点新颖、思维缜密、融科学性和趣味性于一体的精品图书。这种活动的效果之佳远远地超出了我们的预料。首先，推荐书籍的同学若想很好地完成任务，就必须选择精彩的书来读，然后要将这本书吃透，等于通过学习这样的活动让一本书渗透到了这个孩子的血脉里；其次，由老师来推荐书，老师也需要阅读，也需要查阅大量资料，这个行为看似简单，但却增长了老师的见识，提高了老师的修养，扩大了老师的眼界；再次，当不是特别喜欢读书或者阅读层次较低的同学听到其他同学的阅读经历、经验、成果后，对于他们不啻一次强烈的震撼，他自然地会生出攀比心理——良好的攀比心理，这无疑对于他就是一次教育和引导；还有，这样的事情是发生在“推荐会”上的，但许多渴望的眼光并没有因此而得到满足，等“推荐会”结束以后，他们还会询问，还会交流，这些话题占据了孩子们的交流空间，那些游戏啦、花边新闻啦、家长里短啦自然地退而居其次了。环境造就人，这才是良好的环境，这才是理想的环境。

我们在这样的“推荐会”上让孩子推荐自己正在阅读或者阅读过的书籍，还有一个作用——让这样认真阅读的孩子找到一种成就感。他读了，他有心得了，他说出来，得到大家的认可和赞扬，这就是一种学习的幸福，这种幸福不亚于甚至高于他由学习成绩获得的荣誉。这是一种心理学——在展示中，在交流中，让孩子找到成就感，从而更加激起阅读的兴趣，从而让兴趣不高的同学受到感染。我们都讨厌功利性，但对于年幼的孩子，对于习惯尚未养成的孩子，这种得到他人认可的“功利性”也是必需的啊！

第二节

最是书香能育人

我们将学校开展读书活动的原旨提到了很高的高度：以科学发展观为指针，全面提高学生的语文素养，培养综合实践能力，激发学生课外读书的兴趣，养成良好的阅读习惯，在校园内形成热爱读书的良好风气，促进学生的可持续发展；贯彻落实《义务教育语文课程标准》要“培养学生广泛的阅读兴趣，扩大阅读面，增加阅读量，提倡少做题，多读书，好读书，读好书，读整本的书”的新课程理念，以努力创建“书香校园”。

“腹有诗书气自华。”读书不但能积累语言，丰富知识，而且能陶冶情操，受益终生。有人说，一个人的精神成长史就是一个人的阅读史，这话确实有道理。成长所需要的经验和智慧不可能全部由一个人自己习得，即使在教育中，如自然科学中的常识和规律，在大多数情况下，也是通过阅读学习者直接借鉴的，并不像科学家那样要一步一步去探求。阅读为我们提供了便利，打开一本书，往往就是打开一个未知世界、一个探索领域。对于一个成熟的老师来说，如果你熟谙教育史，你就不会简单地肯定或者否定某一教学模式和教学方法；对于学生，如果你从书本上体验过一种道理，你就不会简单地去对待生活中一些值得思考的问题。所以一定要阅读，不停地阅读。

营造读书氛围，让图书进教室，开展推荐活动，这只是我们读书活动的一个部分。除此而外，我们还做了大量的工作，来推进读书活动，争取让它落在实处。

除了以上的方式，再有没有其他的适合孩子年龄、知识结构、认知水平的激励鼓舞的方式了呢？

答案是肯定的，只要你会思考，会研究，会寻找！

我们的具体做法是开展读书会活动，这个活动的目的在于：让学生爱读书，让书成为他们的朋友；从小养成热爱书籍、博览群书博采众长的好习惯，让他们的童年浸润在沁人心脾的书香里；在活动中提高学生的综合素质，增长知识；在活动中体验到读书给自己带来的快乐，提高欣赏能力。

读书会活动分为五个层次，即热身准备阶段、起跑阶段、拼搏阶段、挑战极限阶段、冲刺阶段五个层次，分别适合二到六年级，每一个阶段的要求也是逐层提高的，并且通过《读书会公约》进行约束和奖励。同时引入家长参与，保证活动的顺利进行，同时提供经费保障。

每个层次又分别有三层设想：

第一层设想：准备阶段——制订班级读书计划和个人读书计划

（一）根据本班的实际情况，制订班级读书计划

1. 每天早上 15 分钟的古诗文诵读。

2. 每晚完成家庭作业后，即每晚 7 点读一篇文章。

3. 每月共同阅读一本名著，阅读中外经典名著。

4. 充分合理地利用课余时间来读书。如安排课间的时间，活动课的时间，周六、周日的休息时间等。

第二层设想：活动阶段

（一）学生根据班级读书计划和个人读书计划进行阅读

1. 每周，教师利用一节校本课的时间进行古诗文赏析，每个月对要求背诵的古诗词内容进行抽背检查，通过验收者发给下个月背诵篇目，未通过者继续进行本月复习。

2. 针对名著阅读，每月开展一次好书阅读经验交流会。

3. 教师以身作则，每天做到和同学们一起背诗、读书。

（二）开展读书交流活动

1. 写读书笔记。把体会想法，记录下来。

2. 参加读书心得的交流会。和自己的书友交流一下自己的读书心得。

3. 举办一次“故事擂台赛”，小组为单位进行故事交流，小组推荐优秀者进行班级故事擂台赛，评出“擂主”。

（三）广开书源，拓展阅读环境

1. 建立班级书库，让学生有书可读。

（1）调查家中的藏书量和种类，特别是适合小学生的书籍，作出统计，要求每人选一至三本带到学校，充实班级小书库。

（2）发动学生之间“好书换换看”行动，提倡同学与同学之间进行好书共享。换一本书，交一个朋友，不仅读到了好书，还加深了同学间的友谊。不过要提醒学生，借阅别人的书，一定要好好爱护。

（3）班级小书库实行全天性开放，安排专人进行管理，下午的作业辅导课时间对完成作业的学生开放图书角，充分利用每分每秒的时间，保证学生每天的阅读时间。

（四）提高语文课堂教学效率，保证课外阅读正常、有效地开展

1. 充分利用每周一节语文阅读课，发挥指导作用，可进行阅读交流、新书介绍和读法指导等。

2. 针对课堂所教学内容进行课外的链接，提高学生的阅读兴趣，培养学生的读书习惯。

第三层设想：考核、展示阶段（即品味读书硕果）

（一）建立“读书成长册”

每个学生都要建立一本“读书成长册”可以是用读书笔记摘抄，积

累。从原有的好词积累丰富到阅读过程中收集到的精彩片段、名人名言、心得体会。

（二）读书小报比赛

以小组为单位，收集有关报刊的小资料、格言，自己撰写读书心得等，每学期组织一次读书手抄报比赛，进行评比。

（三）古诗词验收

在每个月定期进行抽背古诗词的基础上，每学期期末结束前进行“古诗词积累大比拼”，要求学生在规定的时间内，背诵自己知道的诗句。比一比谁积累得最多。评出“诗词积累王”。

（四）教师和学生共同撰写读书活动总结，召开一次读书总结交流会

学期结束时进行“读书小博士”“读书小硕士”“读书小学士”评选。考核学生的阅读情况，鼓励学生读好书，好读书，和好书交朋友。学校还定期开展各类读书竞赛活动，举行各类阅读之星评比。办好校报《闾河圃》，每月一期，发表教师和学生的文章，鼓励师生阅读，体现阅读成果。

所有这些活动，都在于将无形化有形，让读书的成果切切实实地展现出来，让孩子们将从读书中获取的快乐和收获展示出来，以鼓励他们，鞭策他们。

但是我们在举行读书节的活动时，从来没有忘记另一个群体，他们的读书也显得尤为重要。他们，就是我们的老师。

其实，在引导孩子们读书的过程中，老师的作用已经毫无例外地发挥了出来：组织孩子们读书的时候，老师在读；给孩子们推荐书籍的时候，老师需要读；在检测孩子们的读书成果的时候，老师们还是在读。而我们在方案里，同样提出了专门针对老师的读书任务：要潜心读书、丰富内涵、促进发展；每位教师借读书节之际，多读书、读好书，培养自己读书的兴趣，感受读书的幸福，体味读书人生，阅读后结合自己的工作实际写一篇读书笔记或心得体会，并且以教研组为单位，组织一次读书沙龙，交流读

书心得。

我曾提出过“读书为人生奠基”这么一个观点。一个不会读书的人他的知识是浅薄的，他的见识是贫白的，他的思想是浮浅的。一个不会读书的人，他即使反思也难以有力量，难以有深度。当这些条件不具备的时候，被自己担负的责任也就显得轻薄起来，因为它没有了干净、深湛的源泉。

随着素质教育的逐步深入开展，课程改革的大潮涌遍中华大地。对教师的要求也随之发生了相应的改变，教师原有的学术知识、教育素养、教育技术和管理艺术已显现出不同程度的匮乏，与课改进程的矛盾日益突出，不少教师也明显地感到“书难教，学生难管，力不从心”。以人为本的观念还没有全部被教师接受，课堂教学与课本教材也严重脱节……所以，教师的教育理论素养薄弱已经是制约教育科研工作质量进一步提升的瓶颈。为了丰富广大教师的教育理论知识沉淀，我们学校作出了“营造书香校园”的行动计划，积极组织“阅读经典，丰富人生”的教师读书活动。使每位教师在参与过程中，感受教育的激情，汲取成长的力量，提高教学教育的艺术水平，促进教学质量稳步上升。

若想要学生爱读书，我们的老师就必须先爱读书。因此，我校老师利用寒暑假的时间加强学习，至少每人读完一本教育专著，并写下自己的心得体会。平常教学中，采取与学生同读一本书活动，与学生深入交流讨论，提出自己的独到见解，为我们的学生树立了榜样。

每学期，学校都会向每位老师赠送《帕夫雷什中学》《给教师的建议》《做幸福的老师》《红楼梦》《平凡的世界》《爱弥尔》《窗边的小豆豆》、心理学、教育学等“精神礼品”。老师们对这些礼物珍爱有加。通过读书学习，辅之以不断反思，老师们确确实实感受到自己的变化：教育观念在变，教学方法也在变。

通过读书，老师们有了更为有效地管理学生的办法。有的老师说：“通过读书，我对教育理解更深刻了，对这个职业更热爱了。读书，让我开阔了眼界，扩大了心胸，心态变得平和，知识变得渊博，修养变得丰厚。读书，给了我教育的智慧。”

记得一位教育家曾经说过，真正高明的老师善于捕捉教育的关键时机，选择适宜的教育方法，做有心人，用自己的真挚情感和深切爱心去感动学生、教育学生，这样，一定能带出班风正、凝聚力强、和谐融洽、团结奋进的班集体。我想，这一切，都得益于老师们坚持不懈的读书学习。

我们也没有忘记将提倡孩子读书与家长课堂和家长教育结合起来。我们将读书活动延展伸到家庭，开展“我的家庭阅读”活动。利用家长会，把一些家长好的做法介绍给大家，让家长懂得重视环境的作用，既要为孩子营造良好的物质和生活环境，同时也要为孩子营造良好的人文环境，从而让儿童在成长中逐渐养成良好的读书习惯。不论怎样的教育，如果抛开家庭教育这一块，它还是不完整的。学生在学校里养成的读书习惯，往往会因为家庭教育的忽视而变得淡薄。于是，我们也发起了“亲子共读”的倡议。

在这个倡议中，我们说：“亲子共读就是家长陪孩子、和孩子一起阅读，给孩子指导和帮助，与孩子共享阅读乐趣。当今社会，父母对孩子的教育投资很多，却很少投入时间和孩子一起进行亲子共读。在电视、电子游戏和网络构筑的声光世界中，我们的孩子与书本的距离越来越远。开展读书节活动，培养孩子读书习惯将让孩子受益终身，您的参与和支持将使活动更加扎实。因为孩子的阅读，不只是在学校，更多的是在家里。培养孩子良好的生活与学习习惯，家长负有义不容辞的责任。”

家长具备这方面的意识是比较容易的，而且大部分家长都很信任学校，对于学校提出的对孩子有益的建议，他们会双手拥护。但我们同样看到，大部分家长没有读书的习惯，大部分家长在这方面有力使不出，大部分家长接受了这样的倡议之后无所适从。所以，我们抱着对家长、对孩子负责的态度，给家长提出了具体而容易得到落实的期望和要求：

每天减少看电视、上网时间，增加和孩子一起阅读的时间。

每周和孩子交流一次读书心得。

每月陪孩子逛一次书店，购买一本有益于孩子成长的书籍。

每学期为孩子计划一次外出，读读大自然和社会这两本“大书”。

和孩子一起养成勤写日记的习惯，鼓励孩子向各种刊物投稿。

积极参与学校读书节和家长课堂组织的“书香家庭”的评比。

作好孩子的榜样，回归童年的纯真，让书籍成为我们生活的必需，让阅读滋养我们的心灵，让我们在读书活动中共同成长！

时至今日，书香就弥漫在我们学校上空，而我们的学生在不断的阅读中也变得大气起来，文雅起来，高贵起来。看着孩子们眼睛里闪烁的智慧的光芒，我的心里比蜜还甜！

各项活动的开展，不仅有效地促进了教师专业的发展，提高教师的科研能力。也使孩子在书声、笑声中快乐健康地成长。通过活动，使教师们在知识的海洋中遨游，感受教育大师的风范，领悟素质教育的真谛，提高文化知识素养，增强教育管理的水平，对科学研究的认识越来越深入，课题研究的水平逐步提高。在“随风潜入夜，润物细无声”中，学生将在读书中求得知识，在读书中明了事理，在读书中学会做人！

读书活动的顺利开展，得益者是教师，受益者是学生，这是一件有利于教育、有利于学校发展的好事。

第三节

让感恩走进心灵

国人都知道：鸦有反哺之义，羊有跪乳之报。

落叶在空中盘旋，谱写着一曲曲感恩的乐章，那是大树对滋养它的大地的感恩；白云在蔚蓝的天空中飘荡，描绘着那一幅幅感人的画面，那是白云对哺育它的蓝天的感恩。因为感恩才会有这个多彩的社会，因为感恩才会有真挚的友情，因为感恩才让我们懂得了生命的真谛。

我们感恩大地，是它给了我们丰富的果实；我们感恩太阳，是它让万物萌育滋长。

感恩，让我们拥有了厚重的责任感和使命感；感恩，让我们懂得自己在社会、在世界上的位置；感恩，让我们不再变得“无知者无畏”，而是生出强烈的敬畏感；感恩，让我们的生命变得厚实而凝重，不再像柳絮般轻盈；感恩，让我们将渺小的自我无限发展从而变成一个顶天立地的大我；感恩，让我们背负起家庭、民族、国家的重担而赴汤蹈火，在所不辞。

“感恩”之心，就是对世间所有人所有事物给予自己的帮助表示感激，铭记在心；“感恩”之心，是生活中不可或缺的阳光雨露。只要你胸中常常怀着一颗感恩的心，随之而来的，就必然会不断地涌动着诸如温暖、自信、坚定、善良等这些美好的处世品格。学会感恩，是为了擦亮蒙尘的心灵而不致麻木；学会感恩，是为了将无以为报的点滴付出永铭于心。

但我们遗憾地看到，在时代飞速发展的今天，由于传统文化受到了强烈的冲击，由于我们只学到了西方文化的皮毛而没有接触到它的本质，由于我们独生子女的增多和教育的滞后，我们许多人成了不知感恩为何物的人。只知道索取，不知道回报；只知道要求，不知道奉献；只知道得到，不知道付出。而感恩精神沦陷的危害却不仅仅限于不知敬老、养老，更意味着我们起码的责任感的失去：唯我独尊、自私狭隘、蔑视生命、及时行乐、追求享受等风气，都会甚嚣尘上。

作为教育工作者，一味地埋怨不是我们的作风，一味地谴责也不是我们的态度。既然我们理解了感恩的重要性，既然我们认识到感恩对于社会道德重建的重大意义，那么，我们自然应该当仁不让地承担起教育学生感恩的责任。

我们认识到，学会“感恩”，对于现在的孩子来说尤其重要。让学生学会“感恩”，其实就是让他们学会尊重他人，就是让他们学会找到自己合适的位置，就是让他们学会珍惜身边的一切。当孩子们感谢他人的善行时，说明他的内心里已经有了善的芽胎，有了善的意识；说明他懂得什么是来之不易而应该感谢的；潜移默化中教会他们的，则是学会反馈，把自己的那片热诚和关爱也献给这片大地、这些人们。

学校的德育工作应该重视感恩教育，让孩子学会知恩、感恩，父母的养育之恩，老师的教育之恩，社会的关爱之恩，军队的保卫之恩，祖国的呵护之恩……孩子们经常怀着感恩之心，才会心地坦荡，胸怀宽阔，自觉自愿地给人以帮助、以助人为乐。从而养成良好的价值观、世界观，唯其如此，也才能担负起建设伟大祖国的重任。

“感恩的心，感谢有你，伴我一生，让我有勇气做我自己；感恩的心，感谢命运，花开花落我一样会珍惜。”悠扬宛转的歌声便飘荡在校园的上空。这是我们举行的“唱响感恩主旋律”活动。它的目的，在于进一步强化面向学生的感恩教育，引领学生健康向上的审美情趣。我们课间利用校园广播系统定时播放感恩歌曲，丰富校园文化氛围，引领孩子们的健康情趣；同时，还适时组织了“唱响校园主旋律”大型合唱比赛和校园歌手大赛。嘹亮歌声诉说着孩子们感恩的心声，优美的旋律拨动着孩子们稚嫩的心弦。

即使你不用心听，只是用耳朵，你也会被稚嫩而圆润的歌喉感动。那时的你，一定会放慢脚步，生怕打乱优美的旋律；那时的你，一定会一语不发，因为歌声就是那时的一切。它飘荡着，每一个音符都像草原上的露珠一般撒落，每一滴都落在该落的地方，浸润着你的心灵，浸润着你的过去，让你升起由衷的感动。然后那些岁月中值得怀念和铭记的细节，便在那时油油地浮泛上来，敲打着你的记忆之窗。

这是一种氛围，一种本来我们刻意营造，最后变得自然而然的氛围。深入到这样的氛围中，你只会感觉到生活的美好，只会想起人性的美好。

而如果你愿意，可以看看那时的孩子们。他们就站在那里，眼睛明亮，表情庄重，仿佛一个个的小天使，哪怕是平时淘气顽皮的同学，也一改本来面目，变得严肃而郑重。他们的童声是那样亮丽，像彩缎，像水波。那是他们用心唱出来的——用一颗纯洁而真挚的心。

这是我们学校举行的感恩活动之一，让孩子们唱着《感恩的心》走近感恩的内涵；让孩子们在这样的旋律和氛围中使心灵受到触动，让感恩的种子深深地种在他们的心底然后生根，发芽，开花，结果。

越是伟大的人物，越拥有对自然、对生命的敬畏；越能找到自己在宇宙、在人类中的位置的人，越会充满感激之情。

我的眼前，时常会晃过当代最伟大的理论物理学家霍金的形象：它斜坐在轮椅上，显得那么疲惫而瘦弱，那么无助而悲哀，但他的心却是充满阳光的。应该说，这样的人，如果换作我们，一定会报怨命运的不公，一定会诅咒疾病的残酷，但他没有：

“我的手指还能活动；

我的大脑还能思维；

我有终生追求的理想；

我有爱我和我爱着的亲人与朋友。”

“霍金先生，卢伽雷病已经将你永久固定在轮椅上，你不认为命运让你失去很多的出路吗？”在一次学术报告后，一名记者对大师提出这样的问题。大师的脸上充满微笑，用他还能活动的三根手指，艰难地叩击键盘后，显示屏上出现了上面四段文字。

三根手指和一个能思维的大脑是霍金身上仅有能动的部件。这个人生的斗士，这个智慧的英雄，除了他超人的意志之外还靠什么？靠的是爱，还靠的是高科技。没有爱他的人的照顾，卢伽雷病是不会让他活到今天的，也许他在生病之初就与世长辞了。奥斯特洛夫斯基全身不能动弹，但可以说话，才得以口述完成他的巨著。我国史学大师陈寅恪的巨著《柳如是别传》和著名哲学家冯友兰的巨著《中国哲学史新编》，也都是著者在双目失明或双目视物不清的情况下全凭口述而“写”出来的。

可霍金只有仅仅三根能微弱活动的手指和一双不会说话的眼睛，没有计算机，他怎么去表达他的思想？还能将他的智慧发挥出来吗？没有发达的医学，他仅仅能活动的三根手指如何总能动弹？没有强大的经济支持，他微弱的三根手指又如何能产生伟大的学问？成功的喜悦，胜利的光环，常常会令人忘乎所以，但是，我们永远不应该忘记那些帮助过自己的人。

所以，这个如今完全可以骄傲地面对人生的人，他在回答完那位记者的提问后，又艰难地打出了第五句话："对了，我还有一颗感恩的心！"

是的，我们的学生能成为霍金这样的伟大的科学家的可能性很小，但我们却可以拥有这么一颗懂得感恩的心。

我们的任务是这样的，我们要让孩子们知道，他们的人生是有价值、有意义的，在一定程度上，他们并不是只为了自己活着，他们的身上有属于自己的责任，只有一个能主动承担责任的人才会正确地面对自己的生命；我们要让孩子们懂得，自己的成长离不开老师、家长的付出，离不开社会的关爱，离不开自然万物的养育，甚至离不开空气和水；要学会对别人为自己的付出感恩，要懂得回报他人，要知道敬畏那些伟大而崇高的东西，要珍惜生命的来之不易；我们要把感恩之情化为强烈的责任感，并付之于服务社会的实际行动，要成为一个能关心他人、服务社会、忠于祖国、道德高尚的有用之才。

作为教育工作者，我们深深认识到感恩教育的重要性，而从认识到其重要性的那天开始，我们就决定将它作为一项长期的工作来做——培养孩子们的责任心，培养孩子们的感恩之心。

我们提出了一个宏大的感恩主题，我们觉得，一个人在这样的主题下是可以健康成长的，虽然它实现起来很难，但我们愿意为了那个崇高的目标而努力。而且我们相信年纪幼小的孩子的可塑性，我们也相信教育的力量！

我们要感恩长辈，感恩老师，感恩同学，感恩自然，感恩社会！

感恩父母——感谢父母、长辈的养育之恩，学会孝敬父母长辈；

感恩师长——感谢老师的教诲，尊师重教；

感恩社会——感悟社会的馈赠和祖国的关爱，增强社会责任意识，树立报效祖国的思想；

感恩自然——感谢大自然的赐予，热爱自然，增强环保意识；

感恩他人——感谢同学、朋友（包括学校等集体组织）的爱心相助，促进互助互爱。

我们曾经在学生中间展开过调查：谁是你最爱的人？谁是对你付出最多的人？谁是最关心你的人。孩子们大多写了母亲。但与之相伴的却又有一个令人惊诧的现象：谁是你最想远离的人？谁是你最厌烦的人？谁让你感到不堪重负？结果最集中的答案还是母亲。这种现象让我们怔忡良久。是啊，母亲是这个世界上最伟大的人，可学生为什么会得出如此截然相反的结论。思考了许久，调查了许多，才知道，学生爱自己的母亲的理由是相同的，学生不满自己的母亲也是相同的：母亲爱絮叨，母亲爱“管闲事”，母亲老拿自己跟别的孩子比。孩子们，看事总爱绝对化，母亲的一点缺点就可以掩盖所有的优点、付出和辛劳，而作为年纪幼小的孩子，却浑然没有感觉到拥有这份爱是多么珍贵，浑然没有感觉到那“絮叨”“管闲事”“攀比”背后隐藏着的深深的不可替代的爱。

一个连母亲也不知道感激的人，往往是对爱漠视的人，往往是对爱“麻痹”了的人，因为这爱来得轻易，来得“理所当然”，你还能指望他感激什么呢？

于是，我们开展了以“寻恩、感恩、报恩”为主题的实践活动，我们将时间选在了三八妇女节。我们试图通过这样的活动，让学生了解母亲为自己成长所付出的艰辛，理解母亲对自己的期望，了解母爱的伟大，并用真心和行动来回报母亲，进而懂得如何去感恩，如何去关爱他人、回报社会。我们想让学生从那些平凡中看到伟大，我们想让学生从那些卑微中看到高贵，我们想让学生从那些忍耐中看到崇高。我们将这视为我们的教育责任。

由于我们的充分准备，那项活动取得的效果是令人感动的。后来，我常常想起那项活动之所以取得成效的原因，一旦接触到答案，我都很激动：

原来我们每个人的心灵都是相通的，原来我们都在等待着有一天被唤醒——即使唤醒的内容不尽相同，原来我们的内心深处都在渴望着从回报中体会到人间真爱真情。

我们发动了所有的老师的学生，将它当做一件大事来抓，先是准备阶段：

各班召开主题班会，了解三八妇女节的来历，讲一讲母亲的故事。

听妈妈讲自己生日当天的故事，了解“十月怀胎，一朝生子”的艰辛。

观察妈妈尊老敬老、辛勤劳动的事例，了解生活中平凡而伟大的妈妈。

为妈妈做一张节日贺卡：由学生自己动手，通过绘画、照片剪贴等形式制作一张体现母子亲情的节日卡，作为一种亲情的记录、永久的留念。

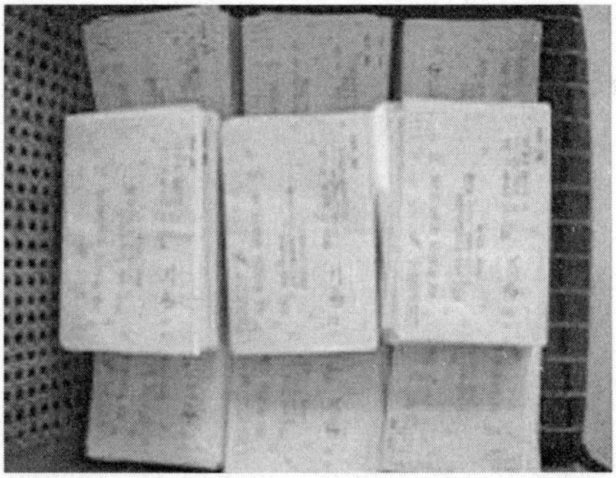

记录亲情档案：天底下每一个母亲都记得孩子的生日、爱好以及其他每一个重要的日子，而又有多少孩子了解妈妈的生日和爱好呢？把妈妈的生日、爱好记录下来，并把它记在脑子中，不时地给妈妈送上一份意外的惊喜。

设计感谢妈妈的5种方式：对妈妈一句真诚的问候或祝福；为妈妈捶一捶背；为妈妈洗一洗脚；帮妈妈做一些力所能及的家务活；送给妈妈一个深情的拥抱……

简单吗？简单！因为这些活动都是从学生的年龄、学力、认知等角度出发来考虑要求的；困难吗？困难。因为我们的学生面对那个最熟悉的人，会忽然变得无所适从，因为他们早就惯于担当一个接受的角色。

但孩子毕竟是孩子，他们听学校的，他们知道这是为了他们好；他们听老师的，因为他们从老师安排做这些工作时热切的眼里分明也看到了老师心底那份掩埋着的深浓情意。而当他们从中体会到学校这样安排的真义之后，他们才领会到这样做的必要和好处。

在三八妇女节那天，我们的孩子们扑入到家庭里，换一种方式实现了他们的角色。

他们给母亲送上了温馨的话语，献上了美丽的鲜花，用上了体贴的行动。在那一天，他们看到了母亲在那么点“毫不起眼”的祝福中眼睛含着的泪花，看到了献上鲜花后出乎意料的母亲的“无所适从”，看到了父亲的赞许，看到了老师的赞扬。而我们，则以奖励的方式鼓励学生，让他们知道，只要懂得感恩就会收到更多更丰的回报，让他们明白，我们等待着他们有一颗成熟而丰盈的心灵。

那次节日的经历就这么延续下来，成为我们学校的传统，但作为教育工作者的我们，当然不会满足于此——感恩，不是想象的那么简单，感恩理念的实现也不是想象中的那么容易。于是，我们实践着，将一系列的活动提上日程：

巧手绘感恩。一、二、三年级小学生将生活中父母、老师关爱自己的事情绘成一幅画。

我手写我心，家书表感恩。孩子们对于“爱”的表达还很羞怯，为了让孩子们学会表达自己的“感恩”和自己的“爱”，我们发动学生用书信的形式来表达，并通过邮局把儿女的这份拳拳爱心送到父母手中，在父母和孩子中间架起了一道“爱”的彩虹。而后，我们积极倡议全校学生每天回家对父母说一句“我爱您”，这短短的一封信，短短的一句话，使多少母亲留下了幸福的泪水！

“我很幸福”主题班队会。学校组织各班举行了每周一次的“我很幸福”主题班队会，让学生畅谈自己的幸福体验。点点滴滴，真真切切，同学们收获了丰富的情感体验。对幸福的含义有了更深层次的理解。

感恩老师。“感恩老师，给我前进的动力；感恩老师，给我飞翔的翅膀；感恩老师，给我指明人生的方向；感恩老师，给我放眼世界的慧眼……”这是学生在感受师恩演讲比赛中的心声。每逢教师节，学校通过开展“感谢师恩”活动，将平时发生在师生之间的故事发掘出来。通过手抄报、故事会、演讲、给老师写一封信、帮老师做一件实事等活动，深切认识到师爱的伟大。学生在征文中深情地写到：“世上有一种爱，太阳般温暖，春风般和煦，清泉般甘甜。这爱，比父爱更严肃，比母爱更细腻，比友爱更纯洁——这就是老师的爱。”此外，我们还发动各班组织了富有特色的教师节庆祝活动。各班精

心撰写、精心布置的橱窗更让我们体会到了孩子们那一颗颗诚挚的感恩之心。

感恩先烈。清明节到来之际，少先大队精心组织“童心祭英烈，共铸中华魂”主题系列活动。各中队召开主题中队会，搜集宣传英烈事迹，抒发心中感慨，并组织各中队搜集革命英雄事迹图片，并精选优秀图片在学校展出；组织全校师生到烈士陵园参加主题队会，寻访烈士足迹；聘请革命前辈到校讲述革命英雄故事；召开各中队“革命英雄事迹演讲会”。学生在实际的体验中获得了丰富的情感收获。

感恩祖国。我校少先队利用假期，广泛发动各中队积极行动起来，关注奥运，关注盛世中华的伟大气象，了解家乡巨变，开阔眼界，树立为祖国、为家乡作贡献的伟大理想。为了引导学生了解民族精神的丰富内涵，感受民族精神的伟大力量，树立民族自尊心和自豪感，我们引领学生动手制作以“伟大的祖国”“可爱的家乡”为主题的手抄报。一份份制作精美、形式新颖的手

抄报，描绘出了伟大祖国日新月异的崭新气象。

在组织制作手抄报的基础上，各中队布置队员利用假期，广泛搜集材料，积极准备在班内开展“爱我祖国，爱我家乡”演讲比赛，并挑选出本中队的参赛选手，参加由学校少先大队举行的以“爱我祖国”“爱我家乡”为主题的演讲会。学生的演讲道出了对祖国、对家乡的无比热爱之情，抒发出了作为小学生为自己祖国的日益富强而无比自豪的强烈情感。

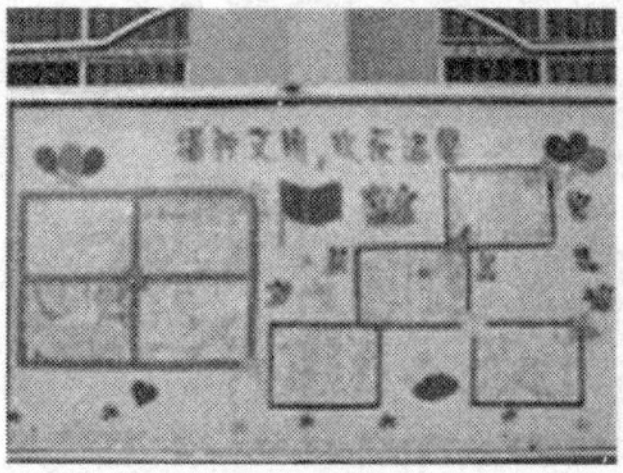

为了进一步加强教育效果，强化孩子们的情感体验，我们精心策划，组织编排了以“赞美祖国，讴歌家乡”为主题的大型鼓号操表演。铿锵的鼓乐诉说着他们内心的激动与自豪，整齐的步伐昭示着新一代少年儿童的蓬勃气势。

感恩他人（同学、亲友）的真诚帮助：见面后要主动问候；得到帮助后要真诚地说声“谢谢”，做错事后要主动说声“对不起”；

经常为同学或班级做好事，或开展“今天我值日”活动，掀起同学之间互帮、互助、互学、互进的热潮，增进同学之间的友谊；每学期帮助一个在学习或者生活上有困难的同学；回忆对自己帮助较大、恩情较大的同学或者亲朋，通过一封信、电话等方式表达自己的感恩之情。

感恩自然。为了唤起学生对自然的感恩之情，我们组织学生开展了一系列感恩自然的活动。大自然把百果之冠——冬枣给予了沾化大地，给予了勤劳纯朴的沾化人民。为了感恩大自然的赠予，我校特别组织学生分阶段到冬枣园体验培育冬枣的艰辛、采摘冬枣的乐趣、品尝冬枣的甘甜；同时开展感恩自然征文比赛，宣传栏设计大赛，宣传画大赛等系些活动，让自然之恩扎根于学生心底。

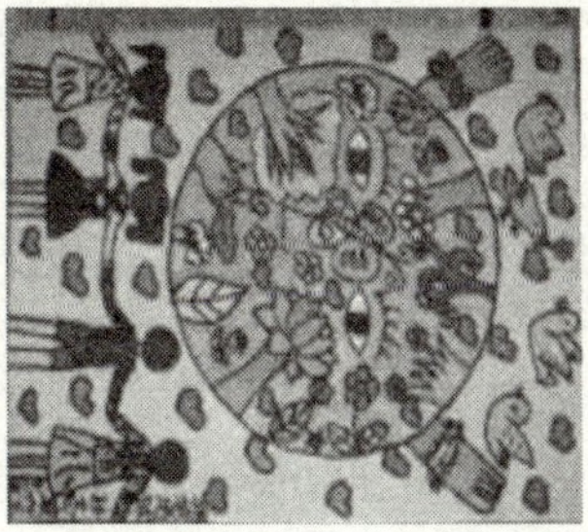

学校校园文化建设中，将感恩教育作为一项重点内容来建设。多年来，我校一直把感恩教育贯穿在各个学科和各项活动中，无论是升旗仪式还是主题实践活动，无不“灌输”感恩教育。另外，学校环境文化建设也把感恩打造成西楼梯文化的主线，一块块以感恩为主题的展板，一句句感人肺腑的感恩警言，让每一个学生润泽在浓浓的感恩情意中。展板的外形设计也独具匠心，以冬枣树为媒介，分别设计了枣芽、枣叶、枣花、枣果，寓意为学生们在感恩的润泽中，像冬枣一样成长。

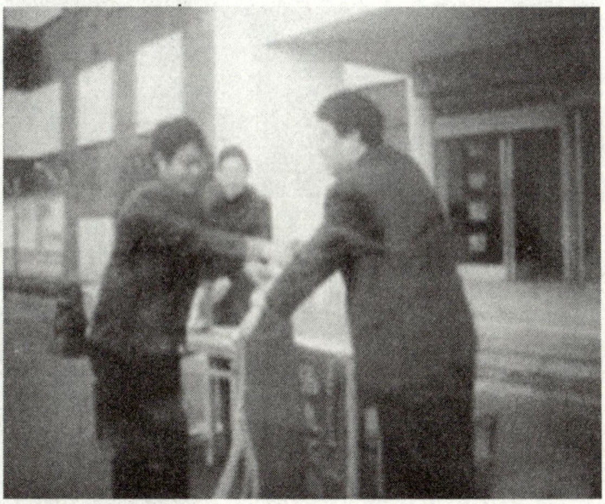

相信你不会感到意外，因为我们作为教育阵地的一员，我们也有着相同的感恩之心：我们感恩国家，我们感恩社会，我们感恩家长，我们更感恩那些将对未来的塑造交给我们的美丽可爱的孩子！

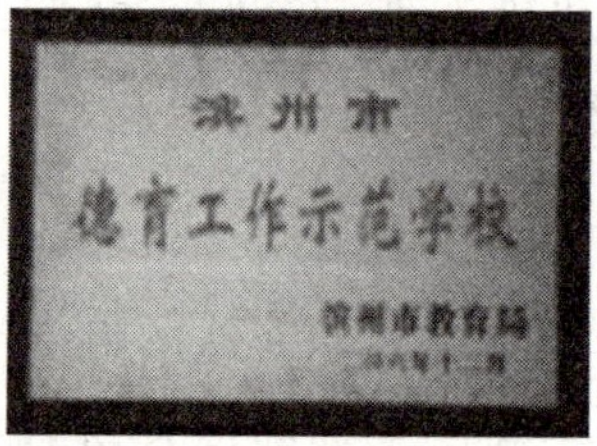

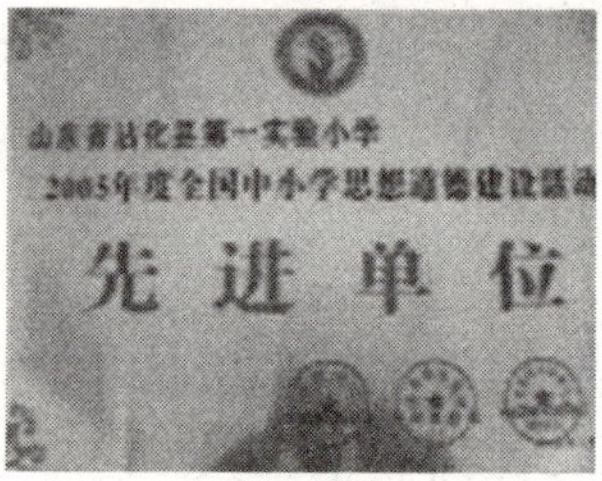

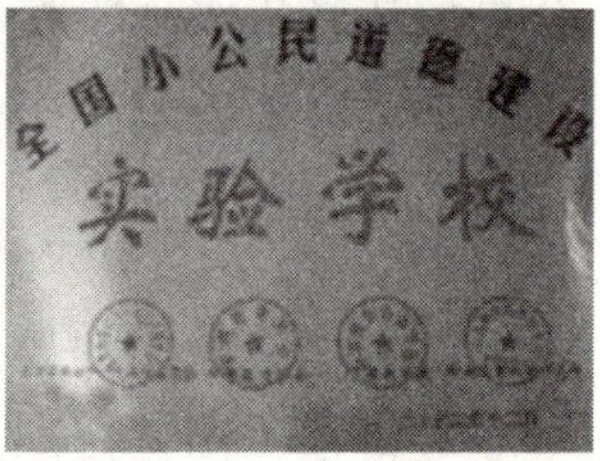

第四节

滴水藏海品感恩

常怀感恩之心，对别人、对环境就会少一分挑剔，而多一分欣赏；才会更加热爱班级、学校、家乡、祖国、世界，才会对他人充满爱心。我们学校把感恩教育与学雷锋活动紧密结合起来，将感恩与奉献紧密结合起来，开展了一系列扎实有效的特色活动。

假期里，我们倡导孩子们组织起来捡拾垃圾、收集废品、为社区群众表演节目等，用自己的实际行动回报社会。学雷锋活动更是开展得有声有色。我们先后组织了“助老爱老我能行”“拾金不昧小明星”“我是合作小伙伴”等活动，使学雷锋活动有了新意，拾金不昧在我校已经成为良好的传统。2003 年 4 月 4 日，我校五年级三班学生吴学松、卢士辉两位同学，在上学的路上捡到钱夹一个，内有人民币 2000 元，牡丹卡、金龙卡各一张，两位同学毫不犹豫地交给了老师，在学校和有关部门的配合下，终于找到了失主。此举轰动全县，县各媒体进行了专题报道。无独有偶，2005 年 12 月 20 日，我校六年级一班学生杨月颖在放学路上捡到一个手提包，内有人民币若干元，手机一部、银行卡一张。她急忙与学校联系，在多方努力下，找到了失主。榜样的力量是无穷的，全校同学从中受到了教育，决心向两位同学学习，立志做新时代的“小雷锋”，做合格的“小公民”，做新世纪的“民族小英雄”。特别是在汶川地震期间，孩子们自发组织捐款两万两千余元，此举真正体现了作为一个小公民所应有的品质。我们为孩子们感到无比骄傲。

学校以感恩教育为主体的思想道德建设活动初见成效，做出了一些成绩。学校先后被评为“全国小公民道德建设实验学校”“全国未成年人思想道德建设活动先进单位”“滨州市德育工作示范学校”。

这是显性的，而最值得我们注重的则是隐性的教育效果。——感恩，对自然、对父母、对师长、对他人的感恩之情，伴着我们的教育，就渗透到了孩子们的心灵里。他们将这种感情装在心里，并用素朴的语言表达了出来，每次读到那些从稚嫩的心灵里流泻出来的文字，都会让我们升上莫可名状的感动，也更坚定了我们继续进行感恩教育的思想。

让我们走近这些心灵，去体会一番感恩教育的滋味吧！

大自然的恩赐

六年级二班　张梦琪

生机勃勃的春天，烈日炎炎的夏天，硕果累累的秋天，冰天雪地的冬天。它们来自于哪里呢？它们来自大自然，是地球妈妈送来的“礼物”。

生机勃勃的春天，是地球妈妈送给我的第一个“礼物”。春天的脚步近了近了，欣欣然睁开了眼，一切都像刚睡醒的样子，一缕春风吹来，小草伸出了懒腰，仔仔细细地打量着这个世界，各种各样的花盛开了，几只翩翩起舞的蝴蝶在周围飞来飞去，几只瓢虫在绿叶上欢快地跳着，好像在欢迎我们的到来。

烈日炎炎的夏天，是地球妈妈送给我的第二个“礼物”。夏天的声音响了响了，比以前更生动了。人们热得汗流浃背团团转。树上的蝉声响得更加动听了，好像在告诉人们夏天到了。小狗热得直吐舌头，有的人热得到游泳池去游泳，树荫下的几位老人正无忧无虑地下棋，几只小狗聚集在一起商量计谋，好像在欢迎你们的到来，它们要举行一次隆重的典礼。

硕果累累的秋天，是地球妈妈送给我的第三个“礼物”。秋天给我们送来了丰收的喜悦，几位在地里干活的农民伯伯们高兴得合不拢嘴：苹果树下红彤彤的苹果，看着就想吃；黄澄澄的柿子，馋得人口水哗啦啦地往下流；一个个珍珠似的石榴都笑开了怀，欢迎我们的到来。

冰天雪地的冬天，是地球妈妈送给我的第四个“礼物”。冬天是孩子们的天地，是孩子们的娱乐场。结冰三天后的河流变成了旱冰场，孩子们可以自由地滑翔；鹅毛般的雪花从天而降，刹那间白茫茫一片，孩子们就可以打雪仗、堆雪球了。冬天是孩子们最喜欢的季节，而人人喜爱的梅花也在这时坚强地生长、绽放。

大自然给予我四件礼物，是人人都离不开的依靠，任何一件礼物也代替不了它，因为它充满生机，充满了活泼可爱，像一位天真的孩子，陪伴我们永远永远……

感谢大自然的恩赐

六年级四班　张怡文

花儿感谢阳光，因为阳光让花儿更加鲜艳；鸟儿感谢蓝天，因为蓝天让鸟儿自由翱翔；鱼儿感谢大海，因为大海给了鱼儿广阔的生活空间。而我，要赞美那既美丽又可爱的大自然。因为，是大自然赋予了我们生命，给我们创造了美好的生存环境。

大自然仿佛是一位慈爱的母亲，赋予了我们人类生存所需的一切。我们接受着她的馈赠，索取着她的精华，过着丰衣足食的日子。那漂亮的野花，亮闪闪的水面……一切都是那么美丽，特别是那风光秀丽的旅游胜地，美丽的田野，更是让人们心旷神怡，流连忘返。

是大自然，让我们有了丰富的资源，让我们有了肥沃厚实的土地，让我们有了风景秀丽的旅游胜地。

大自然慷慨地为人类馈赠着：新鲜的空气，清澈纯净的水，美丽的高原，高大的山川、雄伟的瀑布，处处都给我们美不胜收的享受。是大自然用她那甘甜的乳汁哺育了我们，是她用那健美的臂膀推动着新世纪前进的脚步。

我们来到美丽的田野之中，鲜艳的野花不断地在身边招手，鸟儿时时在头顶歌唱着飞过。享受着凉爽的风，嗅着沁人心脾的花香，看着百花竞放的美丽景象，感觉十分惬意，难道我们不应该感谢自然创造美丽的那一刻吗？

当你走进风光秀丽的旅游胜地，看到了雄伟壮丽的泰山，看到了“野性十足”的索溪峪，看到了梦幻般的青湖，看到了烟霞万般的太湖，看到了气势磅礴的双龙洞。难道你不应该为大自然的创造感到惊叹吗？

山川之壮美，鸟鱼之悠悠，世上芸芸众生，各有他们的个性。亲近自然，你时时可以感受到她的恩泽。春天的温暖和红紫，夏天的炎热和浓绿，秋天的凉爽与苍褐，冬天的严寒和洁白。都会使人的心境起伏波动，泛起那阵阵涟漪。

感谢大自然的恩赐，正是因为有了自然，我们才能去探寻古代人类生活的奥秘，我们即使在荒岛，也能感受到生命的气息，也才能去探索宇宙的奥秘。总而言之，假若没有自然，我们的世界哪里会这样的生机勃勃？

花儿沐浴着阳光，它的开放是为了感谢阳光；大树充满生机，它的蓬勃是为了感谢雨露；鸟儿欢唱于天际，它的高歌是为了感谢青青竹林。我们背起书包，来往于校园中，为了什么？是为了感恩自然。

面对自然，我们是渺小且微不足道的。她养育了我们的同时，也给了我们精神上的慰藉。所以，请我们时常怀着一颗感恩的心，去看待我们亲爱的自然母亲吧！

感恩父亲

四年级二班　李连春

父亲是最伟大最无私的，他含辛茹苦地把我们养大，为了让自己的儿女受到良好的教育，不顾一切地去挣钱，不图任何回报。所以，父亲是最辛苦的，是最伟大的。

那天下午，我兴致勃勃地和爸爸打起了羽毛球。我惊奇地发现，父亲的动作是如此笨拙，步伐是如此缓慢，挥拍是如此无力，反应速度大不如以前。噢，我终于明白了，原来爸爸已经老了。

回忆以前，我小时候和爸爸打羽毛球，我总是跌跌撞撞，奔来奔去地去追球，却怎么也抵不住爸爸有力的进攻。我常常耍赖，要爸爸认输。而他总是摸摸我的头说："你太小了。"然后是伴之以爽朗的笑声，笑声中透出一种旺盛的生命力……

短短的几年，爸爸老得真快，真是太快了。我只顾独自享受幸福的生活，忽略了渐渐憔悴、开始变老的爸爸。的确，我和爸爸之间一向不是很亲密，因为他比较严肃，容易生气，我很不喜欢看到他板着面孔的样子，所以我常常不开口，保持冷战。随着逐渐长大，我终于意识到，父亲的爱是含蓄的，他总是默默地关心着我。他会不露声色地打听我的学习情况，他会拐弯抹角地暗示我应该做什么……总之，内向的父亲习惯于以他特有的方式来关心我。

感谢天下的父亲！我们永远爱你们！我们怀着一份深深的感激之情用已经健壮的身躯，准备担负起家庭乃至国家的重负，我们决不负父母的一番养育之恩。

大爱无边

六年级四班　李惠敏

世界上最伟大最无私的爱是父母对子女的爱。是他们给予了我们宝贵的生命；是他们，耐心地教我们说出人生词汇中的第一个词；是他们，小心地教我们迈出人生路途中的第一步；是他们，细心地教我们写出人生篇章中的第一个字；是他们第一个通过言传身教教育我们如何做一个诚实正直对社会有用的人；是他们，时时刻刻呵护着我们。

四川“5·12”大地震中，有多少位可敬的父母亲毫不犹豫地用自己宝贵的生命换来了子女们的平安呀！我从电视报道上得知，在北川县城的一座废墟中，3岁女孩儿宋欣宜在父母用身体搭起的生命空间中活了下来，而她那令人肃然起敬的父母，却永远地闭上了眼睛。

我还知道这样的一个故事：有一个大学生的家境十分贫困，母亲身患绝症，为了不拖累自己的孩子而服农药自杀了。父亲患有严重的风湿病，但为了给自己的孩子攒学费，即使在阴天下雨，也忍着剧痛，出门捡垃圾挣钱，最后竟活活累死了。

虽然我的父母没有做过什么轰轰烈烈的大事，但在平凡的日常琐碎生活中，我仍能感受到父母对我的深情厚爱。

我的父母平时工作十分繁忙辛苦，还常常加夜班。他们下班回到家时，来不及坐下喘一口气、喝一口水，立即进入厨房，为我准备美味可口的饭菜。吃饭时，他们总舍不得吃好的，总把最好吃的留给我。深夜，我从梦中醒来，有好几次发现他们还在为我忙碌，给我洗脏衣服，整理房间，准备明天吃什么。在平时，我遇到困难时，他们会立即停下手中的活儿，为我出谋划策，帮我一起解决。为了让我锻炼身体，他们每天早晨陪我步行上学；在路上，他们还会给我讲有趣的故事，为我解答各种我想知道的问题。为了让我增长知识，开阔视野，他们会尽量带我出去游玩，直到现在，我已经去过北京、青岛、临沂、济南等好些地方呢！

令我感触最深的是三年前一个北风呼啸的深夜。那天夜里，我突然发起高烧，是爸爸妈妈心急如焚地带我直奔医院，鞋子穿的不是一双也没察觉出来。在朦胧中，我看到了爸爸妈妈脸上那焦急的神情，我不由得深深体会到了父母对我发自内心的爱。在我发烧的那几天，爸爸妈妈一直守护在我的身边，经过他们的悉心照料，我很快恢复了健康。

我永远忘不了父母对我的深情厚爱，我要努力做一个听话的好孩子。在他们下班回到家后，为他们递上拖鞋，倒上清香的热茶；为他们捏一捏酸痛的臂膀，捶一捶劳累了一天的脊背；抢着干些家务活儿，打扫房间，擦茶几桌子，洗自己的脏衣服，整理自己的玩具和书本；开饭时，抢着端饭菜，摆碗筷，饭后，收拾餐具，抹餐桌。我还要好好学习，不挑食，尽量不让父母为我操心，让他们开心、舒心、放心。我要用实际行动来报答父母的爱。

妈妈，我想对您说

六年级一班　潘晓旭

亲爱的妈妈：您好！

最近，我读了一篇文章，感受很深。文章写了一个儿子帮妈妈干家务，向妈妈要报酬的故事。这位妈妈并没有给儿子钱，而是留下一张纸条，上面写道：

怀你9个月，免费；为你熬夜，请医生给你看病，免费；多少年来花在你身上的时光、为你流过的泪、抚养你所付出的一切，免费；日日夜夜为你担忧，将来还要为你操心，免费；给你忠告和教你知识，供你上学，免费；给你买玩具、食品、衣服，为你擦鼻涕，免费；儿子，当你把这一切都加到一起时，妈妈付出的所有的爱都是免费的。

儿子看完时，泪水已夺眶而出。他望着母亲说：“妈妈，我真的爱您。”说着拿起笔在纸上写了几个很大的字“账已付清”。

我读了以后不禁想起泰罗的一句名言：谁在我跌倒时将我扶起？谁对我讲述美丽的故事？谁在我创痛时给我一个吻？那是我的母亲。

我从一个不懂事的孩子成长为一名小学生，妈妈，您对我付出得太多太多。我怀着深深的敬意说：妈妈，感谢您！您对我的爱太深了。

记得有一次，我感冒了，是您守护在我的身旁，一会儿为我搓酒，一会儿给我量体温，当您看见我病情好转时，脸上才露出欣慰的笑容。我中午打吊瓶没有吃饭，你就到超市买来很多我爱吃的东西，自己却累得满头大汗，并仍饿着肚子。

妈妈，您是否还记得那天下着大雨，雨水的深度可以把脚腕儿浸没，你推着电动车，在楼道口四处张望，看到我后，您赶紧把您的雨衣给我穿上，自己却淋成了“落汤鸡”。

妈妈，您还陪我“走过”很多个第一次。例如：我人生中的第一步，我学会的第一句话等等。妈妈，您对我来说比任何一样东西都重要！因为是您给予我生命，养育我，教育我。使我学会了许多做人的道理，学会了怎样待人处事……

妈妈，女儿会永远记住您的教诲，我会更加努力学习，加强锻炼，提高素质，成为一个全面发展的合格人才。

感恩，母亲节

四年级二班　张子涵

是谁赐予了我们生命？啊，是母亲；是谁辛辛苦苦把我们抚养大？啊，是母亲；是谁使我们在遇到困难时勇敢地面对？啊，是母亲。

母亲，是伟大的。每天上学前，母亲一定在你走到门口时，嘱咐你：“上课要认真听讲，不要乱说话，别做小动作……”而你却很不耐烦地“噢哦啊呀”地回答。每天放学后，母亲问你：“今天学了些什么？有不懂的问题吗？”当然，也不忘掉问你，“今天感觉冷吗？明天要不要多穿点衣服？”也许，你把母亲对你的关心当成了唠里唠叨，会直接对母亲大发脾气：“你整天唠叨个没完，烦都烦死了！”你竟不知把“你”这个字换成“您”。或许你只是冷冷地，一字一顿从嘴里吐出几个字：“没、有，不、冷，不、用！”你知道说这些，却不知说声“谢谢”。哪怕仅仅是冰冷的声音。

母亲听了你所说的话之后，呆呆地站在那里。一些常人不能察觉的失落、无奈地在母亲脸上闪过。但那只是一瞬间，母亲立刻做出高兴的样子，面带笑容对你说：“不冷就好，不冷就……”这时房门“咣”的一声淹没了母亲的话。

在吃饭时，母亲虽不知蔬菜里有什么营养成分，却知道里面含有许多营养。便把菜全都夹到你的碗里，像一座小山一样。你却故意把饭碗打翻，菜和米饭洒了一地，你快速离开了饭桌。在你打翻饭碗时，知不知道母亲的碗里除了几粒能够数清的米粒以外，其余的全是饭汤？你知道吗？在你离开饭桌时，母亲先是一愣，又把地上的饭菜打扫干净，又默默走进自己的房间，流下了长长的泪水。

母亲为我们做了太多太多，多得就像天上的星星一样数不清。

啊！我要在母亲节那天给母亲献上一朵最美的花，即使只是一朵。它没有商店里的花朵鲜艳、新鲜，没有花房里的花朵芬芳扑鼻。因为它不是一朵真正的花，它是我亲手制作的花，可它却包含着女儿一片深深的心意啊！

感恩，母亲节。

师爱伴我成长

六年级一班　安芳颖

老师这个工作是不平凡的，有人说老师是红烛，燃烧了自己，为学生照亮了前进的道路；也有人说老师是辛勤的园丁，用汗水浇灌了祖国的花朵；还有人说……

我倒觉得老师是普通的，用再华丽的语言去形容，都显得十分空洞与无力。如果真能用词语形容的话，我只能用“母亲”二字，因为只有深沉的母爱才可以与这伟大的师恩相提并论，如果母爱是高山，师恩就是大海。在老师的脸上同样可以找到为我们成长焦虑而日渐增多的白发，为我们学习操劳而刻在脸上条条的皱纹……

想到这儿，以前的那幕又闪动在我的面前。

记得那是上三年级时，一天上午，正在上语文课时，我忽然觉得肚子隐约地疼痛，嘴边也阵阵作呕，豆大的汗珠也从额头上淌下来，为了不影响同学们的学习，我只好咬着牙强忍了下来。大约过了两三分钟，我再也忍不住了，肚子里翻江倒海折腾了一会儿，呕吐物便像开了闸的水龙头一发不可收拾地吐了出来。

我吓呆了，不知该怎么办好。同学们把惊奇的目光射向我，有的甚至嘻嘻哈哈地笑出声来，还有五六个同学捂住鼻子，用书本挡住脸，表现出一幅厌恶的样子。这时，老师亲切地走到我身旁，和蔼可亲地对我说：“身体不要紧吧！还能坚持住吗?”我忍痛点了点头，心里涌上了一阵感动，眼泪在我眼中打转，接着，老师又带领同学打扫污渍，这时我觉得老师就是我的妈妈，我的泪水瞬时划过了我的面颊。

老师，您就像蔚蓝、广阔的天空，我们是自由飞翔的小鸟，就算飞得再高，也离不开您温暖的怀抱。

同学们，我们用心来体会老师无私的爱，让师爱伴我们一起成长！

感谢老师

四年级一班　刘心雅

我的班主任叫高秀伟。她浓眉大眼，一头乌黑的长发；中等身材，直爽幽默，微笑的面容可敬可亲。

高老师，您还记得吗？前年我生病了，在滨州市医学院附院住院。您知道后用您宝贵的休息时间赶来看我，还给我买了好吃的。你像妈妈一样，抚摸着我的头询问我的病情，鼓励我好好养病，积极治疗。那时，我看到了你眼中的期盼。由衷地谢谢您，高老师！是您帮助我战胜了病魔，经过半年多的治疗我终于回到了神往的教室。

高老师，您在一次语文课上用谜语的方法教我们“器”字的时候，“一家四口有条狗”趣味横生地帮我们记牢了这个汉字，到现在我仍记忆犹新。您传授给我们知识，教给我们做人的道理，让我和同学们知道什么是对、什么是错。如果谁做错了什么，您无论如何都想办法纠正过来。

有一次您的朋友问您有几个孩子，您居然说有 41 个。原来您是把我们班的 40 个同学都当作了自己的孩子！同学们听说后都特感动。高老师，您真是我们的好妈妈！

您对我和同学们倾注了无尽的关爱，我决心刻苦学习，用最好的学习成绩报答您的辛劳。希望您保重身体，不要太辛苦。我希望您永远都做我的老师！我永远当您的好学生、好孩子！

感恩的心

五年级三班　王　越

“用感恩的心感恩，感恩是我一生的遵循……”这是一首歌词，我很欣赏，很喜欢，因此便积极地寻求机会来感恩，这天，还果然光临我了。

那是初春的下午，我放学刚到家，妈妈吩咐去买菜，并再三叮咛，买大田里的野菜“婆婆丁”（蒲公英），我应声骑自行车而去。

没走多远，天气骤变，狂风突起，顿时飞沙走石扑头盖脸而来，刮得睁不开眼，小石粒打在脸上像针刺一样的疼。我被风刮得东倒西歪三住两歇，幸亏有自行车的得力协助，才躬身歪头十分艰难地向前挪动。

我欲走欲止，有半途而返的念头。可又一想，父母养育这么大了，就算是一次回报，别让妈妈数落是温室里的花朵没出息，便硬着头皮往前奔去，自己坚定地暗示：开弓岂有回头箭！

此时，我想起了流传在世间的那句俗语“打了春休欢气，还有六十天冷天气”，这天还真的应验了呢，那是相当的冷，往日车水马龙、人声鼎沸的火爆闹市，此时变得冷冷清清，都被逼得收摊的收摊，提前关门大吉了。

眼前的情景令我失望了，何去何从犹豫不决。此时，耳旁隐隐约约传来吆喝声。我揉了下眼睛，顺着声音看去，只见那座门首旁有一位满头白发的老人，卷曲地蹲在那里，好像是卖啥的。我急忙地走近定睛一看：高兴极了，竟然是为我准备的“婆婆丁”，这真是天意。只见她守着两堆，一堆是晒干的，一堆是新鲜的。没等我开口，她好像猜透了我的心思一般，说道：“你们城里人喜欢天然的野菜，讲究营养，讲究绿色食物，就要这堆吧。”她指着虽然新鲜但也有点蔫的菜。我问价格，她说一元一斤卖的，这些也算不贵，就拿一元吧。我砍价砍到八角一斤，她没言语，随之把那堆菜全部装进了塑料兜里，笑嘻嘻地递给我，收了我一元钱。

来家后，我把经过详细地汇报了妈妈，满以为能得到奖赏或表扬，万万没料到，得到的却是惩罚。妈妈用命令的口气让我立即再送两元钱去。我疑惑不解地站在那里，呆呆地发愣。

妈妈语重心长地说：“孩子，你不知道啊。我认识她，她可是个不平凡的人。她已是个古稀老人，寄居在敬老院，但这些年来，她一直勤劳本分，时刻不忘报答社会，她每年都挖野菜、拣废品，把换来的所得全部捐给了红十字会，交了党费。汶川地震，她累计捐献了两千多元。就说你买回的这些菜吧，不用称少说也有三斤，就是一元钱一斤，也是再便宜不过的了，也得花三元钱，你不该耍小聪明，还砍价……”听了妈妈的话，我恍然大悟，茅塞顿开的我五体投地地敬佩这位老人家，赶忙带愧疚，给老人家送钱去。

见到老人没等我开口，她迎着我说：“孩子，你怎么又回来了？这堆干的不卖，是我昨天就定妥送人的，说好五点半来取，所以我等他来取。”

此时，我端详着老人家那慈祥、忠厚、布满皱纹的面容，不知怎样道谢，只是躬身双手握住她已冻得冰冷的手，把两元钱放到老人的手掌心里……心里祝福：老人家，您保重!

感恩同学情

张翼翱

说起感恩，《感恩的心》这首歌就在我耳边回响，“感恩的心，感谢有你，伴我一生，让我有勇气做我自己。感恩的心，感谢命运，花开花落我一样会珍惜”。是啊，在我十岁的生命历程中，我要感恩的人有许许多多，但我最想感恩的是我的同学。

那是一年级下学期的一天下午，在学校报告厅进行了古诗比赛，已经放学十分钟了，校园里静悄悄的。我急忙跑到教室门口，可“铁将军”威风凛凛地把守着屋门，我的书包落在教室里了。带钥匙的同学也回家了，老师布置的作业晚上不能做了，明天到学校里要受老师批评了。我楼上楼下地跑了好几遍，累得汗流浃背，可没见到一个人影。我又跑到广场的旗杆下，左顾右盼，急得快要哭了。正在我心急火燎的时候，忽然，后背被轻轻地拍了一下。“张翼翱，原来你在这儿，我都转遍整个学校了，都没找到你的踪影，真没想到你在这儿呢!”啊！原来是王佳文，只见她白皙的脸上挂着汗珠，脸蛋涨得通红，胸脯一起一伏地喘着粗气，两只手各提着一个沉重的大书包。“可找到你了，给!”她把书包递到我手里，脸上露出了甜甜的笑容，长长地吁了一口气。我激动得热泪盈眶，连声说：“谢谢！谢谢!”“谢什么呀！快回家写作业吧!”我们俩背上书包，肩并肩走出了校园。夕阳的余晖温柔地洒在我们的身上。

这件小事虽然过去很长时间了，但我时刻铭记在心中，因为它使我懂得了珍惜同学情并去回报。

就让我们心里装着这些细微的感动，继续出发吧！

让感恩走进我们每个人的心灵，因为，感恩可以消解内心所有积怨，可以涤荡世间一切尘埃。懂得了感恩，学会了感恩，每个人便都会拥有无边的快乐和幸福。感恩是一束金色的阳光，能化解冰雪。让我们学习感恩，让这束阳光也照耀我们大家的心，从而温暖孩子们的一生！

第四章

乐学精思，铸就名师

第一节

靠近了便能懂得

班会怎么开？班会的主题应该如何确立？开展这次班会的指导意义在于什么地方？相信只要做过班主任的，在举行班会前一般会思考这些问题。而我们学校的杨娜老师则比大多数班主任多了个“心眼”，她非常看重班会在教育学生过程中所起的作用，于是在具体操作中也就深入了一层。

下面，我们看看杨娜老师是如何开一次班会的。

今天，我们召开了主题为“我心中最优秀的品质”班会。今天，我们班会的主题是：我心目中最优秀的品质。

相信每个人心目中都有自己觉得最优秀的人，面对这样优秀的人，我们可能会羡慕，可能会学习，但可能会嫉妒。你可以把你的榜样的品质写下来，也可以把几个人的好的品质写下来，也可以把自己想象的最优秀的品质写下来，甚至可以把自己最好的一面写一写，可以是短文，也可以是简单地列上几条。

二十分钟后，孩子们宣读了自己心目中最优秀的品质。其中，文杰列了十九条，我在仔细地品味过后问她：你觉得你做到几条了？她说，目前还不能确定。我又问：你觉得你靠努力能做到几条？她说：除了第十一条，其他都能。第十一条是什么呢？被我们的谈话吸引过来的孩子们惊奇地问她。她认真地读了第十一条：热爱祖国，热爱人民，尽自己所能给别人帮助，宽容对待别人。大家七嘴八舌地说：你明明也做到了嘛。看着文杰略带羞涩地低下的头，看着孩子们在议论过文杰后面对自己的总结，我的心里忽然升上一种莫可名状的感动。

我把孩子们的想法收上来，细致地总结了一下，发现孩子们心目中大致认同以下优秀品质：

1. 善良、宽容，为他人着想，关心别人，看到别人的优点，会换位思考。

2. 尊老爱幼，有爱心，给予别人温暖，乐于助人，爱护动物，孝顺。

3. 热爱学习，积极努力，有进取心，勤奋好学，不怕困难，有钻研精神，知难而进。

4. 团结同学，热爱集体，为了集体而奋斗，爱护环境卫生。

5. 诚实守信，正直，有责任心，遵守社会公德。

6. 性格开朗、活泼、大方，幽默不做作，大气，会调节自己，乐观积极。

7. 懂得感恩，富有同情心，会谦让，知道回报父母老师和社会。

8. 会学习，会思考，会写作，会合作，会做事，会劳动，口才好。

9. 爱祖国，爱人民，心中装着天下，顾大局，讲道义。

10. 谦虚，不骄傲，朴实，实事求是。

11. 能够听取别人的意见，理性做事，稳重，镇定，不浮躁。

12. 有良好的生活习惯和学习习惯，早睡早起，不贪恋玩乐，喜欢读书。

13. 懂得与别人分享。

14. 态度端正，时刻保持微笑，不张扬，脚踏实地。

15. 有主见，不盲从，持之以恒，想事周全，做事果断，勇于担当。

我打算把这十五条作为班级优秀品质的第一次样本，贴在教室里，让同学们自己选择几条坚持去做，并随时补充，还要根据这些评选出班里最优秀的孩子，树立榜样。

你能从中发现什么呢？我想，我们从中至少能看出这么几点：

第一，杨娜老师的班会非常切合孩子们的心理和年龄特征。在她所带的这样的班级，孩子们的世界观、人生观还没有完全形成，但对社会、对人生却有了一定的观感和看法，而老师的作用不但在于道德教育上的灌输，更在于因势利导，将它向良好的方面引导。杨娜老师的聪明之处就在这里。她首先本于孩子们已有的修养和观念，让孩子们畅所欲言，然后加以积极引领。这样，优秀品质的总结来源于孩子们，符合他们的年龄和修养，同时也是他们所钦佩和认可的，道德教育就有了可供操作的可能。

第二，相同经历、相同年龄、相同教育、相同见识的孩子们虽然有着许多的相同点，但在优秀品质的认知层面上还是有着不同，这是由他们的家庭教育、生活环境、学习程度、个性特点等各方面的决定的，而一个高明的老师像杨娜这样，则懂得从中舍弃细琐、取其精华。在这次班会中，孩子们一定有存在许多认识上的误区，有的狭隘，有的短浅，有的偏激，有的浮泛。杨娜老师的高明之处就在于，从中提炼出一些孩子们共同认可的，然后公之于众。孩子们的互相教育是我们长期忽略的一部分，而杨娜老师则在这样的班会中实现了——你看看，你旁边的同学，你朝夕与共的同学，看上去与你差不多的同学就是这么认识的，那么你呢？这样，本来自觉的道德就成为一种传输、一种熏染被大家所认识并且接受了。

第三，杨娜老师通过具体的行为教育实现了一种传染。文杰的事情就是一个很好的例子：文杰虽然列出了许多她心目中的优秀品质，但她毕竟还有没有达到的。就这一条，就已经说明孩子们的修养和境界的提升是需要引领的。而杨娜老师与文杰的一番对话，则更能启发孩子们思考：有些东西，是穷其一生要追求的，有些品质是需要以后不断具备的。教育的意义不就显现出来了吗？——懂得不足，才能勇敢追索。

杨娜老师将孩子们总结出来的优秀品质张贴在班里，并不仅仅作为一种装饰以炫人耳目，而是通过它来进行德育教育，因为是来源于本班的孩子们，所以就更具有了说服力：这些，是你自己认可并且尊重的，那么，你凭什么不努力去实现呢？这样，就有了下面事情顺利解决的可能。

有一天下午，杨老师刚进办公室，就看到小瑞被瑜儿和诺诺搀着走进来。当时，小瑞已是哭得泣不成声。杨老师以为小瑞生病了，着急地问这问那，然后观察她的脸色，直到看到没什么过于不正常的，她就放下心来。

“怎么了？”没等小瑞说话，瑜儿已经迫不及待地开始讲了：“小瑞的同桌贞子总欺负她……”事情看上去不像想象中的那么“严重”了，杨老师放下心来，她打断瑜儿的话头，说：“让小瑞自己说好吗？”细心的杨老师早就知道，小瑞是个非常腼腆的女孩，她很少说话，而且善良、诚实、认真，她今天表现这样异常，只靠同学的诉说怎么能彻底解决问题呢？关键还在于她自己啊。同学之间互相欺负的事情太多了，但如果不通过这样的事情来让彼此“受益”，那么成长过程中一段必要的功课就被忽略了。当时，委屈的小瑞只是继续哭，泪水流了一脸。杨老师对其他两位同学说：“你俩先回去吧，让小瑞自己在这哭一会儿。”两位同学走了，只有小瑞还在默默地哭泣，但这只是一会儿工夫，等到小瑞发现陪伴她的同学不在的时候，她很快就止住了。杨老师懂得，人在遭受委屈时，是需要宣泄的，而哭泣，是最好的宣泄方式，但宣泄也是需要场合的。

杨老师静静地等待着小瑞停止了哭泣后，用期待的眼神等着她讲话，过了许久，小瑞带着哭腔说：“我的同桌总是不让我跟别人玩，只能跟她自己玩。我家里有花生牛奶，特别好喝，她就每天让我给她也带一罐，不给带她就让别人都不理我。我的东西她喜欢了，就随便拿去。我不想跟她同桌了，看见她就发抖。”听到这话，杨老师的心猛地沉了下来——事情竟然严重到这种程度，而自己却一直不知道，这不是作为一个班主任的失职吗？她一边深深地自责着，一边思考着如何解决这个棘手的问题。忽然，不久前那次班会确立的优秀品质目标闪现在了她的脑海中，她顿时心中有数了——安慰小瑞后，她的眼前出现了小瑞的同桌贞子的面容。

贞子长得黑黑瘦瘦的，实在不像是能做出这事的孩子。被杨老师请进到办公室后，她好像丝毫没有感觉到做错了什么，兀自瞪着小眼睛，微笑着问杨老师有什么事。杨老师想，这家伙心理素质倒挺好。既然她不主动认可，杨老师出于尊重孩子的心理，也就不能直接问了。她出其不意地亮出一招，让贞子把张贴在教室里的十五条优秀品质中自己能做到的说一说。这招一出，贞子有些措手不及——她好像没听也没看。杨老师笑笑说："你觉得自己很优秀吗?"贞子搓搓手，说："不优秀。"杨老师继续问："为什么这么说?"贞子突然哭了，说："老师，我知道错了。"事情到这份上，一向以含蓄教育孩子的杨老师笑笑说："你是个聪明的女孩，那些事情你真的做了吗?"贞子低着头不吭声。杨老师说："你做了的要讲明白，没做的我也不想冤枉你。"贞子嗫嚅着说出了自己做的事，并一再强调，是小瑞愿意的。杨老师说："老师相信你能做好，把自己做过的事情好好想想，向小瑞道个歉，你们仍然是好朋友。小瑞是个腼腆的女孩，希望你能帮助她。"贞子满口答应着，杨老师继续说："张贴在教室里的优秀品质目标，是我们全班同学一起制定的，你也是其中一分子，回去应该仔细品味一番，努力地向着那些目标迈进啊!"

注意到有些孩子比较强势，有些孩子则懦弱胆怯，然后采用适当的方法加以引导，对于杨老师来说，只是多年教育教学生涯中平常的一例；充分地利用自己所长的心理学对孩子进行引领，给他们确立"踮起脚尖"可以够到的目标，也是杨老师担任班主任在工作中实施的平常的一招。难得的是她将心理学的知识与日常教育紧密地联系起来，以理念来指导自己的实际工作，又从实际工作中生发出实用的理论，这使杨老师的工作具备了运斤如风、游刃有余的态势。

杨老师认识到，作为一班之"主"的班主任，能否以科学而有效的方法把握学生的心理，因势利导地促进各种类型学生的健康成长，对教育工作成败起着至关重要的作用。有人曾预言，心理疾病将是21世纪之患，这不一定是危言耸听。有关调查表明，当前中小学生中存在心理问题和心理障碍的比例相当高。基于此，杨老师深感有将班主任工作与心理健康教育相结合的必要。

观察学生，分析学生，是杨老师多年从事班主任工作总结出来的经验，根据她的研究，她发现，当前小学生中普遍存在的心理问题，主要表现为以下几个方面：

情绪不稳定。当其情绪饱满、心情愉悦时，学习积极性高涨，与别人相处和谐；当其情绪烦躁、忧郁、焦虑时，学习积极性低落，与别人难以相处，甚至出现逃学、打架、斗殴等现象。

意志比较薄弱。小学生本来自制能力就不强，当其情感亢奋时，更加不能正确对待自己和控制自己。当外界诱因强烈时，容易动摇；当学习中碰到困难，生活中遇到不顺心的事时，就表现为悲观、失望，甚至退缩，意志崩溃，破罐子破摔。

性格上存有缺陷。一般表现为：一是自私狭隘，常为一点小事而跟别人闹意见，斤斤计较，并且在很长时间内不能自己解脱，甚至耿耿于怀，不能释怀，又不愿与人沟通。二是自大自负。自以为是，眼高于顶，瞧不起人，缺少对别人的欣赏与尊重，且受挫能力差。三是自卑怯懦。性格孤僻、不合群，总认为自己处处不如别人，自卑心理严重，做事优柔寡断、唯唯诺诺。

青春期躁动。表现为：小学高年级学生进入青春期后，随着生理的发育发展，心理上也发生变化，一些学生情绪变得不安和烦躁，有时感到孤独、忧虑和苦闷，也就是我们常说的青春烦恼；从某个时候起短时间内失去学习的兴趣和意志，打不起精神听课，这可以称为青春抑郁；有些孩子不愿意听老师和家长的话，对于老师和家长抱有一种反感心理，总是跟老师家长对着干，这可以称为青春叛逆。杨老师认为，这些主要的心理问题产生的原因尽管十分复杂，但由于小学生心理的可变性与可塑性、过渡性与动荡性等特点，只要班主任有的放矢地加以正确地引导和教育，这些学生的心理问题是能够得到调整的。

针对小学生中存在的各种心理问题，杨老师尝试着用不同的方法来解决，并且总结出了一套我觉得有可操作性的科学的做法：

搭建网络平台。网络已得到普及，只靠堵的方式是不能从根本上解决问题的，如何利用网络的有效性来进行心理疏导，是杨老师一直关注的问题。她很早就建立了班级 QQ 群，目的自然是为了跟每个孩子积极交流。有些话、有些事，孩子们当着老师的面是不愿意说的，但在网络这个平台上，他们却可以畅所欲言，有啥说啥，了解了孩子们的具体状况，班主任工作自然便于开展了。有这么一件事，瑶瑶的家长对她期望很高，但孩子对家长却很不满意，当时杨老师刚接这个班，对她关注可能不够，她对数学逐渐开始失去兴趣。有一天晚上，杨老师在跟她的家长交流时发现了这个问题。她当即就请瑶瑶过来跟她聊几句。网络上，瑶瑶没有了平时的顾忌，把她的近况和所思所想一股脑地告诉了杨老师，知道了孩子的心理，杨老师趁机加以了引导，最终，瑶瑶接受了老师的疏导，投入了积极有序的学习之中。那个单元的数学考试瑶瑶竟然考了满分。后来，杨老师不时通过这种方式和她进行必要的交流，她在课堂上的表现也一直是积极主动，成绩也一直保持在前几名，期末考试又考了满分。杨老师注意到，许多的孩子，他可以给任何同龄人交流，但就是躲着班主任和家长，但在网络上，他却可以将所有的心事都倾吐出来，这主要还是没有了直面老师的顾虑，可能他就变得主动积极了。时代在变化，科技在变化，孩子们的心理照样也在变化，老师的教育方式自然也应该加以更新变化。

1. 发现鼓励特长，爱心营造氛围。杨老师惯于寻找每个孩子的特长，鼓励他们将长处发挥到极致，让孩子们享受到成就感，从而让孩子树立信心。这些年，杨老师所教的班级一直保持着元旦联欢的习惯，这其实并不仅仅是为了让孩子们放松一下、快乐一点，更多的是想通过这种形式发现一些孩子的特长，让他们有展示自己的机会，让孩子体验一种成功的喜悦。

今年元旦联欢，杨老师面对刚接手的班，大胆地放手把组织元旦联欢的任务交给了班长琪琪。这个小姑娘，很好地发挥了自己的组织能力和主持能力，把联欢会搞得有声有色。在联欢会上，杨老师发现了许多孩子都有自己的特长，尤其璋璋，这个原来学习很差、很少完成作业的孩子，上次家长会结束后，他爸爸就鼓励他每天坚持写四十个成语，他坚持下来了，当时他展示了自己的作品，得到了其他孩子热烈的掌声。杨老师认识到，从心理学上来讲，利用集体活动发挥特长，展示每个人的风采，引导孩子们积极主动地学习，既有助于他们的心理健康，也有助于鼓励他们的信心，从而拥有追求明天的动力。

2. 因势利导，塑造鲜明个性。杨老师善于根据孩子的兴趣和长处，让他们的个性在坚守理想中得到畅扬。杨老师认为，这种教育是会让学生受益终生的，因为他们拥有个性的前提是坚守理想，没有了理想的引领，那样的个性往往会变得窄化和浮泛，说不定为了自己还会伤及他人。杨老师立足于学生的兴趣和特长，在个性培养上取得了很大的成绩。杨老师班里有个叫艳秋的孩子，她是个唱歌“天才”，也许由于她的艺术细胞的作用，她有点多动。一年级时，在桌子上面是见不到艳秋的，她上课时动不动就钻到桌子底下去了，并且故意把板凳弄倒逗大家一乐。后来，老师们共同努力，极力引导，加上家长的密切配合，她终于能坐在桌子旁边坚持一节课了，为了能让她安静地坐一节课，大家付出的艰辛自不必说。杨老师觉得长期这样下去不是办法，就想到了这个孩子的天赋，能不能通过天赋的培养在到尊重她的个性从而让她的注意力集中起来呢？想到就做，杨老师找到家长交流，最终，家长接受了她的意见，把孩子转到音乐学院附中。孩子毕业了，家长找到杨老师说了许多感谢的话，主题就集中在杨老师对孩子的理解和对她个性的尊重上。想到本来可能会被早早地淘汰掉的一个孩子因为自己的努力有了一个好的前程，杨老师感到别欣慰。

3. 以笔交心，建立互信通道。教育孩子的方式方法是多种多样的，杨老师总是能根据不同孩子的具体情况来研究、调整，争取做到因材施教。对心理学很有研究的杨老师发现，以笔交心，往往是开启学生心灵的一把钥匙。她发现，要想了解学生的内心世界，进行有效的心理疏导，有时笔谈比面谈更加行之有效，特别是对于一部分特殊生而言。为此，杨老师每接一个新班都会让每个学生制作一本“交心本”，要求字数、内容不限，一周与老师交流一次。大概孩子们还不习惯于这种方式，所以刚开始学生们做得比较勉强，或东搬西凑或词不达意，但渐渐地，学生们敢说悄悄话、知心话了，于是，每次与他们的交流就成为一场心灵的对话。杨老师记得，有一个男生阳阳曾经为自己迷恋某个女生而陷入矛盾和痛苦中，杨老师知道后，先找他面谈，但对于这个敏感有话题，不论怎么谈也是见效甚微。于是，杨老师开始利用“交心本”这个平台。她不断地通过文字进行疏导，其中还写过这么一段意味深长的话：“欣赏别人的同时，不是要你忘了自我。与其匆匆涉入爱河，不如静静等待成长，干任何事都要有一个高的起点，爱情也一样。我始终相信，当你事业成功的时候，幸福就会来临。”经过杨老师与他反复的交流，最后他终于平稳地渡过那个悸动的阶段。

4. 以耐心求得润物细无声的结果。雷厉风行，是个良好的工作作风，也是良好的行为习惯，但对某些事，可能“事缓则圆”才是更好的选择。对于情绪不稳定的孩子和天生调皮的孩子，简单粗暴的解决方法根本不奏效。深知心理学三味的杨娜老师是这么想的，也是这么做的。她意识到，我们现在的教育，突出一个“快”字，“快”有它的好处，但人的教育不是通过快就能完成的，它是一个长期的过程，所谓“十年树木，百年树人”，道理就在这里。有一次，明明和非非课间打闹，非非的嘴被牙齿咯破了，鲜血直流。看到这情景，杨老师是又怕又气，打算先处理了非非的伤，再跟他们算账。但是处理过程中，杨老师却有些迟疑了：是的，事情已经发生了，而且从孩子们的眼神中，也可以看出他们已经知道错了，是不是非得狠狠地当即惩罚一顿才算是真正的教育呢？能不能留给孩子自我反省、自我教育的机会呢？想到这里，杨老师先给双方的家长发了条短信，得到他们的支持后，杨老师“沉痛”而“沉默”地看了看两个孩子，抚摸了他们一下，便让他们走了。嘿，事情还真像杨老师所想的那样，这种教育方式，达到了“无声胜有声”的效果。后来的几天，杨老师经过仔细观察，发现他俩真的很安静。在那周的交心本上，他俩也都深刻检讨了自己。读着孩子们真挚的文字，杨老师为自己的镇定感到庆幸，她想，当时若是处理得粗暴一些、过激一些，孩子们也会接受，但毕竟会在心里留个结儿，那个结儿可不是有利于孩子成长的。遇到问题，冷静处理，给孩子们一个思考的机会，培养他们独立思考、自我暗示的习惯，不但有利于今天，也有利于孩子的终生啊。

杨老师的教育过程，就是一个探索的过程，为了更好地教育孩子，她勤奋地将自己所讲过的故事编为《呵护心灵，健康成长》的册子，发给孩子们，让孩子们在喜闻乐见的形式中受到教益；同时，她还创造性地利用精彩的视频来教育孩子们，在那样感人肺腑的视频播放中，孩子们成长了，杨老师微笑了。

杨老师喜欢李镇西老师的这么一段话：

大自然的季节继续有序地轮回，
日月星辰继续默默地运行，
青春的花朵会继续绽放在永远充满欢声笑语的校园，
生命的翅膀会继续从容而磅礴地拍打着事业的天空，
还有无数我预测不到的精彩或平淡的故事、欢乐或悲伤的细节、情理之中或意料之外的奇迹在前方的驿站等待着我，
因此我的日记也会一篇一篇地写下去，
去迎接一个又一个生命的精彩瞬间。

有好些人都问到杨老师的成长历程，杨老师总是笑着指一指几个厚厚的本子——那是她受到李镇西老师的触发后写的班主任工作日记。在那些本子中，不但记录和孩子们在一起的快乐，不但从中能发现一个又一个生命的精彩瞬间，也能看到杨老师不断的反思。

其中有这么一段，也许能让我们看到一位充满爱心和激情、勇于思考和进取的老师的心迹："一代又一代学生毕业了，六年级学生毕业时，我曾独自一人坐在空荡的教室里泪流满面。我知道，我们的班主任们，都曾有过同样的经历，那是因为我们付出了、努力了，把他们当成自己的孩子了。当我们把事业和感情融入一起时，它注定就会成为生命抹不去的一部分。所以，我们应该拿起笔，记下这每一点每一滴的感动，为了自己能够享受这份职业幸福，为了能够感受教育给我们带来的快乐。"

第二节

为了超越的预备

在学生的成长过程中，你到底要赋予他们什么？

这是一个非常重要的问题，倘若仔细追寻，你会发现，对这句话的不同理解，决定了一位老师的教学姿态、教育目标和教学方式。

一个目光短浅的老师，他只会盯住学生的当下：学生在我带他的这段时间成绩过得去就可以，表现过得去就可以，至于他的以后，那是他家长的事情，是继续教育他的高年级的老师的事情，是他本人的事情。由此，就决定了这样的老师的教育缺乏长远的计划和目光，他不可能从孩子的今天出发去关照他的未来，更不可能用助长生命的态度去对待孩子们的成长。

这是当前小学教育最让人忧虑的事情，由于这样的出发点的存在，我们就司空见惯地看到了如此的现象：一个在小学表现尚可的孩子，一旦升上初中，就具备了另一种面目，那种面目上带着厌倦，带着逃避，带着怯懦，带着麻木。许多的孩子，对学习普遍缺乏兴趣；许多的孩子，除了课本上一些有限的知识外一无所知；许多的孩子，只是“逆来顺受”地接受老师的教育而缺乏必要的主动性和创造性；许多的孩子，以一种自私和狭隘的角度来对待周围的世界，因为他从来没有接受过相关的意识信息。而更令人担忧的是，这种态势会一直延续下去，因为在他刚开始接受教育的时候，就已经决定了他未来的行走姿态。等到这样的孩子在将来的某一天走向失败甚至歧路的时候，又有多少人能将他的结局与小学教育联系起来考虑呢？

所以，能认识到这个问题的老师是有远见的老师，是深怀忧患意识的老师，是自觉地背负起责任的老师。而这样的老师，注定了他的教育必须是流变而不是僵化的，注定了他的教学必定是关照每一个生命的未来而不仅仅着眼于当前，注定了他会想方设法地调动学生学习的积极性而不是一味地打压学生，注定了他会以生动形象的方式走近学生而不是坚守着陈腐的模式。

我高兴地看到，我们学校有着许多这样的老师，正是他们的存在，使那些正处于成长的生命充满一种积极向上的态势；正是他们的存在，使我们的学校处处充满了欢歌笑语；正是他们的存在，使从我们这里走出去的学生不但有着丰厚的积淀而且对将来的进一步发展充满了力量。这中间，王俊青老师就是一个杰出的代表。

在这些年的教育教学之中，王俊青老师有一个显著的特点：他不满足于现状，而是苦苦地寻求教育的真谛；他不故步自封，而是以一种开放的态势面对各种信息；他不人云亦云，而是以理性的态度对待各种新兴的教育观念和做法。他总是立足于自己的教育现实，从中出发，寻求最为合理、最为科学的教育方法。故而，就有了许多有效的举措，令人感到欣喜和感佩的是，这样的举措都是建立在对学生学情真实了解的基础之上的。

客观地说，学生的知识结构、文化修养是存在一定缺陷的，令人黯然神伤的是，这种缺陷却并不能以年龄为借口，因为大部分孩子即使按照年龄去衡量，也不应该是我们目前所看到的样子。这种现象极为普遍，普遍到我们熟视无睹的程度。

王俊青老师深深地看到了这一点。他通过调查和研究获得：许多的学生，课外知识显得极为匮乏，知识修养显得格外浅薄，积累沉淀显得格外轻浮。这样的学生，却又往往是专注于学业的，成绩也往往是比较不错的。于是，一个突出的问题就摆在了王老师的面前：是不是今天的优秀就代表着明天的优秀？是不是成绩就能说明一切？没有丰厚积淀的成绩到底能陪伴这个孩子走多远?

答案是显然的，如果我们只着眼于学生的目前，不从更高更远的育人目标出发为孩子们考虑，那么，侥幸的船只是行不了多远的。

是的，侥幸的船只是行不了多远的，唯有今天有了丰富而深厚的储备，才能为明天的继续前行搭建一个坚实的台阶。而这项工作，很显然是复杂的：你不但要考虑孩子们的现实情况，你还得面对当前严酷的评价制度。因此，因材施教，从现实出发，采取切实可行的办法，就成为了必要和必需。

不论怎样的论者都认为，若想解决这个问题，首先要做的就是读书。王俊青老师也是从这一项着手的。但他的行动，又与泛泛而谈的读书有着一定的区别。

王老师先对学生的阅读现状进行了调查研究，他发现，在目前急功近利的教育情势下，孩子们的阅读甚至比不上以前，连起码的一些童话人物、寓言故事、成语故事都不清楚。正是有了这样的摸底，也才有了行之有效的方法。

山东电视台有一个读书栏目——《八点听书》，王老师灵机一动，既然孩子们的阅读水平是这样的低，那么，就取其谐音，也来一个读书活动好了，于是，“七（起）点读书会”，诞生了。

所谓的“起点”，很容易明白：我们有着这方面的缺陷，我们曾经一度非常地疏离，我们没有深入到过阅读世界去领会过其中的云霭雾岚，这一课是一定需要补足的。倘若今天不补，那么，不要说是养成读书的习惯，就是对明天的发展也会有不小的负面影响。“起点”，还有一层意思，就是放低姿态，认识到自己的不足，然后去充实，去填塞；同时，它更昭示着阅读这条路是无止境的，有了这个“起点”，才会有更旷远宏阔的未来。

目标确立了，接下来的就是如何去做。王老师面临的现实是这样的：学生没有阅读的习惯，这样势必增大了坚持下去的难度；学生们容易满足于那些浅显易懂的阅读而缺乏攀升的欲望，这样，阅读层次难以一步一步地升上去；家长们也不读书，甚至不理解读书的重要性，从而或者不会支持孩子们读书，或者对读书与不读书置若罔闻。

怎么做呢？王老师先把新课程合作学习的理念引进了阅读。他让班里的学生结成读书“对子”，以起到互相勉励、互相监督、互相交流的作用。学生每读一本书或者一篇文章，都要找书友汇报和分享。在此基础上，由书友签字证明。这种作法，既有利于学生互相促进，又有利于彼此提高。学生，都有一定的竞争意识，同样，在读书活动中，通过这种竞争，往往会起到你追我赶的效果；学生，对于阅读什么书、什么文章往往无从着手，那么，这样的交流自然就为彼此的阅读提供了一个窗口；学生，对于课外阅读往往有一定的惰性，那么，这样来做对于大家都是一个提醒和“强制”。而习惯，就是在竞争、交流、“强制”也实现的。着眼于学生的发展，王老师又将读书活动分为热身准备阶段、起跑阶段、拼搏阶段、挑战极限阶段、冲刺阶段五个层次，分别对应二到六年级。无论从读书方法上，还是阅读内容上；无论从内容取舍上，还是监督检查上，每一个阶段的要求都是逐层提高的。这种作法意义重大，它会让学生阅读的水平逐渐得到提升，阅读的内容逐渐得到延展，阅读的能力逐渐得到提高。这是一种预设，也是一种展望。这样的预设和展望，毫无疑问，会让学生得到长足的进展。同时，为了引起家长的足够重视，王老师利用一切机会与家长交流，交流恳切而深婉，自然得到了家长的拥护和赞同。在他的引导下，不但家长开始支持、配合孩子的阅读，有些家长，更是自己也参与进来，成为了一个忠实的读书人。

对于许多老师，可能做到这一步就觉得满足了。但王俊青老师没有止步于此。他意识到，对于读书而言，有种氛围是需要营造的，有种方法是需要提倡的，有种意识是需要灌输的，有种举措是需要落实的。在这种理解下，他将阅读又指向了经典。

阅读经典的作用在于，培养学生的语感，增加学生的积累，感悟传统的文化，了解古人的思想。这些素养的具备，需要长期的坚持，更需要教师的引领。王老师自觉地把经典的传承当作自己义不容辞的任务，想方设法地引导学生靠近经典，感受经典。

在经典的诵读中，王老师是这样做的。首先利用课前齐诵。即利用上课小班长喊起立的时间，齐诵中外大学的校训、名人警句和国学经典篇章句段，这几种内容不断变换交叉，不断更新诵读内容，让学生接受起来少些枯燥，多些生动。这种齐声诵读的效果是显著的。它可以让学生很快地进入营造的文化磁场，并进而进入学习状态；它可以让学生每天积累几句名言，来充实自己，起到积少成多的作用；它可以为学生打开一扇窗口，引发他们的兴趣，使他们升腾起阅读经典的欲望；它可以潜移默化中熏陶学生，使他们了解传统文化，接受传统文化。其次，王老师利用的是周三汇诵。即利用周三下午的语文课集体汇报。活动前，指导学生欣赏名家朗诵，然后引导学生选择诵读内容，采取自由组合与指定诵读相结合的办法，学生自选诵读题材和诵读方式，进行汇报表演。这种阅读方式还延伸到重大节日之际，在那时，则往往引导学生进行专题汇报诵读。由前面的几句，到现在的整篇，由整篇到一个主题，这是一种层进，一种提升。如果说课前的朗诵属于集体统一的行为的话，那么，这时大家的活动就属于百花齐放了：不同的学生因为阅读的不同，自然取舍不同。这种形式，更有利于激发起学生的好胜心和求知欲，更有利于阅读的进一步深化。

于是，出现这样的结果就是可以想见的了：学生们扩大了知识面，开阔了视野，增强了文化内涵，提升了能力，反馈到课文的学习上，也容易加深对文本的理解，在学习课文时也随之变得轻松从容了。

自然，阅读仅仅是学习的一个方面。对于生活于校园与家庭两点之间的孩子，他们关注的对象是有限的，透视的窗口是狭小的，这自然地决定了他们的眼光和心胸。基于此，王老师又搞了一个“童眼看世界”的活动。这个活动的目的，显明的指向学生的生存特点，引领他们将目光投向国计民生，投向世界大事，投向生活现实。

王老师的具体做法是这样的：针对“家事、国事、天下事，事事关心”这个全班同学共同提出的口号，充分调动学生的积极性，让他们进行自我锻炼。首先是利用课前3分钟说新闻，即新闻快报。将近几天中发生的重要事件或者是从报纸、电视新闻中能够看到的印象深刻的事件向全班同学播报，并简单发表自己的看法和感受，从而一边培养学生关心国家、世界大事的素质，一边培养学生良好的语言表达能力和站在人前说话的良好心理素质。这个活动，王老师是循序渐进的，刚开始时，选几个比较优秀的同学轮流播报，同时全班同学指出优缺点，老师再加以引导；之后全班同学按照座次上台播报新闻，使每一个同学都能从中得到锻炼；再次，利用每周四下午的最后一节课召开“辩时事”，引导学生评出“一周要闻”，展开辩论或讨论，这样做，既拓展和深化了主题，又开阔了学生的眼界和思路，从而培养了学生的思辨力。

目前，课前的演讲这种活动许多地方、许多老师都在搞。王老师的特异之处在于，确立了时事这个主题。这个主题的确立对于年幼的小学生意义是重大的。他们在播报中自然地会关心时事，自然地会对时事生出自己的看法，而通过老师的引领，可以培养他们的道德意识和担当意识。我们现在的许多孩子要么对时事漠不关心，要么怀着一种偏激的态度对待许多现象。因此，这种作法无形中就是道德教育课——引导学生正确客观思辨地对待时事的课，这种影响从学生的成长来看，可谓深远了。

是的，毫无疑问，学生对许多事情的看法存在问题，需要老师通过合理的方式进行引导，而最合理的方式莫过于先让它暴露出来，然后有针对性地解决。在践行这种教育思想的时候，王老师独具慧眼，发现一个令许多人漠视的情况。

我们的学生对于常态的生活有一种疏离感，他们厌倦平凡，渴望冒险；

厌倦平常，渴望刺激。这种思想意识倘若深种到心灵中，是极不利于学生的成长和发展的。而这种思想意识的产生，很重要的一个方面来就自电影电视。

你瞧，不知不觉学生们已经进入六年级了，课下，学生们三个一群、五个一伙地谈论，并且很有兴致，谈得津津有味。王老师一直以来都喜欢与学生交流，学生也喜欢与王老师分享他们的喜悦和苦恼。但这几天是怎么回事儿呢？他们竟然避开了老师，看来有情况啊。于是，王老师开始有计划地接近他们的话题，一了解才得知，都是《放羊的星星》惹的祸。原来孩子们讨论的是这个话题啊。王老师放下心来，但这放下的心很快又变得波动起来：对于孩子们来说，这部青春偶像剧很有吸引力，人物之间微妙的爱情关系变化推动了故事情节的发展，真的适合处于青春懵懂阶段的孩子们看吗？真的就对他们没有影响吗？想到这层，王老师觉得再这样下去不行，应该开展必要的教育，但明眼人都知道，对于这种情况，“堵”是堵不住的，王老师沉思了一番，没办法，那就学“大禹治水”“导”吧。

既然是“导”，通过老师的一厢情愿那是收效甚微的，你必须得尊重孩子们的年龄特点和需要。于是，王老师先去了解调查，通过跟同学们交谈，他获知了学生们喜欢的影视类型。结果颇有点令人哭笑不得，我们老师们一直认为许多片子像《奥特曼》《多啦A梦》和《西游记》并不为大部分学生知晓或者喜欢，而他们偏偏喜欢的就是《放羊的星星》之类的青春爱情剧。这样下去不行，不行的原因，一方面在于孩子们还小，容易受到这样的片子的影响浸润；另一方面，则在于，正在成长期的他们极容易把那些非常态的生活当做真实的生活，一旦这种意识控制了他们，那对他们的成长是极为不利的。

一方面要正确地引导孩子们，另一方面要针对他们的兴趣，王老师开始行动了。他把《多啦A梦》《西游记》《牧羊人》《山楂树之恋》和《放羊的星星》等影片作为班里的教材，利用每周三下午的最后一节课，集中欣赏这些影视作品。只观看是远远不够的，之所以在这里说是“欣赏”，就在于每周一部影片或周末两集的电视剧放完以后，必有主讲同学提出主题，然后集体讨论，同时由书记员同学简单记录同学们的重要观点。这种引导非常重要，它在于告诉孩子们什么才是最有价值的东西，什么才是生活中所必需的，什么才是常态的，搞清艺术与现实的关系，才能帮助学生树立正确的人生观、爱情观和价值观。而往往在这样的场合，王老师也积极地参与到孩子们的讨论中，进行必要的引导和点拨。可以说，老师的作用就应该这么体现。

为了满足孩子们对科学探索的兴趣，王老师精心地选择科技实验书籍，让班里的“小科学家”带领同学们开展实验课。为了满足孩子们好动的天性，王老师创造性地开展了游戏课间，以科学的游戏来规范学生的行为，使他们养成良好的行为习惯。为了使孩子们很快地进入学习的角色，王老师发明了课前安静曲，引导学生欣赏书法精品，安排比较优秀的同学带领同学们利用课前的时间练字。

正是抱着对教育的热爱和对孩子们的关爱，王老师不断地摸索着适合教育的内涵，发挥着自己的聪明才智，实践着自己的教育理想。方法源于思想，思想源于精神。我希望，有更多的老师能够具备这种精神。

第三节

平凡之处见真情

经常想，人生应该有它的故事。只有有故事的人生，才是有意义的人生。又深切地知道，那故事，不是凭空而来的，它需要我们去创造，去实现；而那故事，每个人都有，但每个人演绎的却又不同，因为不论怎样的故事，都与这个人的修养、思想、行为密切相关。你从那些故事里，也可以窥见一个人的文化水平和道德意识，一个人的思考方式和精神状态。

老师这个工作是平凡的，正因为它的平凡，许多的人容易产生厌倦。是啊，它没有太多的起伏，没有太多的波浪，没有太多的跌宕，没有太多的意外。但事实真是这样吗？我们可以看到，凡是有所成就的老师，都在这平凡中寻找着不平凡，都在这平凡中上演着属于自己的精彩，他们把心放在工作岗位上，用心去体察，去观看，去呵护，去珍惜，于是，就有了一个个的故事。当我们去品味这些故事的时候，你分明能从中体会到那颗跳动的充满热情的心，那份丝丝缕缕流淌着的情，那份点点滴滴涌动着的爱。

我们学校的张洁老师，就是这么一个把平凡的工作干得不平凡的人。作为一名小学老师，她每天的工作都是和孩子们一起度过，但对于他人日复一日循环的工作，在张洁老师那里却特别显得有滋有味，充满魅力。这只因为她的心里满装着对这份工作的爱，对孩子们的爱，对教学的爱。因为有了爱，所以心里就有了阳光，而有了那缕温煦的阳光的照耀，一切都变得精致而潋滟。只因为她时刻充满着好奇，她总是能从看似波澜不惊的地方发扬新鲜的东西，然后满怀欣喜地靠近它，琢磨它，这样去工作，又怎么不会兴致盎然呢？你看她，从来到学校到离开学校，从来看不到累的表情，从来听不到累的叹息，就是因为这些啊。当她怀揣着诚挚的爱走近自己的工作、走近那些天真可爱的孩子们的时候，也就有了故事。——故事，不论怎样的，都需要条件，而教育教学之中的故事，则更需要一颗敏感而负责的心灵。而需要我们引起足够重视的是，许多的孩子就是在这样那样的故事中长大的，他们阅读着书籍中的故事，也观看着周围人的故事，也表演着自己的故事。利用了那些故事，也就找到了教育的切入口，也就会起到事半功倍的效果。

在这些年的教育生涯中，张洁老师就这么默默地前行着。而在她的身边，不时地发生一些细小的故事，细心的张老师就将这些故事充分利用，从中收获着美，收获着真，收获着甜蜜，收获着幸福。

有一件事情让张老师触动很深，从中她了解了孩子们的另一面。有一天上第一节课时，张老师发现其中有个叫宜畅的孩子，他总是躲闪着什么，注意力不太专注，精神也比较萎靡。张老师看到了，轻轻地走过去，让他抬起头来。宜畅一抬起头来，张老师吃了一惊——在宜畅那光洁的脸上，她发现好像猫抓的一样的痕迹。张老师心痛地拍拍他，小声地问他是怎么回事。宜畅嗫嚅了许久，鼓起勇气说："张老师，是我自己不小心摔的。"张老师一听就知道他说谎了，如果是摔的怎么会是这个样子。但照顾到这个孩子的自尊心，张老师没有当着全班同学的面再问下去，只是简单地叮嘱他以后要小心一点。

下课后，张老师把宜畅叫到了办公室里，开始宜畅就是不说，经过耐心询问，他才悄悄对张老师说：今天，在上学的路上，正好碰到延续，延续抱住他，在他的脸上抓了两把，他一点也没有提防，结果被抓了个大花脸。经过追问，张老师了解到，宜畅之所以没对她说实话，是怕她因为这件事会批评延续，宜畅说他不希望张老师责罚延续。那一刻，一股暖流升上张老师的心田，是的，宜畅给她撒谎了，但这谎言却来自那颗善良和宽容的心灵。张老师久久地看着宜畅，心里有一种莫名的感动和温暖。她知道，延续是一个有点智障的孩子，经常做一些出格的事，往往令人防不胜防，班里的一些学生隔三差五地没少告他的状，张老师也为此伤透了脑筋。大多数孩子来告状的时候，都是愤恨的，都是埋怨的，恨不得立刻把老师拉去惩罚延续。而宜畅，却远没有那么自我，他的心里不但装着别人，而且能体贴对方。能够如此替别人着想真是不容易啊！张老师感动之下，一把把他搂在怀里，疼爱地说："你关爱同学是对的，老师真感动！但是你不说实话，有时会助长延续的坏习惯。他有可能还会犯同样的错。对不对?"听到这话，宜畅使劲地点了点头。

这是一个难得的案例，他就发生在孩子们的身边，那么真实，那么感人。如果加以利用，不是很好地教育其他孩子的机会吗？让他们知道，就是我们的同学，拥有着善良，拥有着关爱；就是我们的同学，能设身处地地为他人考虑，能克服狭隘走向宽容。于是，张老师在班会上表扬了宜畅，并且希望其他同学也向他学习，那一刻，张老师看到了宜畅那像灿烂的向日葵般的笑脸。

从这件事上，张老师知道，有些事情看起来很小，像过眼云烟，但是如果我们能静下心来想一想，它也能沉淀出许多美好的东西。善良和宽容也是需要培养的，也是需要呵护的。如果我们尽自己最大的能力去引导和维护孩子们这种善良的本性，它总有一天会感染到他人，会得以发扬光大。

看到过数不清的这种作法：布置作业是为了你好，作业越多越能体现出我对你的责任感，至于这份作业你会不会认真地完成，完成了会起到什么效果，你为了完成这份作业需要花多少时间和精力，则不是我能考虑的。这样粗暴而简单的作法现在是蔓延到全国，大有甚嚣尘上之势。于是，我们看到了孩子们一张张无奈而疲倦的脸，听到了孩子们一声声哀切而深情的呼唤：老师啊，你布置作业时能不能为我们考虑一下，能不能从我们的年龄和学习实际出发？

要真正地关爱孩子，关心作业的布置也是一个重要方面。说到底，还是你有没有一颗爱孩子的心，你有没有真心地为孩子考虑。在这一点上，张老师做得非常到位。她有着一颗善良的心，她知道，孩子们在一定的时间需要什么；她知道，怎样才是对孩子真正的体贴和关爱。

马上就要元旦放假了，张老师在办公室里仔细地批阅着每一本作业，打算放假前赶紧发到学生手里。当她翻开晓宇的作业时，发现一张纸条夹在里面。打开一看，张老师的眼睛顿时一亮，纸条上很醒目地写着几个大字：“意见书：明天作业不能多！切记切记!!”除了这行字，纸条上还画了一张幼稚的哭脸。拿着这个毫不起眼的字条，张老师分明感觉到那上面的每个字似乎都在瑟瑟发抖，每个字都很重地砸在她的心里。是啊，临近期末考试，成绩对于孩子们的重要性不言而喻，张老师也正打算充分利用这次假期，多布置一些作业，来让孩子们复习巩固，争取一个好的成绩。可是，晓宇却猜中了老师的做法。他在写这张纸条时应该是满怀紧张的吗？说不定还抱定了挨批的打算呢。

沉思了一会儿，是的，成绩固然重要，但尊重孩子的天性和意见更重要。张老师又看了一眼纸条，脸上浮现出一丝笑意，她提笔回了几句评语：“你好大胆！敢向‘本大人’提意见！不过看到你为民着想，属良言进谏，你的意见我可以采纳，不过得烦劳你告诉大家，我布置的每一道题可要认真完成噢！切记切记!!”同时，作为回报，张老师还在后面画上了一张可爱的笑脸。

下午走进教室，孩子们一个个两眼放光，坐得非常端正，从孩子们的眼神中张老师知道晓宇已经传达了他的“小道消息”。这更坚定了张老师的想法：你尊重孩子们的意见了，你能为他们着想了，他们只会加倍地回报你。于是，张老师在班里表扬了直言进谏的晓宇，并宣布假期作业。这次作业比平时布置的少了很多，等她的声音刚落下，全体学生高呼：

“耶!”同时张老师看到了晓宇那充满阳光的笑脸。

后来的结果证明，孩子们不但很好地完成了那少量的作业，而且考试成绩也很不错。

作为老师，我们应该经常为孩子们着想。这句话说起来容易，往往做起来难。它不但需要老师要有宽阔的胸怀，更需要有那份时刻不能忘却的爱。

是啊，人间需要爱，世界需要爱，教育同样更需要爱。这样的爱，来得悄无声息，却能让几十颗心融合在一起；这样的爱，老师倘若付出了，也会收到出乎意料的回报。

张老师默默地付出着爱，那些沐浴在张老师的爱的孩子自然地享受着这份爱，珍存着这份爱，而他们，也积极地将这份爱反馈到了张老师的身上。

有一次，一早醒来，张老师病了，她感觉到头沉得厉害，浑身不舒服。但工作还等着她，丝毫耽误不得。想着班里那些正在等待着自己的孩子，张老师没有吃早饭，就匆匆赶去上班了。

当张老师站在讲台上给学生们讲课时，讲着讲着，突然眼前一黑晕倒在地。等她醒来时，第一眼就看到周围是一双双惶恐地瞪大的眼睛，那眼神中全是焦灼，全是关心。

看到老师醒来了，孩子们七手八脚地把她扶了起来。在这种情况下，张老师首先想到的还是孩子们——他们经历得少，不会被吓坏吧？有几个女生都哭了。张老师勉强站稳身子，感受着湿透内衣的汗，强自露出笑脸来安慰他们：“没事儿，可能是我这鞋子不给力。”一句幽默的话把学生们逗得哄堂大笑起来，紧张的情绪一下子消失了。

这时，调皮鬼王天宇把一块糖塞到了张老师的手里，他怯生生地说：“吃块糖就好了。”张老师一把拉过他，故作生气地说：“好啊，不让带零食，你就是不听。”这句话一出口，教室里顿时静了下来。

“不过看在你为了救人的份上，饶你这次，糖我吃了，然后——”张老师停顿了一下，“谢谢你。”孩子们全都被张老师逗乐了。

那节课，张老师最终还是坚持了下来，她先安排孩子们预习下一个问题，找了一个座位休息了五分钟，然后，拖着摔疼的双腿站起来继续上完这堂课。那节课，孩子们听得特别认真。

事后，张老师说，按照当时的情况，她本来完全可以停下来回到办公室休息，或者请假去检查。但她没有这样做，不为别的，只为全班学生那关爱的眼神。

这件事，使我马上想到了另一件真实的事。有一所学校的一位高中老师，喝了许多的酒后去上课，结果醉倒在讲台上。学生当时是怎么做的呢？他们毫不留情地将老师抬了出去放在了楼道中，然后仿佛事不关己似的到教室里学习了。两相比照，差距是多么大啊。你如果想赢得孩子们对你的爱，你必须先得付出爱。张老师，哪怕在晕倒醒来后，想着的仍是孩子们。爱，并不抽象，它就表现在平时一点一滴的细节中，而孩子们那童稚而天真的眼睛，是会捕捉的，是会记忆的，也是会沉淀的。

一个优秀的老师，不但会从平凡的教育生活中发现故事，将它的意义予以揭发，然后达到良好教育的目的，而且也善于创造故事。这些故事是微小的，但却是充满真情的；是细碎的，但却是感人至深的。人生，本来就难得是宏大的史诗，而是点滴的诗意。张老师一路走来，一路就谱写着这样的故事，于是，她的教育生活也就显得多姿多彩，充满逸趣。

紧张的期末复习快要结束了，不管是老师还是学生都有一些疲惫。第二天就要考试了。伴着铃声，张老师走进教室。学生们已经准备好学习用品，按以往的规律，今天张老师会把一些重点题目强调一遍。

“孩子们，这段时间累不累？”

“累！”异口同声啊，相当洪亮。这都在张老师的预料之中。

“考前复习很辛苦，同学们也非常卖力，想要什么奖励？”这话一出口，教室里马上沸腾了，孩子们七嘴八舌，有的说要这，有的说要那，五花八门。

张老师看到时机成熟了，就清了清嗓子，很认真地告诉大家："这次期末数学考试，只要能考满分，放假那天我请客吃冰糖葫芦，想吃什么味自己挑。"

话音刚落，教室里一片掌声。善于激发孩子们兴趣的张老师故作疑惑地问："能考满分吗?"

"能!"声音仍像刚才一样。

"要知道，六年级试题想考满分可不容易啊。"

"一定能!"

"最想对我说什么?"

"张老师，我爱你!"快嘴的文钰大声喊了一句。听到这话，张老师的心中充满了感动。

"张老师，我爱你!"异口同声的声音在教室里荡漾。张老师的心中一片灿烂!

"要能吃上糖葫芦，今天这节课我讲的这几道题必须会。"接下来张老师把早准备好的几个要点题目放到白板上，孩子们听得很认真。

期末考试成绩一公布，张老师教的两个班满分特多，都比平时发挥得好，计算很少出错。同学们欢呼雀跃，那天，张老师也特别高兴。

放假那天，当孩子们冒着寒风，跟在张老师的身后吃着冰糖葫芦的时候，个个喜笑颜开。张老师虽然没吃，心里却也一样甜。

孩子毕竟是孩子，你要了解他们的心理，才能做到真正地"适合"教育。他们也是完整的人，只要尊重他们的天性，尊重他们的需要，激发他们的兴趣，满足他们的欲望，他们一定会做出令人惊喜的事情的。

像这样一个一个的故事，就不时地在张洁老师身边上演着。每个故事里，都充满着关爱，都充满着感动，也都显现出张老师对教育的热情。青春不老，岁月不老，因为我们有一颗热爱生命和世界的心灵。

第四节

热情换得百花艳

注重学生品德教育和人文素质的培养，用心关爱每一名学生，用智慧引导每一名学生。是我们学校李敏老师一直不懈坚持的工作风格。这个风格，是她在十几年认真钻研的教学过程中逐渐形成的，是她在十几年孜孜不倦的班主任工作过程中逐渐形成的。经过多年的追索和探求，李老师不但有了独特的工作风格，也具备了独有的工作原则，用她自己的话来说，就是“先教会学生做人，然后教他们做学问”，这一教育理念贯穿在李老师教育的全过程中。所有这些，就决定了她的教育情态：从不把自己置于教育的主宰位置，从不居高临下地采取俯视的态势，而是努力地提升自己的修养，不住地寻找科学的途径，始终让自己作为学生成长路上的同行者、引领者存在。她一路走，一路把爱的种子播撒在孩子们的心田里，用爱与智慧、科学与真情解决教育工作中遇到的问题。在这样的教育教学过程中，李老师收获着快乐，也收获着幸福。

学科教学，以教师的激情点燃学生的热情。

据说，古希腊面对一个人的死亡时，常会问一句话：这个人热情吗？

这句看似极为平常的话其实内涵颇为丰富，这不但表现出古希腊人对待死亡的态度，也表现出了对待生命的态度。隐藏在它背后的含义就是：这个人倘若是热情的，那么，他的离世就很令人悲哀伤感，因为世上又少了一个“热情”的人；而相反，这个人倘若是不热情的，那么，它的去世也就显得无足轻重，一个不热情的人在世上本来就是一种多余的存在，有他无多，无他也不少。在这个意义上，热情与否成为衡量一个人生命价值的标准。

对于工作，热情的表现应该是这样的：我们不去考虑这份工作的来之不易，我们不去探究这份工作的最终结果，而是以一种饱满的激情去开拓，去创造，去领会其中蕴含的奥秘，去体会其中深孕的内涵。既为它的兴盛和发展而兴奋，也为它的衰萎和疲惫而痛心。我们积极主动地去应对它的变化，并从每种变化中汲取生命的能量。在一定程度上，我们就是我们自己的评价者：有得，我们欣喜；有失，我们思考。时常保持一种敏感，用这种敏感支配自己，用这种敏感去捕捉每一次的感动。把工作当成一种享受，既享受它带来的丰盈，也享受它带来的挑战。在一点点的聚敛中，在一次次的应对中，提升我们生命的质量。

对于学生，热情的表现应该是这样的：仔细地琢磨幼小的生命的奥秘，努力地为他们的成长建立一个美丽的空间，让他们的生命绽放出应有的光彩。撇弃暴力，撇弃凶猛，撇弃愤怒，用一颗柔软的心灵与他们结缘。引领他们去发现世间的美好，鼓励他们向这样的美好靠近。然而在内心深处，不忘记生活的残酷，不忘记生活的迷茫，用这样的残酷和迷茫来深化自己，将自己站立成一滩泥淖，让他们在其中开出艳丽的荷花。

李敏老师深深知道热情对于我们从事的这个工作的重要性。虽然从教多年了，但她始终保持着教学的热情和激情，无论有什么烦恼，来到课堂，见了学生，这些负面的情绪都被她有意无意地扔到九霄云外。别看李老师平时不怎么爱说话，似乎是一个性格内向的人，但她只要一走进课堂人，就显得容光焕发，谈笑风生。有一次讲古诗《题西林壁》，为了帮助学生直观感受“横看成岭侧成峰”，一向“温柔敦厚”的李老师一改往日的面目，竟一下子站到板凳上，伸手把自己的手提包置于黑板上方，然后引领左、中、右三排学生说出看到的手提包的样子。继而启发学生想象那就是庐山，并让孩子们从自己所在的位置说说，看到的山是什么样子，用哪个词可以描述出来。在这样的情景渲染下，学生很自然地想到并说出“连绵不断、连绵起伏、高耸入云、耸入云端、险峻”等词语。继而还进一步总结出从不同的角度看应该用不同的词语表述，如：横看、远眺、仰望、俯视等，从而深刻地感受到汉语的丰富多彩。因为这个环节的设立，学生的情绪始终高涨，他们整节课都思维活跃，争先诵读。即使在描述诗句含义的时候，也没有出现冷场现象。下课了，学生们竟没有要离开教室的意思，他们真的沉浸在诗的意境中。上课处处流露出来的热情和激情，让李老师的课堂活跃而生动，教学效果十分明显。

把握教育之本，爱心、细心加耐心。

李老师坚信每一个孩子都是一朵含苞待放的花蕾，我们教师的责任和义务就是为学生营造良好的氛围和环境，只要我们给足他们阳光、空气和水，耐心的等待就一定会看到鲜艳的花开。作为班主任，李老师从来不跟学生急，因为她深知学生做事的能力：大人一分钟做完的事，孩子们有可能二十分钟也完不成，结果还不一定令人满意。因此从一年级起，李老师就从细节入手对学生进行养成教育，对怎样听课、怎样安排课间十分钟、学习用品的摆放、如何做课前准备等等进心细致耐心的指导。为了巩固学生的良好习惯，李老师几乎天天都与孩子们待在一起，对他们的行为进行及时指导。做得好的同学给予表扬，并让他示范给大家看，做得不好的同学，就重新做，一次不行，两次；两次不行，三次。李老师知道，对于习惯的养成，首先要高度重视，因为这不但关乎目前，更会延伸到以后的学习乃至孩子的一生，爱因斯坦有句名言：“一个人取得的成绩往往取决于性格上的伟大。”而构成我们性格的，正是日常生活中我们的一个个好习惯。好习惯养成得越多，个人的能力就越强。养成好的习惯，就如同为梦想插上翅膀一样，它将为人生的成功打下坚实的基石。其次，老师一定要做以不厌其烦，多次反复，只有这样，才能有做好的可能。每一届学生，李老师都用无限的耐心与真诚的鼓励，使学生体验成功，树立自信。有一次，负责关窗的学生忘记关窗了，李老师接到保卫科的电话后，晚饭都没顾上吃，顶着大风赶到学校关窗户。对于这件事儿，李老师觉得正是一个培养学生责任感的良好教育契机，于是，她在黑板上写道："李老师没顾上吃晚饭，顶着大风来学校关窗户。"第二天上课前，负责关窗户的同学主动找到李老师。那个孩子哭着说："老师，都是我不好。"李老师没有说一句批评的话，而是激动地抱着孩子说："老师知道你也是一时疏忽，以后能把自己的职责牢记在心就好。我相信你以后再也不会忘记关窗了。"说着，李老师从办公桌抽屉内拿出糖果放到孩子手中——这样的糖果，她一直预备在办公桌抽屉内，是用来奖励学生的。班内学生都知道，李老师教育学生不是惩罚，而是奖励。每当犯错误的学生来到办公室，她都不是训斥批评，而是帮助学生分析问题，共同寻找改正错误的方法。最后这些孩子会拿着糖果高高兴兴离开。

正是由于李老师爱心支配下的细心和耐心，使孩子们从小就养成了诸多上学必备的习惯。而李老师，也通过这样的行为得到了学生们由衷的爱戴。

创新管理，发挥活动的教育功能。

李敏老师在班级管理中是个有心人。针对孩子们的成长特点和年龄特征，她总是能想方设法地找出一些巧妙的方法来加以教育和引导。这种"适合"孩子的教育方式因为生成于班级现实，所以显得很有成效。比如，在培养孩子们的良好习惯的时候，为了让孩子们很快地理解习惯的重要性，为了让这些要求很快地被孩子们接受，她将各种行为要求编成儿歌，以儿歌的形式帮助学生巩固良好行为习惯。这些儿歌适合孩子们的心理需求，读起来朗朗上口，备受孩子们的喜欢。比如，李老师注意到年幼的孩子们不知道专心听讲的重要性，有些孩子动作和行为不规范，从而影响了听讲和学习效果，她就编了这样的歌谣："双肩要正，两脚放平，眼睛看老师，耳朵在倾听。"这样的歌谣通俗易懂，要领具备，孩子们一听就会，而且嘴里一边念叨着儿歌，一边照着要求去做，自然会水到渠成。

李老师知道，习惯的养成不是一蹴而就的事情，光有科学有效的方法还不行，还得时时强调、日日叮嘱、天天检查。科学研究告诉我们，一个良好习惯的养成，至少需要二十一天，而这二十一天中就需要不断地重复和强化。但孩子们分明年纪小，毅力差一些，往往做上几天就觉得这没什么意思而放弃了、退缩了。为使这漫长的道路走起来不那么单调乏味，为了让孩子们在兴趣的支配下完成习惯养成任务，李老师特意在班内设立各种活动日，如“课前准备到位周”“文明礼仪周”“课堂踊跃表现周”“卫生创优月”等。这样做的目的，是将大的目标、总的目标分解成具体的小目标。目标明确了，可操作性也就强了；小目标明确了，实现起来也就不那么困难了。李老师从多年的实践中总结出来的这种做法很有效，特别利于在一段时间内强化培养学生某方面的习惯。

多姿多彩的活动对于培养学生的习惯很重要，在其他方面也能发挥重要的作用。李老师还通过成立班级“乒乓球队”等活动培养学生正当兴趣爱好；利用国庆节、教师节等各种节日对学生进行感恩教育；开展多种活动，对学生进行健康人格教育。她始终践行陶行知“千教万教教人求真”的教学思想，从来都是把感恩、敬老、友爱、互助等传统美德教育放在第一位。为了使这种教育理想得到实现，她充分地利用班会这个阵地，将班会作为对学生进行教育的主渠道。无论学习怎样紧张，她都不会占用每周班会课时间，而是组织学生开展形式多样、内容丰富的活动。“学校是我家”“我们是一家人”“我是合格小公民”等主题班会，从主题上看，就能显见李老师的良苦用心，她就在于培养学生的集体意识，就在于教会学生与人为善、团结友爱的处事态度。

各种各样活动中，李老师比较重视培养学生勤奋学习的意志，她注重将勤奋学习的种子播撒在学生心田里。李老师注意到，现在的孩子普遍缺乏吃苦精神，面对困难容易退缩，于是，她时刻教育学生，勤奋学习是学生应有的最起码的美德；我们要珍惜时间，面对困难不轻言放弃，要有毅力和恒心。按照惯常的做法，李老师还是将这一看似艰难的目标加以分解，落实在各种活动中。她采用各种科学方法，努力激发学生的学习兴趣，在活动中灌输给学生刻苦学习的意识，让课堂成为学生展示自我的舞台。表演“课本剧”、课前三分钟口语表达、经典诗文诵读、好书推介会、创办班级刊物《心语沙龙》，这一系列创新性教学举措，不仅使学生爱上语文，更让他们带着兴趣具备了勤奋的特质。

鼓励赏识，培养学生的担当意识。

学生们和李老师特别亲近，一见到她便如小鸟一样叽叽喳喳围拢来。一次，一位家长看到自己的孩子张开双臂迎接老师的情景，无比欣慰又羡慕地说：“李老师，你的学生见了你可真亲啊！”

学生之所以与李老师这么亲密，与她的教育方式息息相关。李老师很少疾言厉色地训斥学生，而是抱着欣赏、赏识的态度面对每一个孩子。她知道，“生命如水，赏识人生，学会赏识，爱满天下”。在教育中，她充分地发挥了赏识教育的思想内涵。这种教育方法，说到底，就是“发现优点”“欣赏优点”。通过这一途径，培养孩子们的自信心以及学习的积极性、主动性和创造性，从而达到教育的目的。

无论哪个孩子，只要我们耐心寻找，就必定能发现他的优点，即使他做错了事，我们也可以从中找到闪光点。这种教育方式的基础，就在于一个“爱”字，看你是不是爱学生，看你是不是发自内心地关心他们。

每个学生都渴望得到老师的表扬，对于学生李老师从来都不吝啬表扬。她的表扬有时是一个赞许的微笑，有时是一次亲昵的抚摸，有时是一句由衷的赞扬。有个叫灵晨孩子，做课前准备的速度特别慢。这种慢的习惯，即使在家里，也让他的家长特别不耐烦，动不动就加以责怪，结果这种教育方法适得其反，孩子行动更显得慢了。李老师面对这种情况，不但不催促，反而称赞道：“灵晨，你这次做课前准备只用了两分钟，比上一次又快了许多。”在这种不断的鼓励和赞赏下，灵晨的速度逐渐快了起来，最终与其他同学可以相媲美了。看李老师的课堂，有时真是一种享受。她走到孩子们的中间，当孩子们写作业时，她一边巡视指导，一边纠正学生的坐姿，不时用手轻抚一下学生的头。她用每一个赞许的微笑、每一个爱抚的动作把由衷的鼓励传递给学生。

李老师不仅鼓励与赏识学生，更注重培养学生的担当意识。因为当学生有了担当意识后，他整个人才会充满一种向上的动力。如何培养学生的担当意识，需因人而异，但是不管多么艰难，老师总能找到适合某个孩子的一项工作。引领他在快乐的工作中找到自我、正确定位。

有一个叫小郭的孩子，是个聪明伶俐但又极其调皮的男孩。他最大的缺点就是对什么都无所谓，缺少责任意识。李老师看在眼里，急在心里，像这样的孩子，如果不能将聪明用在合适的地方，最多能玩点小聪明而不能成为人材。只有具备了一定的担当意识，他的生命才显得厚重，他才能静下心来用功地学习，也才能将聪明用到地方上。那么，如何培养他的担当意识呢？

起初李老师任命他为值日小组长，一段时间下来，全组成员对他意见很大，他带领的小组在班内评比中经常居后，结果组员一致要求“罢免”他。面对这种情况，李老师就找到小郭，问他还愿意担任什么。小郭不吭声。看着这个自由大兵一样的孩子，有一段时间李老师一时也没有了办法。于是，她慢慢地等待着，寻找着合适的教育契机。功夫不负有心人，不久，这个机会终于被她找到了。

有一次两个路队小领队都有事，结果没人带路队了。李老师马上想到了小郭同学，她找到小郭让他上任，小郭这个自由散漫惯了的孩子自然不愿意，但在李老师一再的劝说之下，他还是“走马上任”了。李老师意识到，像这样的孩子，起初还是需要必要的“强制”的，如果他从中能体会到甜头，那以后才会放手。果实，由于李老师始终在跟队，小郭不再好太放肆，一路下来队伍在他的带领下竟然走得不错。李老师抓住时机，当着其他同学的面予以了表扬。孩子毕竟是孩子，尤其像这样调皮的孩子，更是渴望获得一种荣誉感。有了这样的鼓励和表扬，小郭带起队来更起劲了。一段时间下来，他竟能很认真地对待这一职务了，还买了哨子，中午、课间操时也主动向体育委员学习带队。这种精神具备了，自然地反应到其他方面。过了一段时间，李老师欣喜地看到，具备责任意识后的小郭，在学习和其他方面，都不再那么懒散，成绩也提了上去，班内告他状的几乎没有了。小郭最终成为了一名阳光、上进的男孩。

“我相信只要心里装着学生，就会产生不竭的教育智慧，作为一名班主任，我甘做学生成长道路上的铺路石。”这是李老师朴素而真诚的自白，她是这么说的，也是这么做的。我觉得，我们当前的教育，就需要摒弃华而不实地作风，像李老师这样俯下身来，细心体察，用心做事，在点滴的行动中收获教育的幸福。

第五节

寓教于戏觅佳趣

王淑芳老师是我校一位非常优秀的老师。她的才能和智慧表现在多个方面。在班级管理上，她从“赏识教育”“规则教育”“自我教育”“家庭教育”入手，摸索总结出了一套形之有效的管理方法。而在学校特色班级的建设方面，她更是科学地利用教育规律、尊重学生认知水平，以课本剧为重心，把语文教学搞得有声有色，引起了很好的反响。

课本剧是由师生共同编写、排练的。在这个过程中，教师主要起到指导作用，而活动的主体则是学生。活动以所学课文、学校生活为素材，通过创设情景、角色模拟，展示、升华课文主题思想和故事情节。它可以活跃班级文化生活、寓教于乐，可以培养学生的创新精神和参与能力，可以提高他们全面深刻地学习理解、感悟掌握课文内容的自主想象能力和创造力。与其他学习方式相比，它显得形象可感，真切动人，有着不可替代的作用。在推进语文课改、推行素质教育的课堂上，王老师大力提倡实行课本剧，这项活动经过她的积极推进，已成为该班的一道亮丽风景。

课本剧的意义是重大的，对于学生的素质提高成效也是显著的，它的作用，主要表现在以下几个方面：

课本剧的表演可以激发学生的兴趣。课本剧是在戏中觅趣，变封闭为开放。教育家巴班斯基认为：“趣味性应该是课堂上掌握所学材料的认识活动的积极化。”就课本剧而言，学生在戏中不仅应寻觅情趣，而且还要获得意趣；不但要注意积累，更要注重开拓，变封闭为开放。过去教学某一课文时，教师总是努力做到点滴不漏、照本宣科，学生则听得昏昏欲睡。而现在要学生自己把课文编成剧本并且自己当演员，学生的兴趣自然来了：选哪一篇？怎样编？谁演什么角色合适？人物性格有何特点？这一系列问题，学生都愿意主动思考、编排，并一遍遍地认真阅读课文、互相交流。另外，编演课本剧不知道戏剧常识不行，同学们课下主动学习并认真阅读那些剧本，然后自己揣摩人物、改编课文，就等于是学习戏剧常识的过程，这样的过程是主动的，也是积极的。

课本剧可以提高学生的语文素养。课本剧的编演过程中，对学生语文知识的要求是多方面的。剧本不是课文，不再有大量的叙述性语言，除了有简单的舞台说明外，大部分是对话。对话语言要规范，就要求改写剧本时用词要准确、句子要完整；表演时语音要准确，对话就要与人物性格相符合。这些都需要学生有较扎实的听说读写能力。排练时，王老师注意把学生分为多个小组，使学生人人都有参与活动的机会，各小组也可根据实际，对剧本稍作修改。演出时则提醒注意两点：舞台布置及道具应从简，不能人为造成演出的难度；人物对话的表演是重点，应掌握好语调、语气、速度、节奏等，最大限度地为突出人物性格、推动情节发展服务。因此，为了演好某个角色，演员对其中的每一句话，甚至是每一个眼神都要反复推敲、试演，在这个过程中，课文的理解深入了，语言的把握准确了，表达的能力提高了，合作的意识增强了，其语文能力和素养自然也就得到了训练和提高。

课本剧可以激发学生的创造性。编演课本剧的过程就是一种再创造的过程。改编是一种创造，表演更是一种创造。“一千个观众就有一千个哈姆雷特”，每个学生在阅读课文时都有自己独到的理解。改编后进入表演，他们又会根据实际，结合当代学生的一些特点不断调整、充实，进行再创造，从而使人物的动作、表情、对话等更具个性化，使得形象更为丰满。王老师惊喜地发现，学生的创作往往是充满激情的，文字往往是震撼人心的。他们对课文的独到见解、对表现课文内容的形式的再创造，往往令老师始料未及。

排演课本剧是剧本迈向演出的桥梁，又是演出前最关键的酝酿筹备阶段。在这一开放性的学习过程中，同学们因为不局限于教室、不拘泥于课本，所以，他们的学习过程充满了创造性，他们的表演结果也具备了多元性。

例如，在《鲸》《自然之道》等课本剧的表演中，有些同学在排练时大胆地对人物语言进行了加工，使之与当前时代相结合，达到了新编搞笑的效果。在表演中，王老师还欣喜地发现，平时没有太多突出表现、比较文静内向的同学在这样的特殊的综合性学习活动中都有出色的表现。这样的班级特色可以说达到了它真正的目的——让所有的孩子都参与进来，让他们受到压制的一面得到充分的展现，以活动满足天性、满足发展的欲望。而活动还有一个令人感到欣喜的收获，因为凡是活动，肯定会遇到各种各样的问题，而这样的问题就把参与的成员聚合在一起，使他们学会商讨问题，学会处理问题，这无形中提高了学生的能力，促进了他们的合作意识。

课本剧集文本、表演、化妆、道具、对白于一身，极具欣赏性、娱乐性、教育性，并能活跃校园文化气氛，激发学生的学习兴趣，让每一个学生都有展示自己的舞台，张扬个性，培养团结协作的精神。王老师班的课本剧表演正以崭新的面貌越来越受到孩子们的青睐。

王老师班的课本剧表演不但有着深刻的教育意义，也有着一定的普适性。在这里，我们将她班里几出优秀的课本剧展示出来，以供那些怀着同样的教育思想的老师借鉴、品味。

课本剧《自然之道》

时间：2010 年 4 月

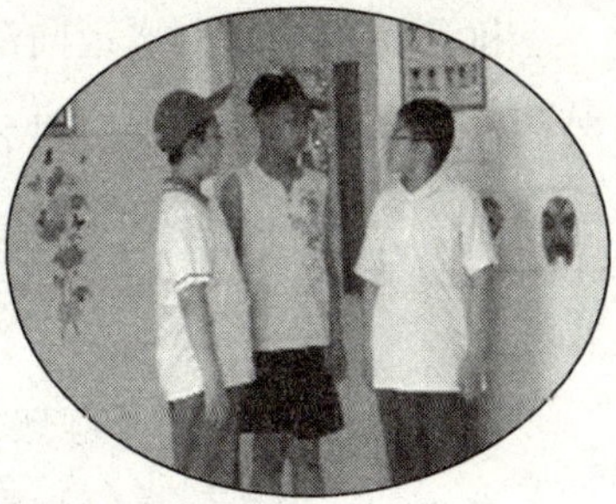

地点：四年级一班

人物：生物学家向导、同伴 1、同伴 2、乌龟侦察兵、乌龟 2、乌龟 3、乌龟 4、嘲鸫 1、嘲鸫 2

道具：嘲鸫头饰、龟头饰

序幕：同伴 1、同伴 2 和生物学家向导上场

第一幕

同伴 1：您是生物学家冯晓宇先生吗？

生物学家：是的。

同伴 2：我们想去加拉巴哥岛实地观察一下幼龟。

生物学家：好的。

同伴 1：请您做我们的向导吧？

生物学家：没问题。（边走边说）我来为你们讲解一下太平洋乌龟的情况。太平洋乌龟长大后体重在一百五十公斤左右。

同伴 1：哇，这么大啊！

生物学家：最小的幼龟体重不到它们的百分之一。

同伴 2：啊，这么小呀！

生物学家：幼龟一般在四五月份离巢而出，争先恐后爬向大海，从龟巢到大海需要经过一段不短的沙滩，稍不留心，幼龟便可能成为食肉鸟的美食。

同伴 1：看，一个龟巢！

（播放《乌龟之歌》，大家头戴道具表演。）

第二幕

小乌龟侦察兵：我们是一群可爱的小幼龟。

小乌龟 2：大海是我们的家。

小乌龟 3 和 4：（心情激动）我们要到大海去，我们要到大海去。

小乌龟 2：可是去大海很危险。

小乌龟侦察兵：那就让我为大家去侦察一下吧。

（幼龟又向前走了几步。突然，嘲鸫飞来。）

小乌龟侦察兵：啊，嘲鸫 ~

嘲鸫 1：快看，一只小乌龟。

嘲鸫 2：那就让我们饱餐一顿吧。

（嘲鸫用尖嘴啄幼龟的头，企图把它拉到沙滩上去。）

（气氛紧张起来。）

同伴 1：（焦急）向导，你得想想办法救救它呀！

向导：（若无其事地）叼就叼吧，自然之道，就是这样的。

同伴 2：向导，您不能见死不救啊！一定要去救它啊！

（向导非常不情愿地抱起那只小龟。）

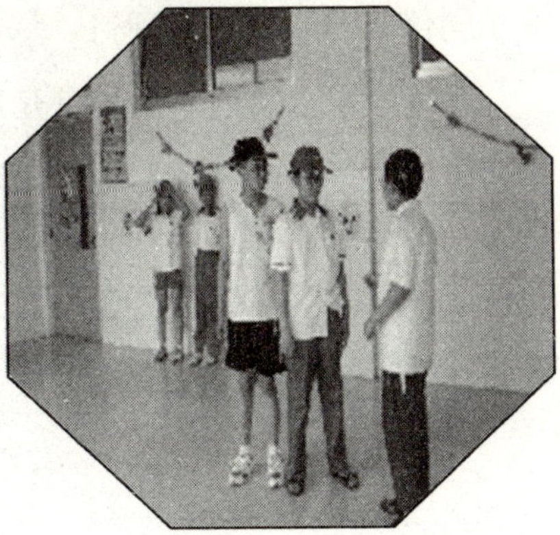

小乌龟侦察兵：你放开我，我要回去报信呢！

向导：你快逃命吧！

小乌龟2：伙伴们，快看呀！侦察兵没有回来，说明外面很安全，我们快到大海去吧。

（成群的幼龟从巢中鱼贯而出，很快引来了许多食肉鸟）

嘲鸫1：兄弟们，快看啊，好多乌龟啊！

嘲鸫2：快让我们大餐一顿吧（飞向乌龟）。

同伴2：天啊，看我们做了些什么！

向导：看，幼龟遭到了食肉鸟的袭击，我们赶紧去救它们。（赶紧摘下棒球帽，迅速抓起十多只幼龟，放进帽中，向海边奔去。）

同伴1：快点帮向导的忙！

（食肉鸟吃得饱饱的，发出噢噢的叫声。）

同伴1：向导，这是怎么回事呀？

向导：原来那只幼龟是龟群的侦察兵，它出来侦察外面有没有敌情，我把它引入大海，巢中幼龟得到错误信息，以为外面很安全，便争先恐后地奔向大海，结果反而成为了食肉鸟的美食了。

同伴1：唉……（长叹一声）

向导（一边走一边发出悲叹）：这就是违背自然之道，好心办坏事啊！

同伴1、2和向导：（长叹一声）唉……

……幕落

课本剧《中彩那天》

第一幕

时间：一个傍晚

地点：百货商店门口，道具是一辆汽车车头上写着大大的“奖”字

人物：我、父亲和若干群众

（百货商店门口热闹非凡。若干群众围着中奖的汽车，父亲就坐在汽车里。人声嘈杂）

我：（背着书包，从台侧边晃着帽子边跑边兴奋地喊道）爸爸，我们真的中奖了？

父亲：（神情严肃地开着车，不理睬我，我刚想上车，他就低声说道）下去！

（我闷闷不乐地走下台）

第二幕

时间：晚上

地点：家里，客厅的桌子上放着一部电话机

人物：我、父亲、母亲

（灯光四起，在房间里）

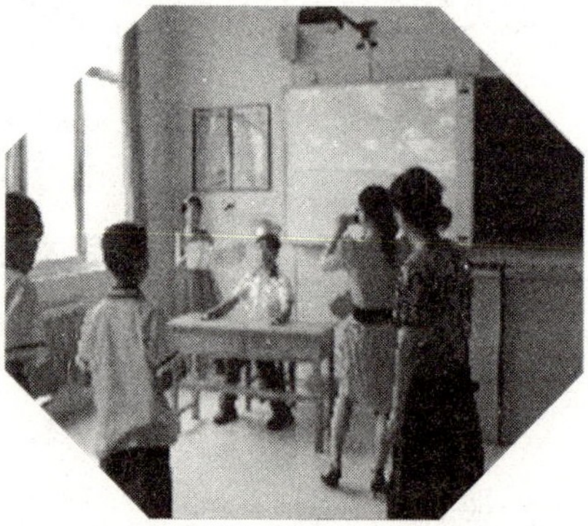

我：（撅着嘴跟母亲告状）爸爸中了奖好像很不开心。还不让我上车，真是莫名其妙！

母亲：（抚摩着我的头，边安慰着我边说道）不要烦恼，你父亲正面临着

一个道德难题。

我：（疑惑不解地问道）难道我们中彩得到汽车是不道德的吗？

母亲：（手里拿着两张彩票存根，温柔地对我说道）你看这两张彩票有什么不同？

我：（对着那05102和05103的彩票仔细辨认，说道）中奖的存根上用铅笔写过“K”字的，虽然擦过，但有淡淡的痕迹。

母亲：（点点头说道）“K”字代表库伯，你父亲的同事。当时你爸爸帮他捎了一张彩票，并作了记号。但过后，他们俩都忘了这件事。

我：（激动地喊道）可是，库伯是有钱人，我们家穷呀！

父亲：（我的话音刚落，父亲神情很坚定，从台侧上来，走到桌子前拨着电话号码，说道）库伯先生，恭喜你！我帮你买的彩票中奖了！是一辆奔驰汽车，请来我家开走吧！

父亲：（放下电话，搂着我和妈妈，开心地说道）今天心情不错！我们一起唱个歌，跳个舞吧！

（《我的家庭真可爱》音乐歌曲起，三人一起边唱边跳：“我的家庭真可爱，整洁美丽又安康，兄弟姐妹都和谐，父亲母亲都慈祥。虽然没有大厅房，家庭温馨很浪漫……”）

旁白：成年以后，回忆往事，我对母亲的教诲有了深刻的体会。父亲在道德难题面前，放弃了汽车，选择了诚信，做到了以诚待人。是呀，中彩那天父亲打电话的时候，是我家最富有的时刻。

……幕落

课本剧《晏子使楚》

时间：春秋末期

地点：楚国

人物：晏子、齐王及大臣、楚王及大臣、士兵

第一幕

旁白：春秋末期，齐国和楚国都是大国。

齐王：上朝。

众大臣：（弯腰鞠躬）吾皇万岁万岁万万岁。

齐王：众爱卿免礼平身。楚国现在非常强大，我要派你们其中一个人到楚国去访问，谁来接这个艰巨的任务。

（众大臣你推我让）

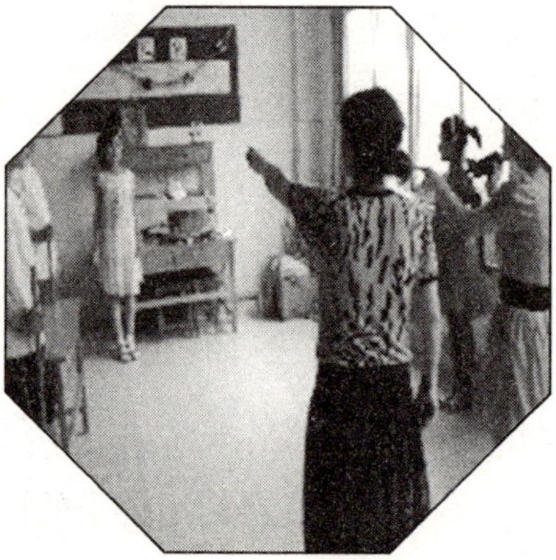

晏子：（谦虚地）晏子不才，愿意前往楚国。

齐王：那这个艰巨的任务就交给你了，你要好好完成！

晏子：（跪拜在地）是的，大王，我一定不负重托。

齐王：退朝。

众大臣：（弯腰鞠躬）吾皇万岁万岁万万岁。

第二幕

士兵：启禀大王，晏子今日来楚国访问。

楚王：（不屑一顾）哼……小小齐国敢来访问我泱泱大国，看我今天怎么让他出丑。

士兵旁白：晏子今天来访问楚国，我们大王为了显示楚国的威风，特

地让人在大门旁边开了一个五尺来高的狗洞。一会儿晏子来了，就让他从这个狗洞里钻进去。如果他从这个狗洞里钻进去，可就把齐国的脸丢尽了。瞧！晏子来了。

（晏子来到楚国，见到城门紧闭，便让士兵开城门。没想到守城士兵会对他是这般无礼）

士兵（傲慢无礼）：喂，你是谁？干什么的？

晏子（面带微笑）：我是齐国大夫晏子，你是否可以打开城门让我进去？

士兵（傲慢无礼）：不行，大王吩咐，不得打开城门。

晏子（好奇）：为什么呢？

（士兵旁边站着的楚国接待官员开始说话。）

接待官员（非常礼貌）：如今战火不断，其余五国没准正在暗处观察我们，随时可能进攻。不到万不得已不打开城门。（手指着矮洞）只好委屈您从这儿进去了。

晏子（风趣）：不行啊。你看，这分明是个狗洞啊。只有访问“狗国”才能从狗洞进去。我在这儿等一会儿，你们先去问个明白：楚国到底是个什么样的国家？

（接待官员立刻把晏子的话传给了楚王）

楚王（稍有点佩服，但还是轻蔑）：好个晏子，这话说得在理。

（于是，楚王传令下去，打开城门，迎接晏子）

第三幕

（晏子见了楚王，向楚王作揖）

楚王（瞅了晏子一眼，冷笑一声）：难道齐国无人吗？怎么派你前来？

晏子（严肃）：这是什么话？我国首都临淄住满了人。大伙儿把袖子举起来，就是一片云；大伙儿甩一把汗，就是一阵雨；街上的行人肩膀擦

着肩膀，脚尖碰着脚跟。大王怎么说齐国没有人呢？

楚王（生气地）：既然有那么多人，为什么派你来呢？

晏子（装作为难）：您这一问，我实在不好回答。撒谎呢，怕犯了欺君之罪；说实话，又怕大王生气。

楚王（无奈地）：实话实说，我不生气。

晏子（拱手）：敝国有个规矩：访问上等国家就派上等人，访问下等国家就派下等人。我最不中用，所以被派到这儿来了。（说完故意笑了笑）

（楚王无话可说，只好赔着笑，并赐座与晏子）

第四幕

（楚王安排酒席招待晏子。正当他们吃得高兴的时候，有两个武士押着一个囚犯，从堂下走过。楚王看见了，就让他们停了下来）

楚王（惊奇地用手指了指）：这个囚犯，他犯了什么罪？是哪里人呢？

士兵（向楚王行礼）：回大王，他犯了盗窃罪，是个齐国人。

楚王（鄙视并笑嘻嘻）：齐国人怎么这样没有出息，干这种事？

（楚国的大臣们听了，都得意洋洋地笑起来，以为这一下，可以让晏子丢尽脸面。一位大臣站起来，向晏子提问）

楚国大臣（得意洋洋）：晏子大夫，你能为大家解释一下吗？

晏子（面不改色地站起来）：大家怎么不知道哇？淮南的柑橘又大又甜，可橘树一种到淮北就只能结又小又苦的果子，还不是因为水土不同吗？同样的道理，齐国人在齐国能安居乐业，好好地劳动。一到楚国，就做起了盗贼来了。也许是两国的水土不同吧。

楚王（赔不是）：我原来想取笑大夫，没想到反让大夫取笑了。

旁白：从那以后，楚王再也不敢取笑晏子了。

……幕落

课本剧《鲸》

时间：2010 年 10 月

地点：五（一）班教室

人物：鲸甲、鲸乙、鲸丙、鲸丁、鲸戊、须鲸、齿鲸、虎鲸、蓝鲸、白鲸

背景：辽阔的大海，鲸在畅游（一群戴着头饰的“鲸”，向人们打招呼）。

齐喊：大家好，我们是一群可爱的鲸！

（鲸甲游出鲸群）

鲸甲：我们鲸生活在海洋里，因为体形像鱼，许多人管我们叫鲸鱼。其实我们不属于鱼类，而是哺乳动物。在很远的古代，我们的祖先跟牛羊的祖先一样生活在陆地上。后来环境发生了变化，我们的祖先生活在靠近

陆地的浅海里。又经过了很长很长的年代，我们的前肢和尾巴渐渐变成了鳍，后肢完全退化了，整个身子成了鱼的样子，适应了海洋的生活。

（鲸甲游进鲸群，鲸乙游出）

鲸乙：你们说世界上最大的动物是什么？你们一定说是象。其实，还有比象大得多的动物，那就是我们鲸。目前已知最大的鲸约有16万公斤重，最小的也有两千公斤。我国发现过一头近四万公斤重的鲸，约17米长，一条舌头就有十几头大肥猪那么重。它要是张开嘴，人站在它嘴里，举起手来还摸不到它的上腭，四个人围着桌子坐在它嘴里看书，还显得很宽敞。

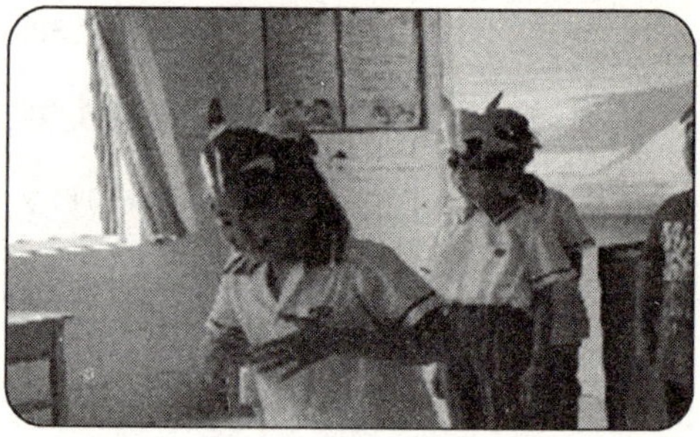

鲸丙：你一定奇怪我们鲸是怎么睡觉的？

（鲸群做出睡觉的样子。鲸丙边指着边介绍）我们每天都要睡觉，睡觉的时候，总是几头聚在一起，头朝里，尾巴朝外，围成一个圈，静静地浮在水面上。如果听到什么声响，立即四散游开。

（鲸丙游走，鲸丁游出）

鲸丁：我们鲸是胎生的，幼鲸靠吃母鲸的奶长大。长须鲸刚生下来就有10多米长、7000公斤重，一天能长30公斤到50公斤，两三年就可以长成大鲸。我们的寿命很长，一般可以活几十年到一百年。

（鲸丁游走，须鲸和齿鲸一起上场）

须鲸：我们鲸可是一个庞大的家族，全世界有80余种，我国海域有30多种。

虎鲸：一般把我们分为两类。一类就是齿鲸（手指向须鲸，须鲸向人们摆手），另一类就是我们虎鲸（用手拍拍胸脯）。

须鲸：如何区分我们呢?

虎鲸：我是有齿无须（指指头饰，张开大嘴）。

须鲸：我是有须无齿（指指头饰，张嘴双唇包住牙齿）。

虎鲸：我们跟牛羊一样用肺呼吸，鼻孔长在脑袋上，呼气的时候浮出海面，从鼻孔喷出的气形成一股水柱，就像花园里的喷泉一样。不同种类的鲸，喷出的气形成的水柱也不一样。

须鲸：我喷出的水柱是垂直的，又细又高（手高高地垂直举起）。

虎鲸：我喷出的水柱是倾斜的，又粗有矮（手倾斜地举起）。

须鲸：我主要吃虾和小鱼。它们在海里游的时候，我张着大嘴，把许多小鱼小虾连同海水一齐吸进嘴里，然后闭上嘴，把海水从须板中间滤出来，把小鱼小虾吞进肚子里，一顿就可以吃两千多公斤（很自豪地拍拍肚子）。

虎鲸：（不服气）我主要吃大鱼和海兽。我们遇到大鱼和海兽，就猛扑上去，用锋利的牙齿咬住，很快就吃掉了。（做出猛扑、撕咬的样子）嗨，我是海中霸王！（举起双手，龇牙咧嘴的样子吓得须鲸赶快逃走）

蓝鲸：（傲慢地走出来）我是地球之最！是地球上目前最大的动物，是真正的海上巨兽！

虎鲸：（不服气）光长得大算什么本事？

蓝鲸：我也是动物世界中绝无仅有的大力士，我以每小时28千米的速度前进，可产生1250千瓦的功率，相当于一个中型火车头的拉力。（自豪地）你有什么本事？

虎鲸：我可是鲸类王国中的“语言大师”！我们能发出62种不同的声音，而且不同声音具有不同的含义。

白鲸：（兴奋地、扭着腰身走出）要说语言，我们白鲸可是鲸类王国中最优秀的“口技”专家，我们能发出几百种声音，而且发出的声音变化多端，让人惊叹不已。

（其他的鲸不相信，有的摇头，有的摆手）

不信，我给你们学学，猛兽的吼叫声、牛的哞哞声、鸟的吱吱声、女人的尖叫声、婴儿的哭泣声……（边说边学）

其他鲸：啊，真是五花八门，无奇不有！（鲸们都佩服，有的竖起大拇指，有的连连点头称赞。）

（鲸戊垂头丧气地走上来，满脸忧愁）

鲸戊：可是由于环境的变化和海洋的污染，我们鲸的数量正在急剧减少。就说世界上最大的蓝鲸，仅剩不到50头。在地球上存在了几十万年的鲸正濒临灭绝。

（鲸们各个愁眉苦脸地游回鲸群）

鲸齐声：我们是人类的好朋友，地球是我们的家。让我们和睦相处吧！（张开双臂，渴求幸福）

……幕落

课本剧《临死前的严监生》

时间：2011年5月

地点：五（一）班教室

人物：严监生、五个侄子、奶妈、赵氏、郎中

背景：晚间挤了一屋子的人，桌上点着一盏灯，严监生奄奄一息地躺在床上。五个侄子穿梭地过来催郎中弄药。

三侄子：先生，再想想办法吧！

郎中：无奈地摇摇头。

（五个侄子，有的摇头，有的叹息，有的掉眼泪。走进屋子，围在严监生周围）

严监生：（喉咙里痰响得一进一出，一声连着一声。手有气无力地从被单里拿出来，伸着两个指头）

（大侄子走上前，缓慢地温和地）

大侄子：二叔，你莫不是还有两个亲人不曾见面？

严监生：（有气无力地慢慢把头摇了两三摇）

（二侄子急忙走上前，弯下腰急切地）

二侄子：二叔，莫不是还有两笔银子在哪里，不曾吩咐明白？

严监生：（两眼瞪得滴溜圆，拼尽力气把头狠狠摇了几摇，手指颤抖着越发指得紧了）

奶妈：（抱着孩子）老爷，是因为两位舅爷不在跟前，故此惦念？

严监生：（把眼闭着摇头，把手举得更高）

（赵氏慌忙揩揩眼泪，走上近前）

赵氏：爷，别人都说的不相干，只有我能知道你的意思！呜——呜——你是为那灯盏里点的是两茎灯草，不放心，恐费了油。我如今挑掉一茎就是了。（说罢，忙从头上拔下簪子，去挑掉一茎）

严监生：（点一点头，手一下垂下，立时没了气）

……幕落

课本剧《打扫森林》

时间：2010 年 10 月

地点：五（一）班教室

人物：林务官、警务官 2 名、大树 2 名、灌木、杂草、昆虫、鸟、害虫 2 名、科学家

背景：大森林郁郁葱葱、参天大树下灌木、杂草、野花枝繁叶茂。（放动漫歌曲《蓝精灵之歌》，大家随音乐边舞边唱。唱完，根据担任的角色戴上头饰，拿上道具）

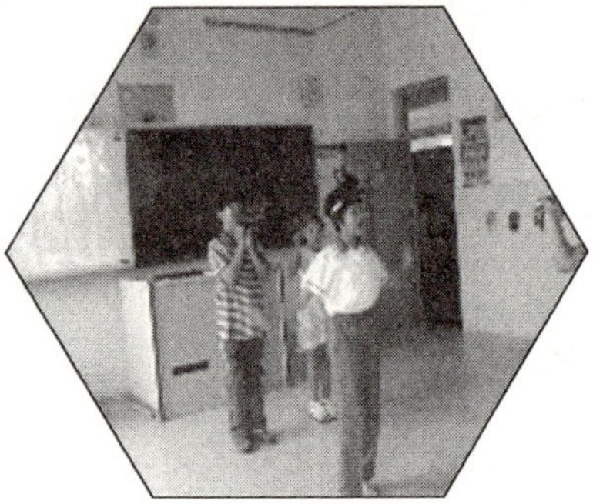

（大树挺胸站直，两手举起树枝；灌木和杂草蹲在树下，手举灌木杂草）

（林务官头戴大盖帽，身穿警服，昂首阔步地走来）

林务官：我是林务官，新官上任三把火，我得干几件大事让他们瞧瞧。（到处巡视）啊，这么一大片森林全归我掌管！瞧，（拍拍树身）这粗壮的树干，（摸摸树叶）这茂密的枝叶，

多美呀！（再往树下一瞧）哎，都是这些乱七八糟的灌木和杂草毁了这片森林的容貌。

（面向警务官）警务官，我命令你们，赶快把这些灌木杂草统统除掉！

警务官：是！一定完成任务！

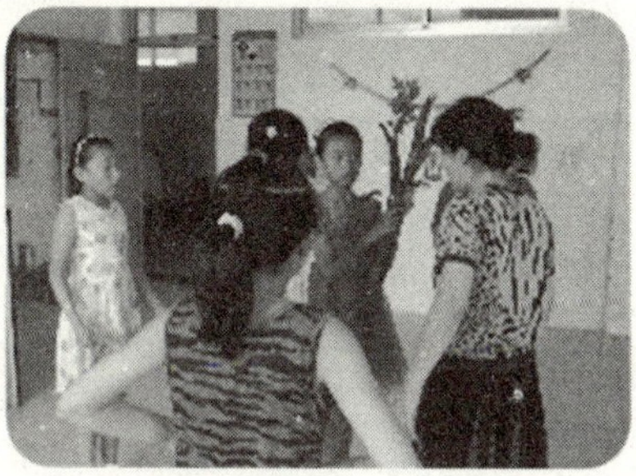

（警务官们手拿斧头、镰刀，走进森林，挥起斧头镰刀就砍。）

灌木：（着急的）别砍！别砍！我们是有用的！

警务官：（边挥舞斧头边说）胡说！你们有什么用！

杂草：我们真的有用，你听我说……

警务官：说什么说，谁有工夫听你们胡说！

（斧头、镰刀挥得更猛，把灌木、杂草砍倒，拖走）

灌木、杂草：救命啊，救命啊！——你们会受到大自然惩罚的……

（戴头饰的昆虫上场）

昆虫：（奇怪的）我的家呢？

大树：唉，都被那些无知的人类砍走了！

昆虫：我的家没有了，我往哪儿藏身呢？兄弟姐妹们我们搬家吧，否则，我们的天敌会来吃我们的。

（昆虫搬家了。鸟快活地飞来，边唱边挥动翅膀）

鸟：我是一只快乐的小鸟，刚去邻居家串门回来。我饿了，找点吃的。（东看西瞧）咦，那些昆虫哪儿去了？

树木：（忧伤地）灌木杂草都被人类砍光了，昆虫没有了隐蔽场所，都搬家了。

鸟：它们搬家了，我们就没有吃的了，兄弟姐妹们，我们也搬家吧。（垂头丧气地扇动翅膀飞走了。戴头饰的害虫兴高采烈地晃着膀子上场）

害虫1：听说我们的天敌——鸟都飞走了，我们可以敞开肚子大吃了，哈，哈，哈……

害虫2：听说是人类帮了我们的忙，他们怎么那么傻！（奸笑）哈，哈，哈……

害虫1：兄弟姐妹们，敞开肚皮吃吧！

（猛扑向树木，大吃起来）

树木：救命呀，救命呀！

害虫2：喊也没用，没人来救你们了！

（树木渐渐垂下枝条，掉下叶子，慢慢倒下。害虫抚摸着肚子，大摇大摆地走了。林务官又昂首挺胸地来巡视）

林务官：（大惊失色，指着枯萎倒地的树木）怎么回事？这是谁干的？

科学家：（语重心长地）这些灌木和杂草，看起来是没用的东西，其实，它是小动物们的隐蔽场所。这些枯枝败叶腐烂以后，变成腐殖质，可以增强土壤的肥力。现在你把它们都砍走了，小动物们没有了隐蔽场所，都逃走了；小动物们逃走了，鸟就没有了食物，也飞走了；鸟飞走了，害虫没有了天敌，就大量繁殖，树木就遭殃了。这就是生态平衡。

林务官：（懊恼地）唉，都是我这个无知的林务官，破坏了自然规律，好心办成了坏事呀！（惭愧地低下头）

……幕落

课本剧《景阳冈》

第一幕

人物：武松、店小二、顾客若干人、老虎

布景：一棵大树上挑着一面黄布条旗，上面写着：三碗不过冈

树下，几张条桌摆着碗、筷、碟、酒壶、酒杯

道具：武松的古装衣着、头巾、哨棒，店小二的便衣、抹布，扮老虎的披风、头饰

武松：（手拿哨棒上）连续赶路，走了几日，真是又饥又渴。（抬头一看，高兴地）啊，前面有酒家！（入内，找一张凳坐下，放下哨棒，大声地叫）喂！主人家，快拿酒来！

小二：（快步走来）哎，来了！（摆好三只碗，一双筷子，满满地筛了一碗酒放在武松面前）客官，请喝酒。

武松：（一饮而尽，抹嘴）哎，好酒。有肉吗？快拿些来吃。

小二：好的！（退下，手托盘子又上）来啦！熟牛肉一盘，二斤三两！

（又筛一碗酒。武松又一饮而尽，小二又筛，武松又喝下，小二欲走）

武松：（扯住小二）店家，怎么不肯卖酒给我吃？

小二：（指指门前旗上大字）客官，我门前旗上明明写着“三——碗——不——过——冈”。

武松：怎么叫三碗不过冈？

小二：（得意地）嘿，我家的酒啊，比得过上好的老酒，凡是过往客人，喝了三碗就醉了，过不了前面的山冈。

武松：哈哈，你真会吹牛，我喝了三碗为什么不醉？

小二：我这酒呀，叫做“透瓶香”，又叫“出门倒”。你现在不醉，等

一会儿就醉了。

武松：（从身边拿出些银子来，用力拍在桌子上）别胡说！难道我不付你酒钱？再筛三碗来！

小二：（无奈地）又筛酒，连筛了十八碗，（摇头叹息）哎呀，喝了十八碗了，不醉才怪呢！

武松：真痛快，一连喝了十八碗，什么三碗不过冈，骗人的。（欲走）

小二：（拉住武松）客官，不能走，不能走啊！

武松：为什么不让我走？又不少你酒钱！

小二：你不知道吗？这景阳冈上有大老虎啊！

武松：你别拿大老虎来吓人了。（欲走）

小二：你看，这是官府的榜文，有假吗？这大老虎啊，已经伤了三十几条性命了。你不能去送死啊，不如今晚就住下，明早再走吧！

武松：哈哈，我知道了，你是想要我在你店住下，半夜三更来谋我财，害我性命，就拿大老虎来吓唬人。

小二：好了！好了！我一片好心，你反当恶意，你要走就走吧！遇到老虎可别怪我呀！

武松：就算真的有老虎，我也不怕。（提着哨棒出，小二退下）

第二幕

人物：武松、老虎。

布景：一棵大树上写着告白，一座石岗上贴着榜文

道具：武松的古装衣着、头巾、哨棒，扮老虎的披风、头饰

武松：（踉踉跄跄地来到一棵大树下，看到告白，笑了）这是店家的诡计，吓唬那些胆小的人到他家里去歇。我怕什么！（又走了几步，看见了官府的榜文）啊，真的有老虎！可回酒店吧，一定会叫店家耻笑算不得好汉，不能回去！（又踉踉跄跄地往前走）哪儿有什么老虎！是人自己害怕

了，不敢上山。（酒力发作，一只手提着哨棒，一只手把胸膛敞开，见到石凳）先睡一觉再上山吧！（躺在石凳上睡下）

老虎：（呼啸而出）呼，嘿，好几天没吃东西了！肚子真饿呀！（这里闻闻，那里嗅嗅）噢，有人，有酒味。好啊，今天我又要大饱口福了。（几个旋转）

武松：（吓得一惊，猛地坐起）哇，刮的什么风？这么厉害！（睁开眼睛）啊！大老虎，真的有大老虎！（跃起）

老虎：给你点颜色瞧瞧！

（老虎往上一扑，武松一闪，闪至背后，老虎又把腰一掀，武松又闪在一边；老虎用尾巴一剪，武松又闪在一边）

老虎：唉，这么厉害！（大吼一声，开始泄气，奋拉着脑袋兜圈子，一兜兜回来。武松提起哨棒一劈，打在树上，哨棒断了。老虎发起性来，扑向武松。武松后退，老虎把两只爪搭在武松面前，武松丢下哨棒，双手抓住老虎顶花皮往地下按，老虎挣扎，武松死命按住，用拳打、脚踢，老虎渐渐没有气了！不能动弹）

武松：死了！（想提老虎，提不动）太累了，手脚都酥软了，如果再跳出一只老虎，我怎么打得过？还是先下山去，明天再来理会吧！

（小二带猎人及一批群众上）

群众：了不起，真是英雄好汉啊！

……幕落

花絮飘飘

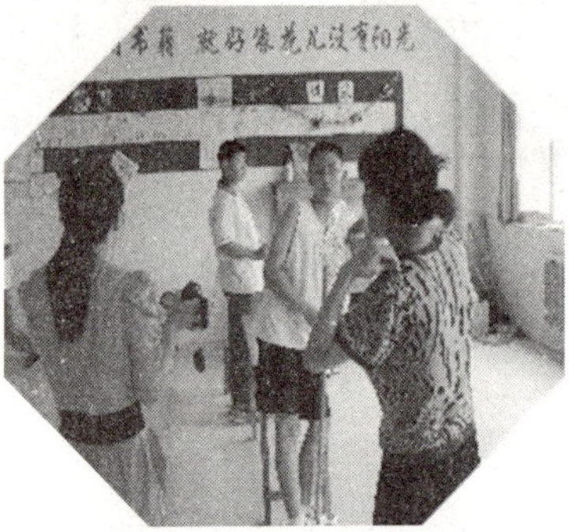

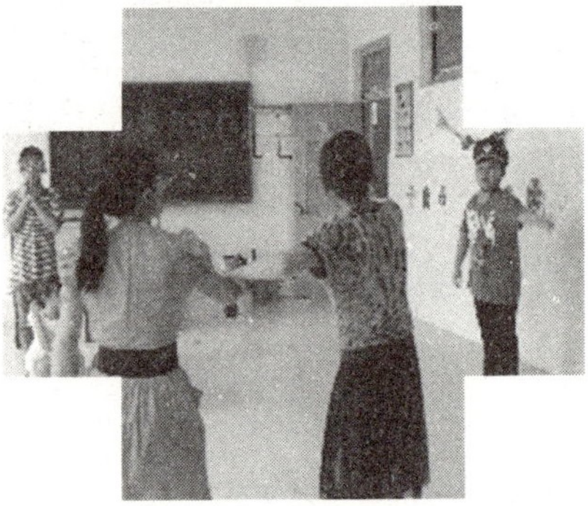

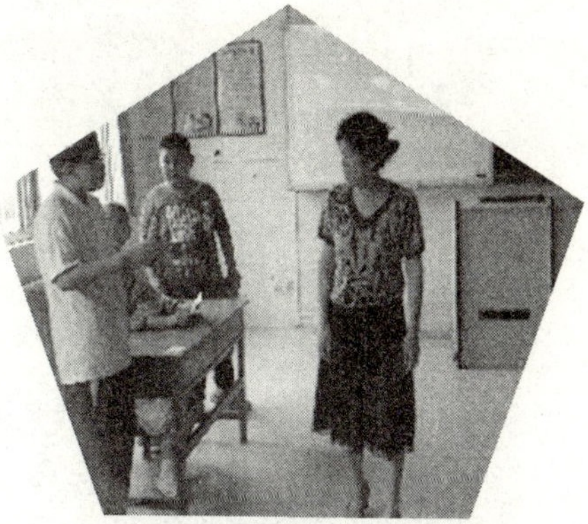

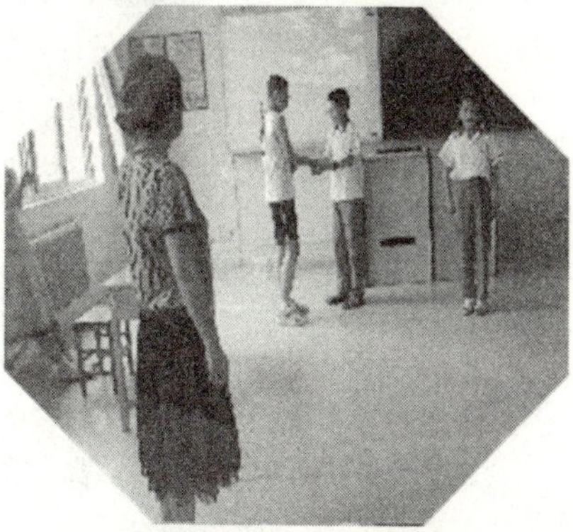

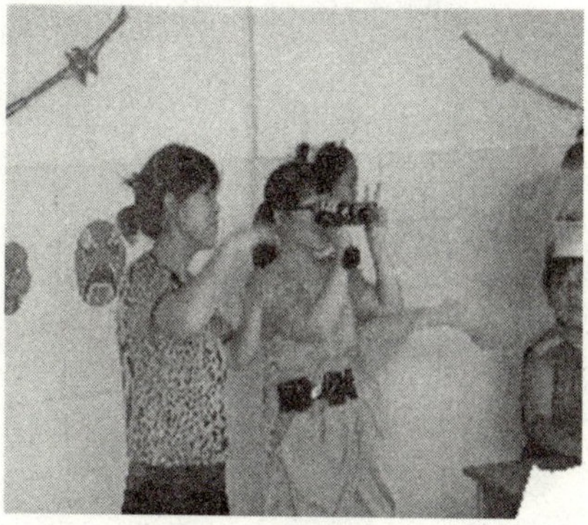

第六节

挥毫泼墨溢芬芳

你起源于原始的篝火，那时荒榛满布，群兽呼啸，先民们睁大蒙昧的眼睛，把天边的启明星凝望。那时，黄河奔流，长江汹涌，两岸的土地正在孕育着文明的因子。穿着草裙的祖先，脚踩着火种，炽热的眼光向着冥冥之中的造物虔诚地祈祷。

你是龟甲，你是兽骨，你是惶惑的占卦，你是犹疑的卜兆。你粗细，你轻重，你疾徐，你节奏，你圆者柔润，你方者动峭。你随体异形，你任其自然，你错落多姿，你和谐统一。你赋予一根朽烂、一块枯骨以生命，五千年后摸上去，仍能感受到那穿越黑暗的温度。

你是《利簋》《天亡簋》，你是《墙盘》《散氏盘》，你是《司母戊鼎》《毛公鼎》，你依附于青铜，寄意于祭祀。你粗壮，如山峰耸峙，你有力，如刀割斧斫。你赐予那堆凝滞于活力，你注于那块僵硬于灵气。

如夜空流星，你划开沉寂的黑暗；如电光火石，你冲破凝重的混沌。于是，那块盘古开天辟地时遗留的石头在你的冲击下幻化出灵气。在绎山，在泰山，在琅琊，在会稽。刀枪剑戟是你的神，斧钺钩叉是你的魄，你飞扬，你跋扈，你纵横，你狂舞。你将沉埋于天地的韵律刻入山石，从此，太阳将你阅读，月阴将你呵护。

每次观看、欣赏到书法作品，我的心里都会升上深深的感喟。那些美妙的文字通过一定的形式表现出来，就是一种艺术，就是一种感召，就是一种精神，就是一种气度。

书法艺术是传统文化中极具价值的一部分，它承载着先民的精神，记忆着传统的文化，流泻着祖先对宇宙、人生的理解和感悟，铭刻着国人对美与真的追求和向往。

但现实却是，随着时代的发展，这份宝贵的文化遗产却面临着消亡的危险。不要说是能静下心来用毛笔书写，就是用钢笔写出一手漂亮的字体来也成为一份奢望。如何引导孩子们认识到书法之美，如何让他们靠近书法、喜欢书法，如何让他们能透过书法体会祖先的精神所系，如何也能让他们写出一手美丽的书法作品来，一直是我思考的问题。面对这个问题，面对教育现状，你不能强迫，而只能引领；你只能采取科学有效的方式，来委婉地达到目的，而不能通过指令性的粗暴的方法来加以实现。

我们学校的耿秀妍老师，是个有心之人，她在这方面下了许多的功夫，采取了许多的策略，她的书法教学，独树一帜，取得了良好的成效。

对于书法教学，耿老师有着自己的理解。她认为，中国的书法对整个东方文化的传承起着非常重要的作用，对世界文化的影响是巨大的，是世界文明发展中至为重要的一个方面。书法与个人的文化修养密切相关：中国历史上著名的文学家大多在书法上都有很深的造诣，著名的书法家也往往写的一手好的文章。因为书法，一个人自然地拥有了从容沉静的气度，他会善于思考，善于钻研；他在纷繁复杂的事物面前能优游自然；他能随时让自己安静下来而深入到艺术那浩渺的领域中去。所有这些，都应该是一个做学问的人具备的，更是当前浮躁的人心需要的一种清凉剂。书法，不但会让孩子们认识到汉字之美，中国文化之美，更能让他们形成良好的品性，让他们有效地继承传统文化；同时还会让他们理解历史，感悟历史。

我们学校一直以来都有一个办学原则，那就是努力发挥老师们的个性，努力让自己的特长和兴趣得到最大可能地利用，努力在自我的创新和探索中寻找到合适的定位。耿老师无疑是这方面的成功者之一。

耿老师从事的是小学美术教学，她自己就十分喜爱书法，可以说，书法是耿老师最具教学特色的一种。她擅长这个方面，她对这个方面抱着浓厚的兴趣，她有着一定的实践经验，而这些特点，就决定了她对书法教学有一定的资本和蕴积。利用自己的特长，将它通过科学合理的方法予以实现，这应该是一位老师最容易找到成功的路途。耿老师不辞辛苦，刻苦钻研，一路走，一路总结，通过近六年书法教学活动的不断探索，对小学生的书法教学方法逐渐形成自己的一套具有个人风格的方案，也最终找到了培养小学生学习书法的教学思路。

耿老师知道，现在的学生已经对书法非常隔膜了。隔膜的表现在于，首先，他们已经从内心里不认可书法了，觉得那是过时的事物，已经不符合当代社会的需求了；其次，在他们的心目中，所谓的书法只是限于写好一手字而已，至于它还有什么崇高的意义，则百思没有答案；再次，他们来到学校，认为自己主要的任务就是学好文化课，而练习书法，似乎就成为一种多余的事情，写好写坏，影响不大。耿老师意识到，倘若这个问题得不到解决，倘若让学生认识不到书法的重要性，倘若让学生不能了解书法蕴含的精神，那是引不起学生的重视和兴趣的，更莫说引领他们深入到那璀璨的艺术园地去了。

于是，对于耿老师而言，第一步艰难的工作就摆在了她的面前，她必须先让学生了解书法，了解它的意蕴，了解它的历史，了解它的发展，了解它的传承。

“孩子们，你们只是听过书法，看过书法，而很少有人亲身经历过书法。那是一个浩瀚美妙的世界，里面蕴含着我们许多未知的东西。你要知道，书法不单单是写好字，不单单是让你学会欣赏一件作品，还会帮助大家了解我国的文化。我们国家几千年的文化就承载在那些一个个优美的字眼里；也不单单是让你们学会一些书法技法，透过书法，你会了解到汉语言及汉字的演变历史，还会知晓考古、美学等诸多方面的内容。在学习书法的过程当中，你们不仅可以了解到汉字的演变过程，还可以通过这一过程更深一层地了解中国文化历史变迁，接触到历史文化的遗物深层。”

这是耿老师书法教学的第一步，通过循循善诱，因势利导，她要在孩子心里埋下一粒小小的种子：写好了字只是书法学习的一小部分，步入这扇门，你们还会学到好多好多值得自己骄傲的知识，这些知识，是你们大多数的同龄人所不具备的，而你却具备了，这份具备，会让你变得丰富，变得大气，变得深广。哪一个孩子不愿意超过他的同龄人呢？这种传授，不但将书法之美展现在了孩子们的面前，更激发出他们学习书法的热望。

学习书法，稍具常识的人都知道，它是一个宏大的工程，既不是一朝一夕的事情，也不是轻而易举的事情。它需要积累，需要沉淀。耿老师面对学生一片空白的现状，先做了大量擦亮“蒙眬的眼睛”的工作。她介绍孩子去看关于书法的相关书籍，让孩子们走近书法，先有一个感性上的认识。经过她坚持不懈的引导，那些天真可爱、可塑性极强的孩子，终于迈出了第一步：他们开始寻找相关的书籍来阅读，来研究，来探讨。最让耿老师记忆深切的是一件事。她曾在一届学生上三年级时对他们开始进行书法教学，当时那个班里的许多孩子爱看的都是漫画，基本上人手一本。他们翻阅的是漫画，讨论的是漫画，就是许多的话语和动作也模仿的是漫画里的。经过耿老师一再地推介和鼓励，在她给他们上了几个月的书法课后，孩子们开始转向看一些历史书，看一些关于书法家的故事了。到六年级时一名学生竟然告诉耿老师，他要在寒假去好好研究研究《辞源》。没想到，书法的教学不但改变了学生爱看漫画的习惯，而且让学生收获了这么多，耿老师看在眼里，喜在心里。

晋代书法家王羲之有一年从山东老家移居到浙江绍兴，此时正值年终岁尾，于是王羲之书写了一副春联，让家人贴在大门两侧。对联是：春风春雨春色，新年新岁新景。

可不料因为王羲之书法盖世，为时人所景仰，此联刚一贴出，即被人趁夜揭走。家人告诉王羲之后，王羲之也不生气，又提笔写了一副，让家人再贴出去。这副写的是：莺啼北星，燕语南郊。

谁知天明一看，又被人揭走了。可这天已是除夕，第二天就是大年初一，眼看左邻右舍家家户户门前都挂上了春联，唯独自己家门前空空落落，急得王夫人直催丈夫想个办法。王羲之想了想，微微一笑，又提笔写了一副，写完后，让家人先将对联剪去一截，把上半截先张贴于门上：福无双至，祸不单行。

夜间果然又有人来偷揭。可在月色下一看，见这副对联写得太不吉利。尽管王羲之是书法名家，可也不能将这付充满凶险预言的对联取走张挂啊。来偷揭的人只好罢手。

初一早晨天刚亮，王羲之即亲自出门将昨天剪下的下半截分别贴好，此时已有不少人围观，大家一看，对联变成：福无双至今朝至，祸不单行昨夜行。

众人看了，齐声喝彩，拍掌称妙。

传说一般都是不真实的，这则故事也不真实。从故事里可以看出，当时贴春联已经成为一种风俗了。其中，王羲之生活的时代还没有大规模张贴对联这一习惯。现在一般意义上认为的第一副春联是五代时蜀主孟昶所写的“新年纳余床，嘉节号长春”。那离王羲之生活的时代至少有几百年了。而且这几副对联文采极为一般，以王羲之的修养，也不会写如此之俗的对联。

这则故事很显然是说王羲之书法的高明的，没有放在其他书法家身上，是因为其他书法家的名气没有王羲之这么大。需要注意的一点是，中国民间有许多关于名人的传说，其中大多数都是不真实的。大家尊敬一个人，就会编出许多关于他的正面的故事；大家痛恨一个人，就会编出许多关于他的负面的故事。历史不是只有历史学家写的，百姓们也会用他们的好恶来写特殊的历史。你离开了这个世界，你的故事还会在人间流传，拥有正面的还是负面的故事，就看你如何行事了。

类似的故事，一个接一个地通过耿老师生动形象的语言被讲出来，故事飘荡在教室上空，点亮的是那些渴求的眼睛，激发的是那些求知的心灵，最有效的，还是让孩子们视野扩大、兴趣倍增。原来书法竟然这么“好玩”，原来书法可以这样成就一个人，原来我们民族居然有着这个尊奉书法、尊敬书法家的传统。孩子们兴奋着、议论着，急不可耐地想着走进书法的世界中去。这样一来，耿老师的第二个目的又达到了——孩子们升起了不可遏制的欲望，而这种欲望，正是在书法失落的今天应该具备的。

耿老师知道，对于这些年幼的孩子，他们的热情来得快，也去得快。当这两把火烧起来以后，还需要做更多的工作。而首先面临的，就是让他们懂得持之以恒的道理并且将它付诸实践。

学习书法是急不得的，它最需要的品质就是坚持，就是沉静，如果没有这两条，那只是图一时的热闹而最终一无所获。而恰恰让我们痛苦的是，现在的孩子们最缺乏的就是这样的品质。这种品质不但表现在接受新事物上，也表现在学习文化课上。故而，如果这个问题解决了，不但有利于学生学习书法，更有利于他们的其他功课的学习。

既然孩子们爱听故事，那还是从故事入手吧。耿老师在这方面的积累足够多，于是，一个个的书法家的故事就通过她的描述注入孩子们的心中：汉代张芝临池学书，池水尽墨；唐太宗夜半秉烛学习《兰亭序》；智永习书“退笔成冢”；怀素则“种芭蕉万余株，以蕉叶共挥洒”。那时孩子们倾听着，讨论着，惊奇着，感叹着。在这样的故事中，他们知道了什么才是持之以恒，什么才是勇往直前，什么才是欲挫欲奋。看似小小的一个活动，中间蕴含着多么深刻的道理啊，中间需要多么崇高的精神啊。光这还不够，耿老师又给孩子们提供了许多历代名家的名言名句，来拓宽孩子的视野，来提高他们的境界，来培养他们的精神。如通过告诉他们清末书家杨守敬说过的“学习书法，一务品高，二求学富，三须艺娴”的名言，来教育学生通过学习书法来要做一个品德高尚的人，如通过讲王羲之、颜真卿、郑板桥等书法家的生平事迹，来告诉孩子们书法与个人修养和素质的关系。这中间，有一个四年级的一位老师告诉耿老师，她班的一名同学现在作业做得认真了，上课听课也坐得住了，问耿老师对他施了什么法，耿老师心里淌过一阵暖流，她知道，教育真的是一个系统的工程，在这边点火，往往那边也会燃烧起来——书法故事起作用了。

教书法时的耿老师是认真的，是细致的，是和蔼可亲的，也是一丝不苟的。对于这个艰难的工作，耿老师有着自己一套卓有成效的方法。她在教学中注重基础：首先教会孩子掌握正确的坐姿、执笔与行笔姿势；其次简单讲解书法的发展演变过程，让孩子对书法的发展史有一个简单的了解，激发孩子进一步深入学习的兴趣，并对各个时期的字体特征有一个印象，在此基础上选出自己喜爱的字体进行书写练习；最后根据孩子选取的字帖与孩子的实际能力，打破字帖展示的书写顺序，按照她多年的教学经验给孩子重新制定一个新的学习方案，让孩子的学习由简到繁，由易到难。这样的教学，符合孩子的认识能力，符合孩子的年龄特点，符合孩子的知识结构，用起来特别见效。而就在书法的教学中，孩子们学到了许多与学习相关的优秀品性，辐射到其他方面，也是表现优异。

当孩子临习到一定程度后，为避免孩子学习的枯燥，耿老师会想方设法地鼓励孩子们，让他们努力地坚持下去。她的鼓励，也富于文化气息和个人色彩，想来既令人感动，又令人敬佩。

在书法教学中，耿老师常做到“四有”：有意思，通过穿插故事、笑话，来使课堂教学不显得枯燥；有安排，针对孩子学习由简到繁、由易到难，让他们一步一个台阶地上升；有检查，通过检查来落实练习效果，起到督促的作用；有鼓励，当堂加以评点，利用一定的机会展示，让孩子们找到成就感。在这样的活动中，耿老师要求孩子们要做到“三定”：定计划，一定时间掌握哪几个笔画或字，通过这种方式来循序渐进；定目标，一定时间能写好几个字，逐渐地找到成功的感觉；定时间，自己规定练习时间。除此以外，还要求孩子们“背字”，并学会举一反三，从而保证了孩子书写活动的长久性、生活化。除此以外，耿老师还会结合学校的各种大型庆祝活动积极组织孩子们举办书法展览，让学习书法的学生有展示自我、认识自我、完善自我的时机，满足了孩子们的表现欲和成就感，促使学生更加重视自己的学习及能力的锻炼，极大地丰富了学生的课余生活，同时也扩大了学校的社会效应。

多年的时间，不断地探索。耿老师坚持在这个岗位上，对于刚刚起步的孩子，她仍然不厌其烦一遍一遍地提示着他们执笔的姿势与行笔的姿势，手把手地教着他们写最基本的笔画；对于已经掌握了书写技法的孩子，她引导着他们写出第一件书法作品。她高兴地看到，有些孩子在学习书法的过程中，其他学科的学习积极性也有了提高，自我约束能力也得到了增强；有些孩子已经毕业离开了学校，但仍时常在 QQ 上告诉她参加了什么比赛，取得了什么成绩。

将书法这一历史文明的产物传承下去，使翰墨永世飘香，是耿老师的理想，她就那么默默地付出着，并从那付出中收获着点滴的喜悦、点滴的幸福！

第七节

综合活动结硕果

面对暮春时节凋落的花朵，多愁善感的诗人会把自己的心绪和经历投射进去，然后发出“落红不是无情物，化作春泥更护花”的慨叹。我们越过时光的界河，仿佛能看到那或忧郁或沉思的身影，而那书写出来的文字，就形成了文学。面对天空中璀璨的银河，深邃而睿智的科学家就将它作为观察和反思的对象，研究那些遥远的星体到底是怎样运转的，于是，天文学就在这样的情况下得到了诞生和发展。学科自有它的价值，但不论是学科的产生，还是学科的深入，它都不能代替我们的心灵和眼睛：面对花朵，面对宇宙，它们到底有什么意义，它们到底要告诉我们什么，它们会将我们引向哪里。这就是综合实践活动课程要解决的问题。实践活动，与学科学习存在着互补的作用，人类前行的历史告诉我们，二者是不能偏废的。

但很显然，我们现在的教育，对于综合实践活动这一块是极为忽视的，于是，学生的学习就成为单脚走路，他们操作能力差，探究能力差，实践能力差，也就形成了能力方面偏执一面的局面。

这种局面必须打破，学生的综合实践能力必须得到足够的重视。这是新一轮课程改革中提出的要求，也是要引起每个教育工作者必须注意的问题。

这样，我们就面临这样的形势：

综合实践活动的意义我们是知道的，综合实践活动课程试图解决的问题是体现生活世界对学生发展的价值，试图追求的意义是帮助学生在反思、体验生活中学会生活、热爱生活。因此，在我国基础教育课程体系中设置综合实践活动不是权宜之计，而是永恒课题。

综合实践活动的生命基础我们是知道的：

儿童天然具有探究心、创造性，儿童的探究和创造由“好奇”来引导；儿童的探究性、创造性在程度上是由低级到高级发展和生长的过程，而非“不全则无”的过程；儿童的探究性、创造性的泯灭是崇拜必然性、程序化、技术化、去情境的教育的结果；儿童与成人享有同样的探究和创造的权利，但“成人的研究”有“成人的研究”的价值，“儿童的研究”有“儿童的研究”的价值，尊重“成人的研究”与“儿童的研究”的差异，确立“儿童的研究”的独特价值，是综合实践活动课程的价值基础。

综合实践活动面临的现实却也是我们知道的，虽然这种“知道”大多引起的是我们的焦灼和无奈：它没有课程标准、没有统一的教材教参，没有专业教师，要求地方和学校参与课程开发和选题。说到底，它有一定的自主性和随意性，而这种自主和随意却必须被纳入科学理性的规范之中而不能愈之于外。但到底要把握怎样的度，到底要怎样有效地开展，到底要在开展中跟随怎样的评价，却都是关注这一问题的工作者所面临的困难。

既然它的重大意义放在那里，既然我们所教育的儿童有着这样的天赋能力，那么，作为有责任、有良知的教育工作者，坚持开展综合实践活动，让它从无到有、从小到大、从摸索到成形、从模糊到规范、从接纳到生成，就是必要的了。挑战，往往也意味着机遇，困难并不可怕，可怕的是面对困难失去了前行的勇气，可怕的是还没有行动就产生的畏葸不前。

意识到了，就开始去做，时不我待，一届一届的学生更是耽误不得。于是，我们进行安排，成立了综合实践活动课程研究组，开展必要的实践活动。

这中间的艰苦和困难是不言而喻的，以颜冬梅老师为首的研究组在活动过程中遇到了许多前所未遇的问题。面对这些问题，他们充分地体现了敢为人先的工作作风，没有懈怠，没有退缩，没有畏惧，而是迎难而上，勇往直前。今天，可以自豪地说，他们的开拓实施，不但为我校综合实践活动的开展探索出了一条有效有为的路径，而且对于其他怀着同样理想和渴望的教育工作者，也有着一定的借鉴意义。

让我们怀揣着今天收获的喜悦，来回顾一下他们所走过的艰辛的路吧。

综合实践活动的开展，在我校基本上经历了这么四个阶段：

第一阶段：摸索阶段。在这一阶段，部分老师响应号召开始了主题活动的实施。他们满怀着热情，开始投入工作。但热情并不能代表一切，先行者总是要付出代价的。没有经验，没有条件，没有资鉴，无序和低效就是难免的了。于是，在这一时期出现了两种比较有代表性的现象：一是活动主题选择不当，这种不当主要表现在，对学生的知识构成、兴趣特点、特长优势、运作能力等方面了解不够，故而由教师按着惯性的思维来选择课题，最终结果，导致课程无法开展下去而中途夭折或浅尝辄止地走走形式；二是把某个活动主题像一节语文课一样去上，在一到两节课时间里学生坐在教室里，老师用传统的方式主客分明地完成一个主题活动。很明显，这种作法不但违背了新课程的理念，而且把实践活动的本旨丢弃了。忽略了学生自主活动，忽略了学生的积极参与，忽略了学生的创造意识，那结果可想而知。此时的课程资源表现在开发无序，老师想到哪儿算哪儿，没有充分考虑课程资源与课程实施的关系。

学生不感兴趣，课程效果甚微，那么，出路在哪里？看来，只靠自己的摸索打拼是难以实现课程的真谛的。研究组的老师们深思着，焦虑着。自己两眼摸黑的寻求看来需要走太多的弯路，那么，就借鉴外界先进的经验吧。我们学校老师们集体好学上进的风格在困难面前表现了出来。于是，他们请来了县教研室的教研员吴宪东同志参与研究指导。吴老师是一个热心而有经验的研究员，看到我们学校的举措，感受到老师们的积极性，他非常高兴，也乐于指导。在他的建议下，研究组确定采用个案研究法，全程记录下某一活动的整个过程，然后从中找出经验教训和综合实践活动课程实施的一些规律。

有了具体的操作方法，大家的积极性更高了。他们先确立主题活动，然后利用一切可利用的时间聚在一起进行集体探讨。那种研讨的场面是很感人的。在那里，看不到一个怠惰的，看不到一个沉默的，大家都是积极参与进来，互相提醒，互相评论，互相否认，互相认同。从制订方案到具体实施再到汇报交流，大家对每一个环节都进行研究，从中他们达成了以下共识：(1) 活动主题（或课程资源）的选择要尊重学生意愿，符合学生的年龄与认知特点，紧密联系学生生活实际；(2) 学生是活动主体，学生的亲自实践是这门课程的关键性价值之一，这个原则一定要实现；(3) 提出问题、解决问题、生成问题是这门课程的基本特点，在活动中要尊重这样的特点；(4) 不能太注重传统意义上的成功与失败，即某个活动的失败不是课程的失败，而应站在学生得到锻炼、具备相关意识、提高相关能力的角度来看问题；(5) 每次主题活动结束时，要有交流汇报，有评价，有小结，从而为活动进一步的开展和其他活动的开展做必要的准备；(6) 活动实施的方式以小组分工合作为首选，在时间和空间上应突破传统学科的模式；(7) 指导教师在确定了活动主题后，必须有较为完善的可操作性强的活动方案，活动过程中的原始资料要注意搜集保存。

我们可以看到，达成课程开发和利用的共识尽管显得不够成熟，但这些想法已紧扣住了新课程理念对这门课的要求，这是一笔巨大的财富，跃过了这个槛儿，眼前似乎就是一片开阔地。它成为我校课程研究的一个关键性的转折点。里面凝结着老师们的智慧、老师们的汗水、老师们的热情。而对研究思路和方法的调整，则将课程研究推入第二阶段。

第二阶段：发展阶段。有了之前一年摸索后的经验教训，研究组转变思维，改变作法，学校综合实践活动课题的研究进入了发展阶段。在这个阶段的研究中，研究组理论联系实际，取得了一系列课程开发与利用的经验与成果：在课程资源开发上注重地方资源，开发学科资源，挖掘生活资源的基本方向；在资源选择上，依托地方特色，适合儿童特色，形成了自身特色的取舍标准；在课程管理上，用成功的主题活动带动学生、带动老师、带动管理；在主题实施上，从小处着眼，小处着手，求实求趣，让学生亲历亲为，不以结果论英雄，让成功与失败一起成为综合实践活动过程的一部分。

在这一阶段，我校教师完成主题活动二十个，在这一时期完成的活动个案中，有以下几个值得一提的特点：(1) 把综合实践活动与班级管理结合。比如，颜冬梅老师的《竞争上岗》主题活动，让班干部的选举变得紧张刺激有创造性，调动了全班的积极性，也让班级成为全校有名的优秀班集体。(2) 关注学生成长。像《生日消费我做主》这样的课题，从现实出发，从一个非常有普遍意义的现象切入，关注学生的心理成长，深受欢迎，教育意义也极为明显。(3) 亲近自然。比如《开心农场》活动，从种植到观察到收获，学生亲历了一个劳动、收获、学习的过程，这份经验是其他学科很难给予的。这些活动个案的出现，无疑拓展了老师们的视野，让他们无论是在主题的选择还是资源的开发上，都不再执著于一点。而在主题实施上，分组活动、集中交流、汇报展示已经成为大多数指导老师熟练运用的基本形式与流程。在活动过程中，能放手让学生自主实践探究，多途径搜集信息，充分体现了综合实践活动课的自主性特征。

这一阶段的收获是巨大的。我们可以看到，毫无疑问，研究组摸索到了实践活动的最深刻的意义。立足于本，从学校和学生实际出发，使问题的研究有了针对性；适合学生，不但充分地体现了我们学校“适合教育”的追求，而且找到了学生的兴趣点，有利于发挥学生的主观能动性；从小处着手，尊重学生的年龄特点和知识构成，使活动极易得到收效，不但操作起来方便，而且极易推动学生其他方面能力的锻炼；在活动过程中，学生通过参与不但具备了一定的能力，而且在道德素质方面也得到了教益。而老师们，则通过这样的活动具备了综合实践的实施形式和方法，为一下步的继续延伸和深入积累了丰富经验。

第三阶段：常态化推进阶段。条件具备以后，我们学校开始在三至六年级全面开设综合实践活动课。在所有准备工作就绪后，老师们都满怀希望地等待结果，而结果却让我们非常失望。在学期之初，大家的热情都很高，经常有人就综合实践活动课程的实施问题来询问研究组的老师。然而随着时间的推移，出现的最大问题就是没有“问题”了。因为我们学校的综合实践活动课没有专职老师，都是兼职，而综合实践活动课又是开放式的教学，没有教材，没有固定时间空间，活动过程也很难做到全程监控，结果就是当初确立的主题大多做着做着就没了，而综合实践活动课被兼职老师的专职给兼并了，一点点淹没在传统学科中。

面对这种现状，教研组老师总结发现存在着以下的问题：指导老师对活动过程缺少有效指导，这导致许多主题活动半途而废，也导致一些活动的开展只是走形式，没有深入，让综合实践活动课程的魅力荡然无存，课程的开设名存实亡；缺乏科学的管理与统一的规划，因为没有有效的监督与评价体系和手段，在开展这门课程后，老师们完全凭着兴趣和自觉来做这件事；课程实施的成本过高，传统学科已有多年积累，在课程资源、师资力量、课程管理等方面早已形成了一套切实可行的模式，课程成本很低，而综合实践活动课在这些方面几乎是空白，课程实施的成本自然就高了；再者，由于这门课程自身开放性综合性的特点，也增加了管理与师资的成本。

课程常态化推行的失败，引发研究组的老师们深深的思考，他们焦急地寻求着答案，然而这答案却迟迟难以找到。就在这时，郭元祥教授的报告给他们推开了一扇门，在那次报告中，他反复提到一个概念：课程规划。研究组的老师们也由此找到课程常态化实施的突破口：利用我们在课程资源开发与实施这一研究上取得的经验，对这门课程在我校的常态化实施进行整体规划。于是，第四阶段卓有成效的工作就有效地得到开展了。

第四阶段：整体规划阶段。之前，我们没有从课程的角度对综合实践活动课程进行整体把握与规划。满天繁星，找不到绝对相似的两颗星辰；绿叶如云，寻不见完全雷同的一双叶片；学子无数，也没有完全相同的两个。教育也同样如此，教育绝不是教师照本宣科地演绎教材，机械地传承知识，必须遵循自然规律，充分发挥学生年龄特点，必须为学生提供充分展现自我的自由舞台。有了这个认识后，研究组认真总结几年来的经验教训，并提出"主题平台"这一概念，三至六年级分层设置课程目标，针对分层目标对资源包中的内容进行重新审视与调整，最终形成了七个主题：（1）社会生活——《身边的污染》《垃圾也是宝》《生活中的一次性用品》《低碳新生活》等；（2）自我成长——《感恩父母》《生日消费我做主》《嗨！男孩，女孩》等；（3）体验理财——《一元钱的体验》《巧用压岁钱》《我是收藏家》等；（4）文明礼仪——《文明我先行——家庭礼仪》《文明礼仪伴我行——校园礼仪》《亮出最好的自己——社交礼仪》等；（5）生命安全——《安全伴我行》《早餐的学问》《改正液的秘密》《我是小医生》等；（6）家乡寻宝——《沾化冬枣》《活力原盐》等；（7）开心农场——《走进蔬菜之家》《我与鲜花共成长》《试验田故事》《芦笛交响乐》等。

规划的意义是重大的，它使无序走向了有序，使个体经验得到了集体运用，使缺陷得到了来自各个方面的补足；使优势得到了实践中的强化。"溪涧岂能留得住，终归大海作波涛"，我们的研究组，我们从事实践活动的老师们，终于闯出了一条属于自己的路。回首以往，这条路充满了荆棘和艰辛；着眼今天，这条路上开满了鲜花；而放眼未来，我们则相信，它一定会结出一颗颗充实而饱满的硕果。

综合实践活动课程，恰如老师们用心血培育出来的一朵鲜艳的花儿，看她在风中摇曳，是那么美丽夺目；而学校所有的参与教师，则期待着那朵摇曳的花儿开放得更加鲜艳！

第五章

爱心相伴，大道无疆

第一节

有爱相伴路好走

爱的力量是教育中的重要力量。有位科学家说：“人类在探索太空、征服自然后，终将会发现自己还有一种更大的能力，那就是爱的力量，当这天来临时，人类的文明将迈向一个新纪元。”

老师的爱是博大的爱，会让孩子刻骨铭心、永生不忘；老师的爱，是智慧的爱，会让孩子幡然悔悟、迷途知返。

王存俊老师，就是这么一个充满爱心的老师，他用爱心转化学生的案例，看过后，让我久久陷入感动之中。

王老师曾经遇到过一个叫小飞的六年级学生，这个学生行为习惯差，经常打架，不把学习放在心上，遇事缺乏理性思考，可以说是让人很是头疼的学生。

一个本来正常的孩子，是怎样走到这一步的，他是怎样成为今天的自己的。这些问题，引起了王老师深深的思考。为了搞清原因，他先是走访了前任班主任，从前任班主任那里了解到，小飞这个孩子，一直以来表现就差，他从不完成家庭作业，在课堂上爱做小动作，有时还做恶作剧出风头，学习成绩差得没法说。而且更为恶劣的是，他从来不服从老师管理，甚至故意气老师。

再经过进一步的了解，王老师得知，小飞变成这个样子，与家庭教育的失败离不开。他的父母，父亲是个出租车司机，整天早出晚归，十分辛苦，哪里还顾得上管理孩子呢？母亲则在做小生意，也是起早贪黑，没有空闲时间。这个孩子还真可怜，有时连饭都吃不上，更别说做作业了。由于长期疏于管教，曾经学过的知识没有掌握，所以破罐子破摔，最终变成了目前的样子。不要说老师为他头疼，就是同学们，每次面对他，也是一脸的厌恶。

了解到具体情况之后的那一天，王老师长时间地坐在办公室里，陷入深深的思索中。是啊，这样一个孩子，他走到今天这种地步，不能全怪他啊。现在社会上这种现象是很多的，由于父母管理不当，或者干脆不管理，造成孩子变得越来越不懂规矩，成绩越来越差，而如果我们把所有的责任都推在孩子的身上，那是不对的。作为老师呢？既然他到了这个班里，他就应该有权利享受最好的教育，而不能因为他的“坏”而抛弃他，疏远他。

可这个孩子的这种表现，可以说已经形成积习了，那么，怎么才能帮助他改正呢？

王老师拿起了笔，梳理了一番。他意识到，只有彻底分析清楚原因，才能对症下药。

从家庭来看，父母都忙于工作，与孩子沟通较少，出现问题往往靠简单粗暴的方式解决。由于缺乏家庭良好的教育环境，造成了孩子的急剧堕落。

孩子本身，由于意志力薄弱，缺乏良好的生活学习习惯，从而任意地放纵自己，不求上进，不思进取，知识已出现了断层，学习的兴趣和积极性自然已是荡然无存。

这个孩子居住的地方构成人员比较杂乱，受到环境的影响，在耳濡目染、潜移默化中，他没有正确的人生观和价值观，带上了一种游民气息。

问题分析清楚了，那么就从源头上想办法解决吧。王老师暗自下定决定。开始了他正式转化小飞的行动。

第一个问题，毫无疑问，还是得从家庭入手。王老师找到小飞的家长，与他们进行了深长的谈话。小飞的家长，很明显不属于那种修养比较高的人，所以，王老师就抓住他们的特点，从最为现实的问题入手来打动他们：“你们这样辛苦，到底是为了什么？还不是为了孩子。但如果孩子不好呢？你挣再多的钱也没用。”像这样的话，直接说到了家长的心坎儿里。家长受到了很大的触动。在此基础上，王老师在他们的求助下，提出了相关的要求：要创造良好、民主的家庭环境；要和孩子交朋友；多鼓励、表扬，不使用棍棒和责骂；正视孩子的需求，不挫伤他的自尊心；尊重他，信任他，为孩子的成长搭建合理的平台。这样做的目的，首先在于让这个孩子得到来自家庭的温暖和来自父母的期望，从而提升学习的动力和勇气。他，毕竟失去爱很久了。

然后呢？王老师坚持以疏导教育为主，正确对待他身上的问题。王老师知道，像这样的孩子，挨得批评和惩罚已经够多了，他都已经有些麻木了。相反呢？得到的表扬和褒奖却少得可怜。一个失去了自尊、自信的孩子，你还能希望他怎样呢？所以，最需要做的第一项工作，就是把他的自尊心、自信心给提升起来。于是，王老师以退为进，采取了以柔克刚的办法：避免直接批评，不发生正面冲突；当他犯错误时，不当着全班同学的面点他的名字，而是采用个别交谈的方法，动之以情，晓之以理，耐心帮助他分清是非。而在最重要的学习问题上，王老师则采取了“结对子，一帮一”的方式，安排学习好的学生进行全方位跟踪，从最基础的部分开始，让他稳步扎实地掌握学过的知识。针对他的具体情况，降低要求，只要有一点进步，就及时予以肯定和表扬，以此来激发他学习的积极性，帮助他找到成就感。

小飞很显然是个喜欢表现的孩子，这样的孩子，往往特别需要来自他人的认可，虚荣心要格外强一些。王老师看到了他的这一点，就因势利导，捕捉时机，挖掘他身上的闪光点。王老师看到小飞是个身体素质不错的学生，不论是弹跳和爆发力极佳，就坚决把春季运动会的筹备工作交给了他。

得到这么大的信任，小飞很感动，那几天，他报项目、跑接力，到处都能看到他的忙碌的身影。

老师的信赖、家庭的温暖、同学的支持，点燃了小飞内心的激情，激发了他强烈的责任心。渐渐地，他在各方面有了进步，课堂上，他也能主动举手回答老师的提问，积极主动投入到学习中去，做小动作的现象逐渐减少，管不住自己的毛病也大有了改观。

由小飞的转变，王老师意识到，尊重是教育的前提。人人都有追求完美、受人尊重和得到信任的需求。小飞因为完不成家庭作业，就被训斥，自然就形成了恶性循环，并且自尊心也受到了极端伤害。面对这样的学生，最佳的办法就是，从尊重学生人格入手，从身边小事入手，捕捉闪光点，创造适宜发展平台，使他体会到老师的爱。

信任是发展的动力。小学生处于身心发展最快的阶段，学生发展的可塑性，决定了其行为的不确定性；学生个性的丰富性，决定了学生表现的多样性。面对爱动的小飞，仅仅给了他一个“支点”——筹备和参加运动会，就促成了他的转变，这，就是信任的力量。现实的个案也告诉我们，某个方面的“差生”恰恰就是另一个方面的“优生”。只有将信任教给学生，才能给学生的发展注入永不枯竭的能量，学生才能成功、成材。

小学生需要得到老师的表扬和鼓励，但更需要老师的关心与帮助，这更能增强他们的勇气和力量。当然，“金无足赤，人无完人”，由于每个学生的家庭环境、社会环境、自身的心理素质不同等方面的影响，学生中存在着较大的差异，作为教师，要正视学生的差异，对于“棘手学生”要从关爱的心态出发，对他们要晓之以理、动之以情，用人格力量去感化他们。

与王存俊老师相比，张景艳老师十二年的班主任工作中，也是充满着酸甜苦辣。回首这些年的工作经历，张老师深情地说：“其间有欢笑，也有泪水，但我最大的感受则是充实。这也许是没有当班主任的老师无法体会到的。这项工作，不仅需要爱心与细心，更需要创造。因为你面对的是充满创造力的孩子，而且随着社会的发展，孩子的问题也越来越多了，因此，我们的班级工作也应当富有创造性。但不论怎样创造，它的基础都是离不开的爱。

张景艳老师的记忆里有这么一个叫小程的孩子。他的家庭条件相当不错，家里有个比他大十多岁的姐姐，按照重男轻女的思想，自然，全家都对他比较娇惯。这娇惯的结果，就是他在校的行为习惯很差：喜欢拿别人的东西，也特爱打架，而且不按时完成作业，在班内的影响力很大。

起初，张老师运用老的管理方式严格去要求他，可经过一段时间的观察，却发现没有明显的功效。这条路走不通，张老师又尝试着运用另一条。她采取哄的方法来对他进行家长般的呵护和鼓励，可被娇惯已久的小程似乎也不吃这一套，管用了几天，不久之后，他又恢复了原状。看到这种情况，张老师真有点哭笑不得，无从着手。但一向要强、不甘失败的她却也跟小程较上了劲儿：哼，我走过的桥比你走过的路还长，我就不相信改变不了你，你在家里受到宠爱，觉得荣耀，可你享受过来自学校的荣耀吗？我就拿这来刺激你一下。

想到办法了就开始做，从那以后，张老师睁大双眼，不时地发现和捕捉小程的长处和优点。发现他比较爱动，就任命他为班里的劳动委员，光给职位不够，张老师又当着全班学生，把这个职位狠夸了一顿——它的重要性、它的荣誉感。结果不要说是小程，就是其他同学都开始羡慕了。在这期间，只要他取得点滴的进步，张老师就采取不同程度的鼓励和表扬。这种作法，无疑在班级里了多给了小程自我表现的机会，让他感觉到了自己的价值所在。慢慢的，他开始走出成长的误区，有了上进心，有了进步了。现在的小程，可以说是一个比较优秀的小学生了。

从小程的转变中，张老师认识到，小学生喜欢得到来自老师的表扬和鼓励，这对他们是荣誉的享受；这种享受，与家庭里得到的有着极大的不同。只要他能得到，就能增强他们的勇气和力量。作为教师，要正视学生的差异，对于“问题学生”要从关爱的心态出发，对他们要晓之以理、动之以情，用人格力量去感化他们。

小学生是难教的，他们的许多习惯还没养成，许多意识还没具备，因此，会出许多令你意想不到的问题。那些问题防不胜防，令你哭笑不得的有、令你忍俊不禁的有、令你瞠目结舌的有、令你目瞪口呆的有。这就考验到一个班主任的素质——你具备爱心，凡事就有可能；你选择了放弃和疏离，那么，这件工作将会显得黯然失色。

王宝忠老师是深深地懂得这一点的。年幼的孩子，不要说是他自己存在诸多问题，就是家长，出于对孩子的关爱，也会因为这爱而做出一些令你难以接受的事情来。遇到这种情况，你别无选择，只能以爱心去感化，去改变。

新接了一年级，许多的事情接踵而至，王老师忙里忙外，利用接近两个月的时间，好不容易把那些小淘气鬼带入正轨。可没过多久，有一天晚饭后，他接到了一个电话，电话是小浩的家长打来的，她强烈要求给孩子调位。她说：“小浩的同桌家庭情况很复杂，不大的小孩竟然说：‘我爱你’，我觉得太不可思议了。我不能让我的孩子和这样的孩子同桌，这样他会学坏的。”当时，这位家长的态度非常强硬，对老师也是颐指气使，很不礼貌。王老师的敬业精神和工作经验告诉他，不能针尖对麦芒，只能先顺着她来，于是，王老师一再地解释和劝导。最终，她勉强同意暂且观察一段时间，如有改善再做决定。第二天，王老师马上介入对这件事的调查，结果发现，班中很多学生都有这种情况，而出乎意料的是小浩同学竟然是第一个“恶作剧”者。

这件事情引起了王老师的深思，看来，对于这些孩子，进行集体教育是非做不可的了。于是，在第二周的星期一下午，他特意召开了一次别开生面的班会，组织并引导学生说说妈妈的慈爱、老师的关爱以及同学的友爱。形式上，先是小组内进行，随后全班交流汇报，目的就在于让每一个学生真心感受到身边的爱无时不在、无处不在，激发和点燃了孩子们对他人的一种爱心。接着王老师宣布了感恩系列活动的计划：一是给爸爸和妈妈洗一次脚或者每周做一次家务，学会感恩妈妈；二是认真写好每一个字或做好每一道题，学会感恩老师；三是校园内使用礼貌用语：你好、对不起、没关系、谢谢、不客气，学会感恩同学。最后王老师倡议：每次上课开始时，同学们齐呼“我爱老师，我爱妈妈，我爱同学”。从此每天都可以听到“我爱老师，我爱妈妈，我爱同学”的响亮口号。渐渐地，学生恢复往日的平静，也不再有学生制造类似的事件了。

王老师这样做的目的是很明确的，孩子们既然出现一些似懂非懂的“我爱你”之类的话语了，说明他们虽然懵懂，但还是受到社会的影响了。那么，与其加以压制，不如将这“我爱你”转移到大爱方面来，让他们认识到在他们这个年龄，什么才是需要珍存的爱，什么才是需要感激的爱，什么才是需要实现的爱。这样的疏导，就从根本上解决了问题。你的欲盖弥彰，只会让充满好奇的孩子更加希望继续这些所谓的麻烦。因此，针对这些事件必须经过认真调查和精确分析，制订翔实可行的计划，有目的、有步骤地引导学生用健康正确的言行约束规范自己，用“大爱”对待身边的每一个人，尽最大可能消除负面影响。

我们已经在特色活动中领略过王淑芳老师的风采了。在学生转化方面，王老师更是有自己的一套。

王老师最突出的一点，就是将学生的教育转化作为常态性的工作纳入班级管理之中，以班级的建设和管理来推动学生向前发展，提高他们的积极性，发挥他们的主观能动性，帮助他们找到荣誉感和成就感，从而使学生得到长足的动力和进步。

班级常规管理是一项整体的育人工程。把学生的积极因素调动起来，才能形成合力，共同构筑学生自我管理机制。因此，王老师为学生设置多种岗位，让每个学生都有机会上岗“施政”，服务同学、锻炼自己、表现自己、提高自己；引导学生的行为和品德向更高的层次发展，促使学生通过自我教育、自我调整而不断成长。

班干部是班主任的左右手，班干部能力的大小，决定着班主任的班级管理自动化的程度。好的班干部是班主任的得力助手，一个班的班风的形成、学风的形成离不开班干部的管理。而班干部的作用，则极有利于发挥学生的能力，“逼”学生向好的良性的方向发展。

从这个意识和角度出发，王老师采取了“开放式”选拔班干部的策略，进行了大胆而有创意的开拓工作。

王老师确定的原则是这样的：不拘一格选拔班干部，学习成绩好不是唯一标准；发挥学生个性特长，人尽其才；班干部选出以后需要对他们进行班级管理的分工与培训，仅是分工不培训，他们没有管理的概念也就不会有管理的能力。

具体做法是，班干部上岗后，一周召开班队干部会议一次，听他们谈论工作中的事，并与大家一起讨论解决的办法。对于新上任的学生，不采取一棍子打死的方法，而是宽容地对待他们，允许他们犯错，让他们在磕磕碰碰中成长起来。同时，还不定期地进行小干部的谈心活动，及时了解他们的工作心得和工作烦恼，为他们出谋划策，以促进他们更加成熟地工作。

于是，就有了这样的情形：李晓琪同学学习一般，但爱劳动，认真负责，同学们选举她为劳动委员；张翼翱、王一卓活泼好动，点子多，语言表达能力强，同学们选他俩为班主任助理，专门处理同学之间的纠纷和组织班级活动。马尧睿机灵聪明，组织能力强，号召力大，在同学们中有很大的影响力，很多同学愿和他交朋友，所以他被选为班干部。但他纪律涣散，做作业速度快，做完就招惹别人，下课领着一大群同学打闹。王老师知道，对这样违纪的学生如果一再批评打压，就会使他产生反感情绪，甚至出现逆反举动。所以，王老师对他一般不当众批评，免得伤害他的自尊心。而是采取与他单独谈话、讲道理的方式，用言行去感化他，用事理去引导他。他纪律差，王老师就让他担任纪律委员，专管编队放学、做两操、课间纪律。还发给他一个记录本，记录每个活动的情况，每天向老师汇报，并谈谈他的做法和想法，然后王老师再给他一些指导和建议。这样，既对他的行为进行规范，也提升了他的管理能力。他慢慢转变，成长为老师的得力助手，同时，也得到了政教处的赏识，被选入大队委，承担了大队部大量的工作，期末被学校评为优秀班干部。

像这样的做法，也出现在曹景云老师的身上。曹老师认识到，小学阶段还是塑造人格的关键期，小学教师尤其是小学班主任对于学生的人格的塑造起着非常重要的作用。于是，他用制度规范学生，结合学生的年龄特点，通过讲故事、动画演示、教师讲解、实景演示等多种形式学习《小学生守则》《小学生日常行为规范》和校规校纪；他争取家长配合，运用家校联系的新途径，通过家长会、飞信群、博客等形式向家长宣传班级，让家长了解班级、了解孩子；他沉着、积极地应对突发事件，曹老师是个极为负责、极为细心的老师，面对学生难免存在的磕磕碰碰的事件，他在办公室里常备碘伏和棉棒，以防孩子出现皮外伤；当遇到学生碰伤和生病时，他首先确认伤情，需要就医或不能确定时，总是及时带孩子救治，有个叫张凯圆的同学，在参加课间活动时在室外乒乓球台上磕破了头，曹老师知道后抱起他就往医院跑，治疗结束家长才赶到，真切感受到老师对孩子的关怀，他们的眼里满是感激的泪。

第二节

爱的光亮暖心房

学校的希望在老师，当一所学校拥有一大批充满爱心的老师的时候，这所学校也就拥有了希望，拥有了亮色，拥有了魅力。

对于那些优秀的学生，爱是一种召唤，召唤着他们飞向更高更远的晴空；而对于那些差生，爱，则是一种唤醒，通过这种唤醒，给予他们力量、勇气、自尊和自信，从而改变自我，勇敢地走向坦荡的人生。

一个孩子的面庞始终浮现在花勤翠老师的面前。

夕阳西下，晚霞映照着孩子们灿烂的笑脸。结束了一学期的工作，看着孩子们快乐地向家长汇报自己的战果，花老师深感欣慰。正在她准备回家的时候，班里的小海龙像一只快乐的小鸟，飞到花老师的面前。他不住地晃动着手中的奖状，兴奋地喊着："老师，我太高兴了，这是我上学以来第一次得到奖状！"紧跟在后的小海龙的妈妈更是满面笑容，面对着花老师感激的话说不尽。看着孩子跳跃的身影，听着家长感激的话语，花老师的思绪飞回了一年前。

一年前，花老师接手了四年级的一个班，由于班级纪律比较混乱，开学的前几天花老师一直忙于整顿纪律。在这个过程中，小海龙这个名字总是出现在未交作业的名单上。这是怎么回事呢？于是，花老师让小组长把小海龙叫到了办公室。过了一会儿，一个大眼睛的男孩走了进来，这就是小海龙啊。这个孩子与花老师的第一次正视直面确实有点出乎花老师的意料，未等花老师开口，他便主动承认错误，并保证以后按时完成作业。花老师是个有经验的、负责的老师，她知道许多孩子往往怀抱着暂时逃避的心理，所以，虽然小海龙态度很虔诚，她还是不放心，又加以耐心细致的引导，直到小海龙点头如捣蒜，差点要流下了悔恨的泪水时，花老师才放心地让他离去。

没想到这么容易就把一件看似棘手的问题解决了，联想到近些天来班级发生的变化，花老师暗自高兴。可这高兴只持续了一个晚上，到第二天，始料未及的事情就发生了。小海龙的名字又出现在了花老师的办公桌上，而且是一次接一次。花老师陷入了沉思：看来上次的说服教育一点也没起作用，小海龙的表现充满了“欺骗性”，事情似乎并没有那么好解决啊。想了许久，花老师觉得还是摸底不够。于是，她没有急着去找他，而是从周围的老师、同学们好里进行了解。不了解不知道，一了解吓一跳：学生们告诉花老师，小海龙一直就这样，学习成绩不好，上学期只交过几次作业；老师们呢？也说这孩子没治了，每次叫来都是“好、好、好”“是、是、是”，可就是只说不做，即使偶尔做一两次作业，也做不完整，书写相当潦草。听了这些，花老师的心凉了半截，她才认识到问题的严重。看来以前的老师也做了很多工作，只是没有效果。难道这就是那种“承认错误，坚决不改”的孩子？或许他真是根“不可雕的朽木”？花老师满怀疑虑，但转念一想，不！不会的！看看他那忽闪的大眼睛，想想他上课时积极的发言，以及承认错误时的机灵劲儿，他应该是个比较聪明的孩子。花老师暗自下定决心不能就此放弃，要用爱心去感化他。

像这样聪明的孩子不学好，一般都与家庭教育有着密切的关系。那么，就从此入手吧。于是，花老师先找小海龙的家长了解情况。家长说，孩子比较聪明，只是很懒惰；由于父母离异，爷爷奶奶又特别溺爱，只要一方逼其做事，他就会跑到另一边，弄得家长也很头疼。果实，小海龙的“不务正业”确实与家庭有关。花老师先与他的父母进行了深入的沟通，分析利害，让他们认识到问题的严重性；最后达成一致意见——不过分溺爱孩子，放弃大人的恩怨，把心思用在管理孩子上。

得到家长的支持后，花老师开始做孩子的工作。很显然，由于长期的“恶劣”表现，小海龙已经对自己失去了信心，对学习也不太感兴趣了。那么，怎么办呢？应该还是先从树立起他的信心入手吧？想通了这一点，花老师睿智地先把小海龙不交作业的事放在一边，抓住他上课积极回答问题的机会进行表扬。像这样的孩子，都是爱表现的，这么一表扬，他回答问题的次数越来越多，同学们看他的目光也有了转变。于是，花老师又利用班会时间表扬上课表现比较积极的同学时，借着其他同学对小海龙的提名，“狠狠”地表扬了他。那一次，这个天真的孩子高兴得眉飞色舞，花老师也为找到这么一个教育契机而暗自庆幸。

经过一段时间的努力，小海龙的表现越来越好，与花老师交流的机会也多起来，但作业还是不能按时完成。花老师意识到，在这方面他是“惯犯”了，已经养成了习惯，采用其他办法大概收效甚微，想了很久，花老师想出了一个高招：请他当老师的小助手，帮老师批一点儿比较简单的作业。对于一个懒惰惯了的孩子，他自然不愿意。花老师知道事情急不来，就有意地先拿出一两本比较差的作业和他一起批阅，以“减轻”他的劳动量。这个孩子毕竟很聪明，有些错误他还是能看出来的，当他指出错误时，花老师就及时给予表扬。花老师也会时不时地拿一些好的作业让他看，并让他进行评价。慢慢地，小海龙不但愿意批作业，还经常发表一番见解。只是每当提到那些比较差的作业时，他的脸都会泛红，花老师看到机会成熟了，就相应地指出不足、提出希望。作为一个小老师，总不能老不交作业吧？你不能只批别人的而找不到自己的吧？这番心理战还真的起到了作用。渐渐地，小海龙不交作业的次数少了，作业质量也提高了，即使偶尔交上空作业，花老师为了照顾他的自尊，也没有当面揭穿。为了趁热打铁，花老师还特意给他安排了一个学习成绩好、责任心强的同桌。在这位同桌的帮助下，小海龙的成绩提高很快，偶尔再忘记作业时，他会主动向老师认错，并及时补上。

看到小海龙的变化，花老师露出会心的微笑，家长高兴的心情更是溢于言表。在今年的期末评比中，小海龙成了全班公认的“进步星”，得了一张红红的大奖状，由此也出现了开头的一幕。花老师知道，虽然教育不是万能的，但相信，你如果给孩子一个微笑，他会给你一个明媚的春天；但如果愿意播撒爱，你的爱就会照亮每个孩子的心房。

与花勤翠老师一样，刚慎荣老师也深深地理解爱的力量，她将爱的阳光撒向那些厌学的学生，给予了他们信心，给予了他们希望。

刚老师深深地知道，小学的学生是可塑性很强的，如果因为他的厌学而抛弃了他，就等于给他们的一生增添了不确定的因素。这是一个负责任的老师绝对不能忽视的原则问题。而恰恰是发自内心地对这份事业、对那些可爱的孩子的爱，让我们找到了工作的意义，找到了人生的目标，找到了自身的价值。

刚老师班上曾有一个叫小薛的学生，不知道由于什么原因，他上课总是萎靡不振，成绩直线下降；而且他特别不喜欢和其他同学交往，每天都是一副疲惫不堪的样子，每天面部都带着一种厌倦和无奈的表情。才十几岁的孩子，就像一个小老人，显得暮气沉沉，无所寄托。刚老师看在眼里，急在心里。多次找他谈话，他却始终还是那个样子，就像被抽去了筋骨一样。看来光靠学校的工作是远远不够的，还需要联系家长共同探讨。想到这一层，刚老师正欲与家长联系时，没想到，他的家长自己找上门来。有一天，上课已经十多分钟了，薛妈妈拉着满脸沮丧的小薛来到教室，一看薛妈妈眼含泪花、气喘吁吁的神态，刚老师就知道发生什么事儿了。她安排好孩子们学习，并且请小薛同学也回到座位上去，然后把薛妈妈请到办公室。

一到办公室，薛妈妈也许是压抑得太久了，而那天更受到了刺激，不等刚老师询问，就开始哭诉起来：

“孩子实在不想上学了，今天死活不想来了。”

“为什么？”

“其实孩子很早以前就不愿到学校，每天送他上学都很费心，以至于中午放学我都不敢接他回家，而是娘儿俩在外面随便吃点，然后再送到学校。因为一回到家，再想送他上学又得费很大周折。”

看来这样的表现不是一天两天了，坚持到今天确实也不容易，刚老师感到问题很严重：“在家是不是太娇惯他了？”

“我不娇惯他，可他爸爸、爷爷、奶奶、姑姑很宠他。在家不是躺在床上就是倒在沙发上边吃零食边看电视或玩电脑，我管他，他们就说我压制孩子个性发展，为这还经常闹矛盾……”

薛妈妈抹着眼泪走了，但她的话语却久久地响在刚老师的耳边。一个孩子，就是一个家庭的希望，对于小薛这样的孩子，她妈妈能把他送到学校，已经是竭尽全力了，若想改变他，还得由老师“主动出击”。老师也可以给他爱，但这爱，却是与家庭给他的爱不同的。那天，刚老师久久地坐在办公室里，一遍一遍地用笔书写着，为了这个孩子，她必须想出一套行之有效的方案。等到黄昏降临时，这个方案才算有了眉目。

刚老师知道，像这样的学生，由于经常被冷落、被训斥，加之性格倔强固执，对班主任往往都存有一定的逆反心理，此时倘若你对他讲学习的重要性、怎样做个好少年等道理他是绝对不会理会的，只会是讲得越多他烦得越很，这就为转化造成更大的困难。怎么办呢？那就从反面来吧，不如顺着他，让他自己去悟出其中的道理。

于是，刚老师找来小薛，开诚布公地对他讲：“你不愿上学，但家长非让你来，对吧？”

小薛漠然地点了点头。“不愿上学可以不上，不能强逼，对不对？”小薛又点了点头。

“我支持你，我可以帮你做家长的工作，你不想上学就可以不上，为什么要让孩子做自己不愿干的事儿呢？”

刚老师这话一出口，可真出乎小薛的意料，他吃了一大惊，瞪大眼睛愣愣地看着刚老师，好像在说：“老师，你真支持我吗？”

“不过，我有个想法。很明显，你如果不上学，大概也不能整天躺在家里吃着零食看电视、玩电脑，让家长供养着。你必须自食其力，做个男子汉，对吧？你想好干什么了吗？”

面对这样的询问，小薛一声不吭。

“打工不行，雇用童工是违法的，没人敢用。要不，我有个建议，从今天开始你就去捡废品吧，这个你绝对能做到，而且收入也是自己的，不再受家长的约束，行不行？”

再看小薛，头像拨浪鼓一样摇着。

此时离放寒假还有两周，刚老师意识到这是个机会，继续说：“要不你先坚持上两周的课，放假后再作实验，如果假期‘自食其力’做得很好，再开学咱就直接不来了，行吗？”

小薛点了点头。

小薛是答应了，可刚老师却又动起了新的心思：这么多的孩子，这几年都这么走过来了，为什么偏偏这个孩子厌学到了这样的程度？应该还有更深层的原因吧？从家长那里知道，这个孩子厌学的情绪产生得很早了，那看来，造成他厌学的原因也应该很早了。现在，通过努力是勉强稳住他了，但保不定以后啊。刚老师思索着，也着急着。这个真是一个头痛的问题，看来还得从以前入手，只有找到真实原因了，才有可能产生转机。就这样，刚老师再一次找到了家长。

通过与家长沟通，刚老师了解到，小薛的厌学还真是有原因的：在他上三年级的时候，由于一位老师对他的误会，使他直接产生了严重的厌学情绪。看来这种现象的诞生由来已久了。既然是由老师那儿得的“病”，那就还是通过老师为解决吧。

那个时段，刚老师可以说是煞费苦心。孩子为什么厌学？原因很多，但对于小薛这样的，主要包括这么几个因素：第一，他得不到认可，体会不到学习带来的成就感，所以越来越感到兴趣全无；第二，他从学校生活里得不到快乐，被排斥在快乐的氛围之外，所以难以找到一种认同感。那么，就从这里入手吧。

于是刚老师抓紧时间，先与各任课老师沟通，说明小薛的情况，达成共识：每个人身上都有闪光点，我们要努力寻找他的长处，发掘其潜能给予及时充分的肯定，让他重新找到自我，让他感受到老师的关怀，不断地鼓励他，让他享受到成功的喜悦。他很敏感，那么我们就一起合作，通过我们不经意的表扬、赞许，来震动他的心灵。

然后，刚老师召开班委、队委会，让班干部参与到小薛的转化中来，让他们主动与他交流，并帮助他解决学习上的困难，在他不知情的状况下，将他编入兴趣小组，让他参与他们游戏和活动，使他感受到班级的温暖。刚老师相信，当小薛得到同学们的主动帮助时，会慢慢地体会、感受到集体生活带来的快乐，从而对学校生活感到由衷的热爱。

另外，刚老师觉得，既然他在家里对电脑那么痴迷，那就发挥他的“特长”吧，就请他来当老师给同学上与电脑相关的课，讲与电脑相关的知识，直接称他为“小电脑”，让他学有所用，以使他从中找到荣誉感和成就感。

三种方法同时并进，还真有效。渐渐地，小薛先不再对学校厌倦了，继而是对老师、班集体产生了浓厚的兴趣和归属感，随之而来的便是学习的进步。

刚老师永远不会忘记那一天，当他宣布小薛同学被评为“智慧之星”的时候，全班抱以了热烈的掌声，而小薛，也露出了久违的笑脸。

是爱，让这样的孩子走出了人生的歧途；是爱，让他们重新鼓起了学习的信心；也是爱，让我们这所学校发出灿烂的光芒。

第三节

撒向童心都是爱

“爱”，虽然简单的一个字，可它需要作为教育工作者的我们穷尽一生去挖掘，去探索，去实现。

没有了爱的人间，就会变成一片荒漠；没有了爱的教育，就会变成一片沙滩。

对于学校来说，爱，是重要的。爱，如同阳光让校园充满温暖；爱，如同春风给班级带来和谐；爱，如同春雨滋润学生的心田。任何没有了爱的教育，都是苍白无力的。爱是学生接受教育的前提，教师对学生怀有真诚的感情，学生才会“亲其师、信其道”，自觉愉快地接受老师的教诲。“亲”的程度越深，师生心理距离越近，交流的渠道就会越畅通，心理疏导工作就越容易取得成果。一个学生就像一粒种子，只有用爱心去灌溉，他们才会有发芽、开花、结果的可能。所以要用爱去感化学生，使他们心悦诚服地接受教育，把德育工作落到实处。

班主任对学生的热爱是顺利开展班级工作、教育好每一名学生的重要前提。爱学生，既是教师职业道德的核心，也是对班主任的基本要求，更是推行素质教育必不可少的手段。爱学生愈深，教育学生的效果也就愈好。因此在小学里，班主任要从小学生的生理和心理发展的规律出发，从多方面、一点一滴做起，用自己对学生真挚的、博大的爱，去培育学生健康成长。如果对学生进行教育和管理时，缺乏爱心，随之而来的必然是方法的简单粗暴，批评多，耐心说服少；责怪多，关心体贴少。这样会使学生处在一个缺少爱心的环境中，不会关心和爱护他人，也不容易得到他人的关心和爱护，势必影响学生身心健康的发展。

捷尔任斯基曾说过："只有用爱才能教育好学生。"而我欣喜地看到，我们学校有着许多抱着爱的宗旨从事教育的老师。他们热爱学生，尊重、爱护学生，赏识学生，使学生真正感到了来自教师的温暖和呵护，而教育就在这份关爱中显得富有实效起来。

任何学校、任何班级，总有一些在学习、思想、行为等方面存在偏差的学生，这些学生很容易成为被忽视、被冷落的成员。我们的许多老师，就把眼光投向这些学生，用他们的爱，用他们的情，来关怀他们，感化他们，提高他们，改变他们。那一个一个的细节，不论是我听到的，还是看到的，都让我涌上深深的暖流。在他们的身上看到了我们学校的希望，更看到了教育的希望。

常常问自己，到底是什么样的学生最需要老师特殊的关照？想来想去，应该还是那些各方面表现相对差的学生。一方面，他们长期在受压抑、受歧视的环境中成长，急切地盼望着得到来自各方面的关爱；另一方面，他们的差，往往不是本人一厢情愿地造成的，这里面有着家庭的因素，有着学科设置的因素，有着周围环境的因素，而对于一个人生观、世界观还未形成的孩子，受到来自这些方面的影响从而变差，你不能全部怪罪他，否则，那样的教育就是冷漠的教育，就是不负责任的教育。而令我感动的是，我们的许多老师们，就那么自觉自愿地担当起改造学生的任务来，用他们涓涓的爱，汇成一曲献给教育的颂歌。

学生看起来最不值得爱的时候，恰恰是学生最需要爱的时候；足够的关爱、赏识会使这些学生发生极大的转变。

张晓环老师就遇到过这么一个叫小智的学生。在三年级时，张老师担任他的语文老师。这个小智，可没有把智慧用在正当的地方，而是特别调皮，还经常打架、骂人，不做作业，学习极差，是大家公认的"调皮大王”。刚接到这个班时，因对他的“大名”已早有耳闻，所以张老师对他是格外留心。果实，时隔不久，张老师就发现，小智的精力特别旺盛，不仅课堂上打闹，甚至课间也没有闲下来的时候，不是追逐其他同学，就是捶墙、爬桌子，仿佛他从早到晚有着使不完的劲儿。张老师同时还发现一个更糟糕的情况：他不仅本人表现特差，还时不时地故意欺负学习好的学生，完了还留一句：“我就欺负你了，你不服，把我告老师那里去！”很显然，因为差，他要在好同学面前找一种平衡。

面对这样的“惯犯”，被欺负的学生大多采取了忍气吞声、不予理睬的态度；而老师们呢？出于责任心，则对他进行过多次批评教育，结果却都无济于事；找家长，家长也是无能为力——有点教育经验的人都知道，像这样的孩子，他的变坏与家庭也是息息相关的。学校的很多老师都认为，这孩子太难管理了，基础又太差，而且缺乏最起码的上进心，提高看来是无望了。

面对小智的恶劣表现，面对大家的公论，张老师不禁从心底泛起一股凉意。大家说得对啊，像这样的孩子，你能拿他怎么办呢？但教育的良知又提醒着张老师：不论怎样，他毕竟是个孩子，今天他变成这样，也不全是他的因素，今后他还有更长的路要走，不能就这样放弃他。想到这里，本来有些绝望的张老师又有了信心：不行，必须找到一个突破口，对他进行有效的教育。

怎么办呢？这个孩子恶名远扬，大家都对他敬而远之，那么，不如另辟蹊径吧。张老师是懂得心理学的，她知道，像这样的孩子，现在最需要的是信心，是老师通过爱树立的信心。于是，我们的张老师开始“装聋作哑”，她装作对小智的情况一点儿也不了解，而是抱着与其他孩子同样态度来对待他。起初，张老师找他谈话，他的一贯表现就出来了，对老师是爱理不理。张老师也不在意，还是常常找机会与他闲聊——对于这样的孩子，闲聊往往是曲径通幽的好办法。渐渐地，受人排斥的小智大概由于孤独，也愿意与张老师说话了，不再那么排斥了。这第一步迈出去以后，张老师开始了她的第二步棋。有一天，张老师发现小智上课听讲比较认真，就在下课后用手抚摸着他的头说：“小智，今天听同学说你上课听讲专心多了，这很好！老师觉得你是一个特别聪明的孩子，相信你会越来越进步的！”别看这句话，可含着蛮深的学问哦。一般这么调皮的孩子，都非常聪明，只是没有把聪明用在地方上，于是，没有人认可他这一点。但孩子的潜意识里，却往往认为自己在这方面了不起。张老师就是利用这一点，鼓励他一下。这可真让小智受宠若惊——长这么大，从来没有老师这么亲切地对待过自己，也从来没有听人这么表扬过自己的“优点”啊。他脸涨得通红，不好意思地用手捏着自己的衣角。一个孩子，他的心灵还没有成熟，他能奢望什么呢？就这么一个举动，一句表扬，提醒了他。那个课间他没有再调皮打人，课堂上也特别老实，而且那天放学后，张老师发现他自愿留下来帮同学值日了，尽管在值日时还因毛手毛脚，碰倒了别人，但他能主动值日，已经不错了。第二天，细心的张老师赶紧在全班同学面前表扬了他。第三天，他上课更能认真听讲了，课间不再是调皮打闹，而是主动整理课桌和讲桌、捡起教室地面上的垃圾。那段时间，张老师从各方面表扬他、鼓励他、暗示他。张老师知道，像这样的孩子，调皮就是爱表现，打架就是想从中找到成就感，其实都出于一种成长中特有的虚荣心和表现欲。倘若从此出发，加以充分地利用，那一定会见效的。果然，在那段时间里，随着每次的表扬，小智在不断地进步。

一个差生的转变，不是一朝一夕的事情，一旦看到他所有转变，就应该加以强化。这种强化，靠泛泛的表扬那是远远不够的，它需要一种“强烈的刺激”来加以推进和强化。张老师在看到小智的变化之后，决定再来一次“猛药”。在两周后的班会上，张老师有针对性地开展了“我帮同学找优点”的主题队会，结果就在这次队会上，大家居然为小智找出了20条优点。当时的小智非常吃惊，而他的表现也出乎人的意料，他用颤抖的语调说：“我以前觉得自己很差。学习不好，什么也不好，又爱打人，同学们都不喜欢我，我就破罐子破摔，没有了学习和生活的信心，所以我有时故意惹你们，想证明自己的存在！今天我很感动，我竟然有那么多的优点，我要感谢老师和同学们。现在，我没有理由再对不住大家！请大家监督我，及时批评我、帮助我，我愿意改正缺点。还请大家看我以后的行动吧！”以前是得到老师的认可，这次是得到全班同学的认可，那效果自然是不可同日而语的。“刺激”足够大、足够深，从那以后，小智变了：他上课听讲了，虽然有时也管不住自己；开始做作业了，虽然有时做、有时不做，但张老师还是一如既往地表扬他。他高兴得手舞足蹈。面对这种情况，张老师适时地又向他提出了新的要求：坚持天天完成作业。争得他的同意，张老师安排了一个责任心比较强的同学与他同桌，他学习上有困难，同桌就及时帮助他，他的信心足了，学习上有了些进步。改变了一个这样的学生，张老师比获得任何奖励都高兴。

但张老师还是不放心，万一以后他再犯呢？那么，目前还有一条路，就是在弥补了他的不足之后再为他开启一条引以为傲的路。这可是转变差生的法宝啊。张老师思索着、寻找着。后来，有一次偶然的机会，她在与体育老师闲谈中，得知小智的乒乓球打得很好。张老师听了相当高兴，马上找到小智，鼓励他发展特长，利用课余时间坚持练习打乒乓球，争取为班级争光，为学校争光。小智可高兴了，他一有时间就练习乒乓球，在他的带动下，班里还有几个调皮的同学，课余时间也打起了乒乓球。不久，学校举行乒乓球比赛，小智在年级组比赛中，获得了第一名，为班级争得了荣誉。这可是千载难逢的机会啊。张老师面向狂喜的小智，因势利导地又提出更进一步的要求：如果在学习上也能这样出色，做个懂事的孩子就更好了。这下可真奏效，小智上课更认真了，课间也能与同学和睦相处了。这时张老师又不失时机地与他的家长取得联系，了解孩子在家的表现，及时汇报孩子在校的点滴进步，请求家长配合，帮助并督促孩子发扬优点，弥补不足。

大家都说，小智的变化可真大。

令张老师深刻铭记的，是近代教育家夏丏尊说过的一段话：“教育之没有情感、没有爱，如同池塘没有水一样。没有水，就不成其为池塘，没有爱，就没有教育。”张老师说：作为一名教师，要搞好教育工作，首先要有一颗赤诚的爱心，用爱的甘露滋润孩子们的心田，用爱心点燃一颗颗纯洁的灵魂。对于那些问题学生，教师应给他们更多的爱，经常鼓励、帮助、督促他们，只有这样，才能使他们增强自信心，从而产生内在的动力。当一个孩子对学习有了兴趣与动力，他的提高就变得轻松、容易多了。

张老师的爱心，转变了小智同学，而张老师也从中得到了无限的欣慰与快乐！

我曾在一个非正视的场合说过一句话：“托尔斯泰说，幸福的家庭都是相似的，不幸的家庭各有各的不幸。就教育来说吧，可真是优秀的孩子都是相似的，差劲的孩子各有各的差。”真的，那些表现差的孩子，“创造力”足够丰富，这种创造性可以体现在任何一个令你想象不到的方面。

张老师眼里的小智有着精力旺盛而心思不属的孩子共有的特点，而朱吉凤老师，则遇到了另一种类型的差。

朱老师遇到了一个叫小云的孩子，这个孩子的特点是爱说谎话。爱说谎话的孩子多了，但小云的表现却比较特异：他是时时说谎，事事说谎。比如，他经常完不成作业，任课老师追问他，他要么说忘自己家里了，要么说忘奶奶家了，或是姥姥家了。这话当然谁也不信，可这个孩子却非常有“毅力”，同样的谎言，他一遍一遍地说，并且睁着天真的眼睛，奇怪而无助地看着你，似乎在说：“我说了虽然千百遍了，但都是真的啊，你怎么就不相信我呢?”

对于这种情况你怎么办？相信许多老师早已不耐烦了，要么劈头盖脸训斥，要么无奈地叹息，要么干脆置之不理。但朱老师没这样做。她知道，不论怎样的孩子，都需要爱，爱，是可以让一颗顽固的心变得柔软的。

但很明显，当说谎成为一种习惯之后，你不能说一句“你不可说谎了”就可以解决的，你也不是找到他说谎的证据就可以改变他的。朱老师是一个非常理性的教育者。她想着，是的，像小云这样的孩子，确实需要改变，不然长期下去，大家倒是不相信他的谎言了，可这个孩子也就毁了。要改变他，那也得找出原因所在啊。虽然许多的孩子表现没有这么厉害，但也会说谎，可见说谎是带有普遍性的。普遍性的现象，应该有着深层的原因吧？理解了原因，然后对症下药，事情不就好解决了吗？

经过研究，朱老师发现，孩子之所以撒谎，主要有以下原因：

心理发展不成熟，自我判断能力差；不能从正常途径得到的，通过撒谎得到；想通过撒谎逃避惩罚。

这说明什么？说明爱撒谎的孩子往往也是有自尊、有追求的孩子，不然，撒谎还有什么必要呢？这样的孩子可救不可救？答案是肯定的。但因为他撒谎成性，只靠学校的力量是难以起到完美的效果的，还得与家长共同配合。大家都不是抱着同样的“爱”的心绪吗？

于是，针对这个特殊的学生，朱老师找来他的母亲一起探讨、商量，制定出一个方案：

讲明道理。先一起给小云讲道理，告诉他，哪怕完不成作业，也不会得到处罚。从根本上消除小云为了逃避而撒谎的心理。

让学习优秀、性格内向但是爱帮助同学的小洁和他同桌，以此来感化他，唤起他学习的热情；在下课的时候让几个学习好的男孩子帮助他，让他养成爱学习的习惯。

上课有意识地让他回答一些问题，激起他学习的兴趣。在他做到一点点的成绩的时候多给他一些表扬。

把每天的作业记在家长为他准备的小本子上，由家长监督进行辅导，家校配合，让他失去撒谎的可能。

经过一段时间的试行，小云同学的学习积极性明显得到提高，上课他能积极举手发言，家庭作业也完成得非常认真，没有了撒谎的必要，他的毛病自然改正了过来。

朱老师通过这个案例意识到，对于不同孩子的不同表现，首先我们老师应该换一种眼光看待孩子，少一点指责，多一点关爱，鼓励孩子勇敢地向不良习惯挑战，帮助孩子树立克服不良习惯的信心。要诱导孩子把自己的真实想法、愿望说出来。要让孩子明白，虽然以前错了，但是老师、同学还是爱他，所有的人都对他抱有希望，都信任他，如果有困难，就大胆地说出来，大家都会帮助他。当孩子感受到周围人对自己充满着期望、充满着信任的态度时，就有可能真正下决心改掉自己的不良习惯。

第四节

怀抱爱心向未来

不论怎样的孩子，都会走向未来的。当在人生至为重要的小学阶段，他感受到来自老师与同学的爱之后，在一定程度上，他就拥有了储备，拥有了蕴积。怀揣着这样的储备和蕴积，他对人生会充满信心，对前途会充满力量，对未来会充满希望。一位小学生，在年龄幼小的时候能够享受到爱的重要意义就在这里。

而一位优秀的老师，则会发自内心地、适时适合地，将他的爱给予那些等待出发的生命，点亮他们心中的灯，照亮他们前行的路。尽己所能，让他们走得更稳更好。

我们学校像这样的老师比比皆是，他们的眼睛里流露着热望，胸怀里蕴藏着爱意，行动中流泻着情感。沐浴着他们爱的阳光，那些曾经走过弯路或者正在歧路中跋涉的生命，自然地看到了希望的亮色。

刘贵香老师就是这么做的，她用爱心转化学生的案例，真的能打动我们这些教育工作者的心灵。

五年级开学初，刘老师的班里转入了一名叫小豪的外地学生。这个孩子浓眉大眼，看上去挺有灵气。带他走进教室后，刘老师和同学们为他举行了小小的欢迎仪式，然后把他安排在了一位品学兼优的男生身边。

既然他是新来的，肯定存在环境不适应、心理有波动的情况，所以，刚开始的那几天，刘老师和同学们都对小豪给予特殊的照顾和关爱。但这中间却发生了意想不到的事情，据同学反映，小豪对大家的帮助不但不领情，还经常与大家闹别扭、摔东西，甚至拒绝干值日。——我们对你仁至义尽，你却以怨报德，这引起同学们一片怨声。

而随后发生的一件事情，更把小豪的“劣性”表现得淋漓尽致。星期四的下午是作文课，刘老师讲评完作文后，要求大家对自己的文章再进行修改，作文不合格的要重写。同学们都忙了起来，可唯独小豪双手插在口袋里，一副不以为然的神情。刘老师记得他的作文只写了四行，而且语句不通，应该属于重写的一类。于是，她轻轻走到他身边，悄声地说：“小豪，不会写作文不要紧，以后老师和同学们会帮助你的。根据老师刚才的讲评，你要试着重写一篇，你看你的作文只写了四行，这根本算不得一篇文章嘛。”没想到，刘老师的话音刚落，小豪就拿起作文本往桌子上重重一摔，怒目圆睁，脸涨得通红，歇斯底里地喊道：“谁说我不会写作文？写的短就不算好作文了吗？作文选上那些短文章不都是好作文吗？”然后不由分说地把作文本撕得粉碎。小豪的举动令全班震惊，同学们都瞪大了惊愕的眼睛看着他，班内霎时间陷入一片静寂。面对小豪这突如其来、不可理喻的表现，毫无防备的刘老师也不禁愕然了：这是个什么样的学生呀？说实话，从教近二十载，刘老师还是第一次碰到敢于在老师面前如此放肆、不敬的学生。莫可名状的怒火涌上了刘老师的心头，她正在思考怎么处理时，猛然看见小豪咬牙切齿的表情，那圆睁的怒目中，射出的也是与正常孩子不一样的光。刘老师心头不禁一颤：天啊，莫非他是个心理有问题的孩子？刘老师强自压住火气，思索起他转来以后的表现，看来，这中间一定有问题，绝对不是表面上的那么简单。她深咽了一口气，暗暗地告诫自己，对待这样的学生绝对不能用简单的方式，否则以后更难应对。于是，刘老师稳定了一下情绪，轻舒了一口气，环顾了一下周围六十多双紧张而不知所措的眼睛，淡淡一笑说：“看来，咱们新来的小豪同学很有些小脾气嘛。不过，这没什么，就你刚才所说的作文问题，我想单独抽时间和你探讨，小豪，你先坐下吧。”听到刘老师的话，同学们都舒了一口长气，有的开始窃窃私语，有的更是向小豪投去了厌恶的目光。

像这样的孩子，出现这样的问题，一定有着深层的原因，不知道原因而去疏导，那势必是事倍功伴。下课回到办公室，刘老师梳理了一下思绪，决定先找小豪的家长了解一下情况。

第二天上午，小豪的爸爸如约而至。正如刘老师所料，小豪的爸爸非常坦诚地告诉她，他的儿子的确心理有问题。经过小豪的爸爸介绍后知道，小豪是一位留守儿童，他的父母从他几岁时就外出打工，把他一直留在老家。没有了父母在身边的照管，没有了来自父母的疼爱和教育，他变得性格孤僻、行为乖张、暴戾恣肆。最近，正是由于在原来的学校经常与老师发生冲突、不服管教，在不得已的情况下才被父母接到了身边。他怨恨父母，从不愿与父母交流，动辄大发脾气，跑出家门。针对他的这些行为，父母是既难过又束手无策。

送走了小豪的家长，刘老师陷入了沉思：这个孩子出现这样的心理问题，不是一朝一夕的事情了，改变起来一定有困难，千万着急不得。怎么办？那只能慢慢来了。

此后，刘老师几次试着找小豪聊天谈心，让他了解父母的辛苦和不易，教育他学会体谅父母，学会感恩。刘老师还饱含深情地告诉他：老师其实就像他的父母，同学们就是他的兄弟姐妹，大家都在默默地关心着他，希望和他做朋友。在几次谈心后，小豪的抵触情绪慢慢地减轻了。有一次，在谈到他父母外出打工的不易时，刘老师竟然惊喜地发现，他眼中涌动起了泪花。多日的引导终于出现了结果，这让刘老师甚感欣慰。在以后的日子里，刘老师像母亲一样呵护着小豪，对他给予了更多的关注，并叮嘱全班同学都要多帮助、宽容他，避免与他发生冲突。一段时间后，小豪发生了较大的变化：他变得安静了，驯服了，当给他指出一些错误时，他也会默默地点头保证改正。

现如今，小豪转来刘老师班已近一年半，他已完全融入了这个大家庭。

高兴之余，刘老师感慨颇深：身为人师，需要的不仅仅是“授业”“解惑”，更重要的是要做好“传道”。只有拥有高度的责任心、爱心、宽容心，才能从容应对一个个“奇怪的孩子”。

与刘老师一样，徐明玉老师也曾经遇到过这样的“奇怪的孩子”，不过，他们的表现却有所不同。

徐老师是从四年级开始给那个班任课的。在此之前，由刘爱建老师担任班主任。在徐老师接任之前，刘老师发现班内经常丢笔，查了多次，没发现任何线索。徐老师也曾经同刘老师商量过对策，但最终无济于事。

后来，刘老师调走了，这就给徐老师留下了一个难题。面对这种状况，徐老师很是头疼：一点儿迹象都没有，怎么查呢？还是先从整体的道德教育入手吧。于是，徐老师在第一次开班会时就切入了这个棘手的问题。她首先给孩子们讲了几个亲身经历的抓小偷的故事，孩子们听得津津有味。徐老师心想，这个偷拿别人笔的孩子也可能在思想上有所震动吧。接着，她又进行了一番思想教育，并且明确表态：如果谁拿了别人的东西，最好是找机会主动交出来，只要以后不再犯了，就既往不咎。如果不想让老师知道也可以，只要以后不要再拿了，老师也会不再查下去；但是，如果以后再出现这种现象，老师一定会一查到底。另外，她要求同学们只要发现丢了东西必须马上报告。

这次班会之后很长时间没有了动静，徐老师还以为这件事就这样不了了之了。可不久，丢笔的事情又连续发生了几次，有时是早上，有时是课间，有时是中午。每次徐老师总是细心询问，详细记录，仔细分析。为了从根本上杜绝问题，她还及时换了教室门上的锁，也换了带钥匙的同学，并且安插上可靠的人做好监督。没想到“小偷”越来越猖狂，时间间隔也越来越短。无可奈何之下，徐老师展开了细密的调查，从种种迹象和同学们的怀疑对象入手，锁定到了其中一个同学。

那位同学似乎觉察到了什么，有点沉不住气了，开始给别人送笔，大概想封住别人的嘴吧。同学们把这件事告诉了徐老师。于是，徐老师找来他，与他进行了长时间的谈话。谈话时，徐老师不容他长时间思考，唯一的要求是让他说实话。

经过一再的说服，在证据面前，他泪流满面，终于说出了实情。原来，他从二年级就开始偷拿别人的笔。之后，徐老师又对他进行了一番教育，要求他抽时间把所有的笔送来，保证以后不再干了。做完了这一切，徐老师还是不放心。出了这样的事儿，这位同学一定是又懊悔、又担心，抱着这样的心理，他以后的成长肯定会受到极大的影响，充满爱心的徐老师在这里适时地送上了深切的安慰："你只是染上了一个小怪癖：特别喜欢笔。又犯了一个毛病：没经过别人允许就拿走了。我想经过今天的谈话，你肯定会改掉这个怪癖和这个坏毛病的。只要以后不再犯，你就是个好孩子，人嘛，谁不会犯点错误呢？"

第二天，这位同学悄悄地把笔给徐老师送来了。徐老师把笔拿回教室，让同学们认领。看着那些欢呼雀跃的孩子，徐老师却无论如何高兴不起来，她还在担心，还是忧虑，生怕那个偷东西的孩子受到太深的刺激，于是，她充满艺术性地说：拿别人笔的同学已经主动承认了，今后，我们永远不要再追究这件事情了。

那位同学，深切地感受到来自老师的爱，这份爱装在他的心里，促成了他的转变。孩子毕竟是孩子，当这样的习惯改了以后，他开始主动与同学们交往，热心参与集体活动，刻苦学习，成绩不断进步，最终成为一名积极进取的好少年。

"在孩子成长的道路上，我们不是旁观者，而是参与者；我们不是法官，而是律师；我们不当裁判，只做拉拉队；我们不做驯兽师，只当镜子。用全心全意地付出，成为孩子的同路人，一起分享孩子成长的快乐和惊喜。"这是王向红老师的心理独白。她是这么想的，也是这么做的。

有一天，王老师刚想进教室上课，班里的小轩同学在几个同学的陪同下走了出来，仔细地看，王老师吓了一跳——小轩用手捂着鼻子，鲜血就顺着手指缝流了下来。她赶紧帮孩子洗去血、堵上纸。等这一切解决完以后，王老师开始询问事情原委，鼻子出血不是意外，而是三班的小唐将他推倒时碰出了血。三班的人怎么到自己班里来了？还大打出手？这到底是怎么回事？一连串的问号在王老师的脑海中闪现。碰到这种事情，急不得，王老师暗示着自己，努力地保持平静，然后进一步了解事情的详情。起初小轩略显紧张，只是着急地为小唐开脱，经过一再追问，事情终于真相大白了：小轩喊本班一个姓的唐的同学为“唐老鸭”，不料被三班的小唐听到了，以为给他起外号呢，就跑到班里推了小轩，事情就这样发生了。

孩子们之间起外号是免不了的事儿，但如果由这件事引发他们之间的矛盾，那实在是不应该。王老师理性地思考着。于是，她先和小轩沟通，告诫他以后破坏团结的事情不做、类似的话语不说；然后又找到小唐的班主任，把事情详细地告诉了她，并且把自己的想法也予以了交代。冷静地处理，使事情不但没有扩大化，而且增加了两个班之间的友谊。

事后，王老师常想，不论孩子犯什么错，出现什么事儿，都需要老师具备一定的耐心和爱心。不然，你一味地站在强势立场上粗暴地对待孩子，只会使事情越来越复杂，说不定还会激化矛盾。小学生，出现一些意料之外的事情是正常的，面对这种事情，往往考验到一个老师的心理素质和职业素养，这种素质和素养来自平时的修炼和提高。只有个人的素质和素养提高了，应对类似的事情才会游刃有余、得心应手。

学生的教育是一项长期的工程，发现问题，就要直面问题，然后在日后的教育教学中逐步得到改进，从而使身处其间的学生也逐步得到提高。倘若意识到问题了，而不想办法解决，任其自然，那小问题也会渐渐地发展成大问题。这样，不但起不到教育应有的作用，而且会毁了学生。不论怎样，我们都要抱着一颗爱心出发，唯有爱，才会带来重视；唯有爱，才会带来细致。

对于这样的道理，张晓丽是深谙其中三昧的。在接管一个班级一段时间后，她注意到，班里有些混乱。有的同学上课讲话，有的不交作业，下课也是打打闹闹，最主要的是班干部也在其中。怎么才能得到改观？张老师思考着，最后，她决定从班干部入手。班干部倘若做好了，其他同学也会有所收敛的。

为此，她进行了一系列的工作：以民主的方式选择班干部；精心培养，教给他们解决问题的方法；严格要求，让他们树立榜样；敢于放手，使他们充分发挥班干部的带头作用和管理作用。

其中这最后一条，效果很显著，颇有借鉴性。对于班干部，张老师予以充分信任，放手让他们大胆干，干错了，及时鼓励他们，帮他们分析，找解决方法；做对了，在班上大加表扬。同时，把他们推到工作第一线上去，给他们施展才华的机会。如：手抄报自己张贴，班级纪律自己管，班级活动自己搞……

一系列关于班干部的工作，最终起到了实效，使班风很快发生了质的转变。班干部做到了以身作则，其他同学也开始积极地投入到学习中间，不但行为规范方面有了进步，就是学风也有了很好的提高。

一件一件关于爱的案例，就这样每天发生的我们学校的老师身上。对于局外的人，可能看上去也没有什么；然而只要稍懂教育的人都知道，这样的爱，是无比珍贵的。正是由于爱，一些迷途中徘徊的孩子走上了正道；正是由于爱，在改变了孩子的同时也改变了一个家庭；正是由于爱，教育才显得有魅力、有希望。

愿这样爱的故事永远在杏苑中开花结果，愿这样爱的精神永远放出灿烂的光芒！

附　录

附 一

陶继新对话杨金明校长：创造适合师生共同成长的教育

——山东省沾化县第一实验小学适合教育的实践与探索

（此文刊登于2013年10月23日《中国教育报》第四版）

位于黄河三角洲腹地、渤海之滨的山东省沾化县，境域内多退海之地，当地的土质多为盐碱地。但就在这样一片土地上，却有着这样一所学校，秉承冬枣之乡文化精髓，紧扣时代和教育改革的脉搏，积极探索学校文化建设，扎实开展学校课程建设，努力推进素质教育，打造着“适合师生共同成长的教育”这一特色文化品牌。短短几年的时间，学校的教育管理、教育质量、办学条件、师生的精神面貌都有了巨大变化，成为鲁北盐碱滩上一颗冉冉升起的教育新星。

确立适合师生共同成长的办学理念

【杨金明】沾化县第一实验小学1959年建校，现有在校学生1700余人，有27个教学班，教职工69人。2009年4月份，我来到第一实验小学任校长，由于多年在县教育局主要从事教育行政和学校建设工作，没有学校管理经验，深感自己身上的责任重大。我认为，要想把学校办成政府放心、群众满意的优质学校，既不能带领老师们在家“兢兢业业”地“闭门造车”，更不能做“坐井观天”的“井底之蛙”。因此，我一边了解情况，一边加强学习。一年多的时间，我聆听了60多个专家的报告，实地考察了省内外50多所名校。通过学习考察，使我看到了我们与先进学校的差距，虽然有经济条件的因素，但更重要的是办学理念上的差距。

【陶继新】有的校长说，我当校长很多年了，可是，我问他，你用心当校长多少年？对方无语。因为这所学校在他任校长期间每况愈下，教师与家长怨声载道。可是，如果用心呢？则会是另外一种景象。您虽然只当了两年校长，可是，您是用心在当校长，有一种很强的责任感。所以，尽管来的时间不长，您却看到了学校存在的问题，进而学习了不少先进的管理理念，以至探索出了属于您的管理方略，所以，才得到了教师与家长的认可，学校也有了较好的发展。

【杨金明】早在2500多年前，孔子就提出了“因材施教”的教育思想。美国教育家、心理学家霍华德·加德纳提出多元智力理论，说明了人应该具备多元化的智能，才能真正成为一个优秀的人。中国教育学会会长顾明远教授也曾经说过，为每个学生提供适合的教育，是尊重教育规律和学生身心发展规律的要求，是现代社会多元化人才结构的要求。《国家中长期教育改革和发展规划纲要》明确指出，要关心每个学生，促进每个学生主动地、生动活泼地发展，尊重教育规律和学生身心发展规律，为每个学生提供适合的教育。我们经过不断实践，分析学校发展现状，广泛征求师生意见，确立了“创造适合师生共同成长的教育”这一办学理念。

【陶继新】在某种意义上说，适合的才是最好的教育。学生生而有异，后天成长与生活的环境及教育又各不相同，当然不能用统一的教育教学方法了。可是，有的教师就是用统一的要求、统一的方法、统一的作业对待不同的学生，其教学效果当然也就不可能理想了。教育就是要让所有的学生都能成长；这里所说的成长，是在原有基础之上的成长，是适合其最佳发展的成长。这样，学生不但能够更好地成长，还会在成长中体会成长的快乐。快乐与否，直接关系到学生能否幸福的问题。小时候的幸福与不幸福，往往不只是显现于当下，还会延续到未来，多能产生久远的影响。所以，要很好地研究学生成长规律，让不同的学生都能更好地成长起来。

【杨金明】我认为，适合教育分两个方面，一方面是适合学生的教育，一方面是适合教师的教育。最适合学生的教育就是学生所接受教育的管理体系，教育教学理念、教学思路和手段正好适合于他的思维方式与接受能力，能使其能力得到最大程度的激发和发展。换言之，能使学生的潜能得以健康可持续发展的教育，让每一个学生成才的教育，就是最适合学生的教育。最适合教师的教育，就是能够让教师在教育学生的同时，自己的潜能得到发挥、特长得到运用、水平得到提高的，也就是说能使教师的专业素养得到不断成长、创造能力得到不断提高的教育。只有适合的教育，学生才能享受教育的幸福；同时只有适合的发展，教师才能享受职业的幸福。

【陶继新】您谈到一个关键词——潜能。不少人忽略了这个词的内涵与意义，认为学生不就是接受知识，教师不就是教学知识吗？其实，绝对不是这么简单，就是教学知识与接受知识，也是很值得研究的一个大问题，因为人的潜能不只表现在知识层面，还呈现在智慧层面和其他诸多领域之中。教育，就要有效地开发这些潜能。当然，不同的人的潜能表现的方面也不同。关键是要有效地触动其最有发展潜能的那根神经，让其思维活跃起来，从而让生命展示出特殊的光彩。当教师与学生的潜能被开发出来，特别是自己主动开发的时候，自己也会感到惊奇不已，会生成特殊的自豪感与自信心。有了自信心与自豪感，潜能还会更好地开发出来，从而让生命越来越精彩。

建设适合师生共同成长的学校文化

【杨金明】要想充分挖掘老师和学生的潜能，非常重要的一点就是文化的引领，只有建设有文化内涵的学校，才能真正把老师和学生都引领到研究的道路上来。这就是我要谈到的“建设适合师生共同成长的学校文化”。

沾化地处渤海之滨，土地盐碱贫瘠，风大尘多，自然环境恶劣，沾化人民世世代代在这片贫瘠的土地上繁衍生息，辛勤劳作，这就是适应求变、自强不息的精神。沾化冬枣也深深地扎根于这方热土，从贫瘠的土地中汲取营养、奉献甘美的果实。冬枣之乡多年的积淀形成了自强不息、追求卓越、奉献甘美的文化底蕴。我们根据办学理念，结合沾化这片土地上生生不息的“冬枣人文精神”，确立了办学目标“汲取冬枣之乡文化精髓，打造素质教育齐鲁名校”。文化建设的基本思路是以适合教育为基础，以人文本，立足实际，高度提炼，最后确立了校训“适应求变，自强至善”。

【陶继新】精神文化是学校文化的内核，构建积极而又有特色的学校文化，必然要在精神文化上下工夫。办学目标与校训都属于精神文化，而且是精神文化的核心要素。“冬枣人文精神”体现的是一种虽难犹进、自强不息的奋争精神，是一种厚德载物、“万物育焉”的奉献精神。“适应”不但要适应环境，而且要改变环境，并让环境打上积极文化的烙印。所以不是一味的适应，还要“求变”，“苟日新，日日新，又日新”，向新向好的方面变化、发展。《大学》有言：“大学之道，在明明德，在亲民，在止于至善。”“至善”是人生的最高境界，也是学校发展的追求目标。不但现在追求“至善”，一生都要追求，唯其如此才能成就一番事业，因为“至善”系修身之本，本立才能道生。

【杨金明】学校尊重教师的主体意愿，关心每一位教师的专业成长，发挥教师的个性特长。也尊重和信任每一位学生，真正从学生出发实施教育，关注学生自身潜在的优势与不足，激发学生的优势潜能，满足学生自身发展需要和未来社会的发展要求。本着这个原则，我们把学校的办学理念、教师的教学思想、学生的培养目标融入校训之中，然后又提出了倡树“团结进取、有教无类”的校风、“专业求精、言传身教”的教风、“立志、勤学、合作、创造”的学风，建立严格、规范、高效的管理体制，把教育的理想和教育现实结合，引领师生共同成长，努力实现我们的办学目标和培养目标。

【陶继新】校风、教风、学风这些学校精神文化的元素，一旦内化到师生的心里，就会产生一种巨大的能量。“有教无类”系孔子之言，当是均衡教育的最早解说；同时，还有对不同类别的学生进行更加有效教育的意义。“言传身教”之于教师尤为重要，学生之所以尊敬教师，不只是因为他说得好、课讲得好，还要看他做得好不好。教师的人格修为直接影响着学生道德品质的形成，而道德品质的高下又决定了学生未来的发展。在你们的学风中，我特别关注的是“合作”。因为当下中国人的合作意识并不令人满意，原因当然是多方面的，而从小在学校学习期间缺失合作意识当是一个潜在的原因。所以，我一直主张，课堂上一定要有合作，有师生合作，也有生生合作。正是在这种合作中，才有了互助与分享，才有了更高的学习效率，才有了良好品质的生成。

树立适合师生共同成长的教学观和课程观

【杨金明】我们还以骨干教师为主要成员，成立了校本教研开发中心，积极探索实施自主合作探究的课堂教学模式，创设一种合作氛围，让全体学生都参与进来，探索实施适合不同学生的 ABC 作业评价等办法，力争让基础不同的学生都能学有所获。

【陶继新】不但要合作，还要自主，真是太好了！因为被动学习是不可能抵达高效境界的，只在自主的状态下，才能领略高效的美丽。而且，这里的高效，不仅在于学习，还会向其他方面辐射，从而让学生在各种情况下都能拥有自主精神。有了这种精神，也就有了立身之本。因为自主精神会让人的发展拥有一种巨大的内在动力，即使在比较困难的境遇里，也可以自主地破解困难，享受破解困难的心灵愉悦。

【杨金明】我们从改变教学模式入手开始自主探究课堂教学模式的探索，把传统的教师讲授式教学变成学生合作探究式学习方式。这次改革力度很大，很多老教师不适应，我们就采取“走出去请进来”的方式，同时改革了备课方式，由原来的单独备课改为集体备课，同年级的老师不断地进行交流、研讨，同学科老师每周一次备课研讨会议，通过一系列的活动，更新了老师的教育理念，逐步形成了主动探究、合作学习的课堂教学模式。自主探究课堂教学模式的实施令课堂发生了悄然的变化：教师的讲解少了，学生的自主参与多了；教师的问题启动少了，学生的问题启动多了；走过场的合作少了，扎实的合作多了；一声不吭的学生少了，参与发言的学生多了；吞吞吐吐、羞羞答答的学生少了，表达流畅、回答自如的学生多了……

【陶继新】你们课堂的变化真是令人鼓舞！传统的课堂为什么没有这种课堂景观呢？因为那样的课堂是以教师为中心，是教师一个人讲，只有教师一个人有积极性；而被动接受知识的学生没有成为课堂的主角，没有积极性。可是老师们已经习惯了这种传授方式，所以让他们让位于学生，开始的时候思想不通是正常的。当真正还课堂给学生，进行大胆改革之后，老师的思想也在悄然发生变化，他们也感到这样的课堂更能激发学生学习的内在动力。因为学生成了课堂的主人，有了积极性，以至出现了热火朝天的场面，人们苦苦追求的高效也就自然而然地“光临”了。何止于提高了课堂教学效率，还提升了学生大胆质疑的能力、积极开放的思维，以及“吾爱师，吾更爱真理”的探索精神。

【杨金明】课堂改变以后，我们为了促进学生个性发展，又研发了学校特色主题课程，是对核心课程的补充和拓展。我们把特色主题课程界定为：国家课程中的综合实践活动课程与地方课程和部分校本课程的整合课程、学校必修课程、学校选修课程。

一是时间上靠得住。为真正鼓励孩子多元化发展，学校将每周二、周四第七节课作为学校特色活动课选课走班时间。

二是师资上选准人。发挥自教师身的优势特长，挖掘潜在的教育资源，开发出 13 个学校课程，有剪纸、毛笔书法、电脑画、器乐、绘画、武术、跆拳道、乒乓球、阅读鉴赏等。学生根据自己的爱好选报这 13 个特色班中的一个。

三是各班级定特色。依据特色班级建设方案的要求，由各班班主任及任课教师根据本人特长及本班实际，广泛挖掘学生才能，建设本班的特色活动。主要有经典诵读类、口才与表演类、益智类、综合类，其中综合类主要有诗配画、创意贴画、手工制作、变废为宝、硬笔书法、爱国影片欣赏等。

【陶继新】特色主题课程让学生的学校学习与生活变得丰富多彩，让学有特长与学有所爱的学生有了学习的地方与时间。这样，他们所学到的就不只是教科书的东西，也不只是在课堂上，有些还走出了课堂，走出了校门。这不但丰富了他们的知识，开阔了他们的眼界，还激发了他们的兴趣，提升了他们的幸福指数。您前面就谈到开发学生的潜能问题，而这种主题课程，便是学生更好潜能开发的载体。因为他们都是因爱而学，也就自然有了很高的效率，也就自然有了丰硕的成果。于是，快乐与兴趣也就弥撒于他们的心里。这种快乐心境，还会不断地向其他方面延伸，从而让一般的课堂学习也有了一定的效率，让平时的生活也有了一定的情趣。学校，不应当一直成为学生苦学的场所，还应当成为学生感受幸福的乐园；学校，不应当让童年感到了无意义，而应当留下终生铭记的童年回想。你们的特色主题课程，恰恰成了学生一个美丽的纪念。

【杨金明】感谢您对我们特色主题课程的分析，我们也深有同感。对于孩子来说，兴趣和自信比什么都重要。我们的特色主题课程就是为了激发孩子的兴趣，培养他们的自信和能力。现在教育最大的失败就是让孩子失去了这些兴趣，抹杀了他们的天性，我们从孩子天赋出发，顺应他们自身的发展方向，做适合孩子们成长的教育。

【陶继新】《中庸》开篇就说："天命之谓性，率性之谓道，修道之谓教。"重视孩子的天性与天赋，才能顺应其自身的发展方向进行教育，才能产生更好的教育效果。所以，要想做好教育，就不能不研究孩子的心理与生理特点，就不能不研究教育的规律，不然，就有可能导致事半功倍的后果。

构建适合学生成长的德育模式

【杨金明】你说的研究学生的心理与生理特点很重要，我们在重视课程建设的同时，把学生的品德教育、养成教育放在首位。我们把德育教育纳入学校课程体系，形成了以"感恩、博爱"教育为主线，以"文明、健康、诚信、自主、合作、创造"为载体，以少先队活动为主阵地，以中华传统节日为抓手，有效实施节日活动与德育主题的"双轮驱动"式德育体系，根据学生年龄、心理特征有计划地开展适合学生的德育活动，着力培养学生良好的行为习惯和健康的心理。

【陶继新】孔子的教育的一个重要特点，就是做人重于学文。因为人做不好了，即使学的知识再多，也不可能更好地为社会服务，甚至有可能危害社会。你们将品德教育与养成教育纳入课程之中，足见重视程度之高。一个人的品质与心理的优劣，形成于整个生命过程中，而小学生时代，则是形成的关键期。这个时候教育做好了，就会为未来的成长奠定好基础；如果小时候不关注其品质与心理的形成，长大之后再进行教育就有可能出现"扞格而不胜"的尴尬。你们深知儿童期教育的重要性，着力培养学生良好的行为习惯和健康的心理，可谓功在当下、利在千秋啊！

【杨金明】我们深深感受到肩上的责任，因此从适合学生的成长和发展需要出发，构建了“以人为本、全员参与、自主管理”的管理体系。学校以“团结进取，有教无类”为出发点制定领导岗位职责；以“立志、勤学、合作、创造”为目标制定学生行为规范；以“专业求精、言传身教”为原则制定教师岗位职责。各班根据各自实际和学校的各项制度规范要求，制定相应的班规班约，形成自主化班级管理模式，推进“十、百、千”（十佳、百优、千星）工程建设。挖掘和整合学校、家委会、家长学校德育力量，构建学校、家庭、社会三位一体的德育教育网络，形成全员育人的“大德育”体系。

【陶继新】自主管理是班级管理的至高境界，它远远超越了教师管理、学生被管理的层次。自主状态下的学生，不是迫于教师的压力，而是一种自觉的要求。所以，这样的管理是积极、顺畅、有效的。魏书生班级管理的成功密码之一，就是学生达到了自主管理的层次。同时，要想让德育高效持久，仅靠学校还是不够的，家庭以至社会也是道德品质、习惯养成的场域，三者形成合力，才能为孩子创设一个更优化的育人环境。优质的环境是人创造的，同时，它又作用于人，尤其是作用于孩子。“昔孟母”之所以“择邻处”，也是考虑到环境对孩子的影响。孩子是祖国的未来，你们着力构建的“大德育”体系，则为孩子的更好发展提供了载体。

【杨金明】我们构建了“感恩、博爱”为主题的大德育活动。每学年三月份、九月份为文明规范月，倡导讲文明、知礼仪、守规范；四月份“健康”，倡导合理膳食、科学锻炼、规范作息；五月份“诚信”，倡导知荣辱、尊承诺、讲诚信；六月份“自主”，倡导自尊、自律、自主、自强；十月“健康”，倡导开朗、乐观、积极、奋进，健康心态，阳光少年；十一月“合作”，倡导团结、友谊、合作、共享；十二月“创造”，倡导观察、发现、科学、创新。每月一个大主题，每周一个小主题，从对自己、对他人、对社会、对自然四个方面分层次逐步提升。

【陶继新】德育不是只做一时就可以长久见效的，而是要持久地去做才能产生能量。你们每月每周从不同的层面都安排了德育活动，这就让德育变成了一种经常化的活动，以至变成了日常行为之事。当学生认为在每月活动中所做的事都是应做之事，以至自然而然去做的时候，德育就会定格在他们的心里，就会形成一种比较好的品质。

【杨金明】我们从点点滴滴做起，从一件件小事入手，落实学生的养成教育。一是路队规范：上学自动编队，“抬头，挺胸，拐直角，走直线”；放学编队下楼，依次离校，队伍整齐，规范有序。二是课间秩序：建立了适合学生发展的课间活动管理模式、课间活动模块。三是卫生习惯：注重个人卫生习惯的养成，保持好室内外卫生，营造健康整洁的校园环境。四是礼仪教育，注重学生的人格培养，一言一行，彰显“淑女”气质、“绅士”风度。

【陶继新】老子说：“天下难事，必做于易；天下大事，必做于细。”这些看起来又易又细的小事，恰恰是形成良好习惯的必行之事。有人说，连续做21天同样的事，就可以形成一种习惯。你们天天如此去做，就更可以形成好的习惯了。习惯一旦养成，就会跟随学生的一生，让其终生受益。叶圣陶先生甚至说：“教育是什么，往简方面说，就需一句话，那就是养成良好的习惯。”你们一点一滴地为学生积累好的习惯，就等于为他们储蓄一笔又一笔走向成功的资本，到了一定的生命节点上，就会结出丰硕的果实。

【杨金明】感谢陶老师对我们的肯定和鼓励。近几年，一些学生的心理健康也引起了我们的重视。随着经济的发展，大量农民进城务工经商，没有时间照顾孩子，部分下岗职工外出打工，孩子由老人代管，这些孩子在学习、生活、人际交往和自我意识等方面难免会遇到或产生各种心理问题，有些问题如不能及时解决，不但给正常的教育教学工作带来巨大困扰，而且严重影响学生的健康成长，甚至为今后出现行为障碍或人格缺陷埋下隐患。为此，学校设立了专门的心理咨询室，建立了“绿色心灵”信箱和电子邮箱，建立了心理健康教育博客“阳光小屋”，成立了“心晴社团”，编辑了《呵护心灵 健康成长》《揭开你神秘的面纱》校本课程读本，并开设心理健康教育活动课。课题组的老师积极学习，有四位教师分别取得国家二级和三级心理咨询师资格证书，我校是中国青少年发展基金会“守望心灵计划—合作学校”“滨州市青少年心理健康教育研究基地”。我校承担的国家心理教育课题《小学高年级心理健康维护研究》已经结题，杨娜老师的心理教育专著《让星星发光》也已出版发行，这些都是努力为孩子的快乐健康成长护航。

【陶继新】是的，目前学生的心理问题呈上升走势。学生心理问题的形成原因很多，所以，解决这些问题，需要专门研究、专业教师，需要区别对待。有些问题，看似道德问题、破坏现象，其实是与心理问题联系在一起的。心理问题解决了，其他问题往往会迎刃而解。而且，心理问题还会影响学生的学习与生活，影响其他同学甚至学校的形象，这些问题解决之后，就会向好的方面转化，就会向其他同学传输正能量，就会为学校增光添彩。更重要的是，当下的心理问题如果积累太多，不只会影响到孩子当下的生命状态，还会为未来埋下隐患，说不定在哪一个时期或哪一个偶发事件中显现出来。所以，高度重视孩子的心理问题，还是为其一生的成长考虑啊！

搭建适合教师专业成长的发展平台

【杨金明】您说的解决学生问题需要专门研究、需要专业教师，我深有体会。“善之本在教，教之本在师”。一所对学生成长负责的学校，必定要首先承担教师专业发展的重任。让“教师适教”，创造条件、提供平台，让教师获得最大程度的发展，进而满足学生对课堂的需求。教师善教、乐教，学生才能会学、乐学。因此，提高教师综合素质是实施适合教育的前提和保障。专业引领、人文关怀、专业培训，教学实践、经验交流、反思改正，全力打造一支高素质、高水平、精业务、爱钻研、讲奉献、有爱心的教师队伍。我在全校教师大会上公开承诺，凡是对教师专业成长有利的事情，学校会不遗余力地支持。

【陶继新】在很大程度上，教师专业水平的高下决定着学生学习能力的优劣。要想让教师善教、乐教，首先要让他们认识到从事教学工作是一件很有意义的事情，是一项神圣的事业，这样，他们就会在教学时，不因困难而止步，也不因挫折而沮丧，而是以一种积极的心态战胜困难，以平常心来对待挫折。这种积极向上的精神与心态，不但让教师本身更有生命的气象，还会将这种气象在有形无形中传播给学生，让他们也具有这种精神与气象。同时，优秀的教师还应当拥有丰富的知识，具有先进的教育理念、精湛的教学艺术，不但可以教会学生，而且还会让学生学得兴趣盎然，让学生学会学习、乐于学习、善于学习。《学记》上说："善学者师逸而功倍，又从而庸之。"意思是说，会学习的人，能使教师费力不大而效果好，并能感激教师。这样，师生关系会更加融洽，教者与学者都会感到乐在其中。我一直认为，教师之教与学生之学，不应当是心力交瘁的一场又一场的苦役，而应当成为不断发展的幸福之旅。你们不正是让师生进行这样的幸福之旅吗？

【杨金明】是的，教师的幸福感来自于对教育真谛的深入认识、个人素质的不断提升、工作中的成功与收获。为此，我们开展了"聆听名师教诲，感悟教育真谛"的打造名师活动，首先我们聘请教育专家、名师来学校作关于教师发展、班级管理、学校文化、教师职业幸福等方面的报告，让老师们与专家名师面对面交流。

其次，我们采取了三步走策略：第一步规定必学内容，提出必学要求，最终检查考试，记入量化考核。第二步是领着学，主要采取"走出去"的办法，多次外派干部、教师赴省内外名校参观学习，并通过开展"外出学习经验交流会”等活动，开阔了人们的视野和思路，达到了共同提高的目的。第三步是自觉学，鼓励老师通过网络、书刊进行学习。学校为每位教师订阅了教育类杂志，引导教师进行反思写作。许多教师已经可以写出高质量的作品，并在各级各类网站、刊物上发表。

然后，建设合作型团队，发挥骨干教师的“传、帮、带”作用，成功开展了四届“青蓝工程”，组织年轻教师和有经验的老师进行“师徒结队”，一批批优秀的青年教师脱颖而出，成为学校发展的中坚力量。我们还开展了“我赞美你”教师论坛、“我心中的好老师”征文活动这些都极大地激发了人们的工作热情，增强了教师的职业幸福感。

【陶继新】绝大多数的教师都有发展的欲求，但若不为其创造发展的舞台，这种发展意识就有可能逐渐消退，甚至职业倦怠起来。你们积极为教师发展创造条件，让他们感到发展的意义与价值，既可以提升自己的教育教学水平，也可以让孩子接受更为优质的教育。这样，从开始的未必特别愿意学习，就会发展到后来的主动积极的学习。当教师有了自主自愿学习的动力之后，也就有了持续发展的可能。教师自身的发展，带来的是学生的成长和学校的发展。没有优秀的教师团队，就不可能有蒸蒸日上的学校发展景象。而且，当更多的教师都在发展的时候，即使个别原本不太积极的教师也会受到影响而逐渐地融入这个发展团队之中。我们在谈学生具有巨大发展潜能的时候，教师何尝不是如此？我结识的一些教师，十年之前尚且默默无闻，现在却成了全国著名的特级教师。因为一以贯之的努力，是可以结出理想果实的。而且当真地更好发展的时候，他们还会有“更上一层楼”的心理向往。这个时候，他们也会愉悦起来，也就幸福了。

【杨金明】适合教育是我们心中的教育理想，更是一份沉甸甸的社会责任。四年多的学校工作，让我更加深了对教育工作的热爱。教师的进步、学生的成长、学校的变化，让我感到非常欣慰，也激发了我今后干好工作的热情。您的鼓励和指导，更增强了我的信心。我将继续发扬自强不息的冬枣之乡人文精神，坚持走内涵发展、特色发展之路，为实现我们的中国梦尽自己的微薄之力。

【陶继新】做任何事情，都要心怀良知，当校长尤其如此。有了社会责任，就有可能走至王阳明所说的“致良知”与《大学》开篇所说的“明明德”的境界，就不会只是驻足于自己的升迁与名利之门，而是更多关注教师与学生的发展，更多在提升学校的品格下工夫。现在，你们已经有了一支与您同行同乐同心的教师队伍，已经取得了可喜的成绩，相信以后你们在走内涵发展、特色发展之路上会走得越来越好。

附 二

创造适合师生共同成长的教育

——沾化县第一实验小学适合教育的实践与探索

（此文刊登于《创新教育》2013 年第六辑）

沾化县第一实验小学是一所省级规范化学校、省级教学示范学校。学校立足以人为本、以校为本、个性化、开放性原则，坚持整合教育、创新管理、科学经营的办学思路，在五十多年的探索和实践中，结合区域文化背景，提炼生成了“适合教育”的办学理念。

一、适合教育的实践背景

2010 年 7 月，我国正式颁布的《国家中长期教育改革和发展规划纲要》首次明确了以人为本的教育理念，提出“尊重教育规律和学生身心发展规律，为每个学生提供适合的教育”。所以，让学生适应社会同时也具有改造社会的能力，是我们所追求的目标。但长期以来，我国基础教育深受应试教育之苦，学校办学越来越偏离教育的本质。新课程改革和素质教育的推进，在一定程度上，使我国的教育现状有所改变，但还存在着很多不适合的现象。

第一，教育观念滞后，人才培养目标同时代发展的需求不能完全适应。九年义务教育的培养目标是按德、智、体、美、劳全面发展的教育理想来设计的，然而实施的结果表明，这种理想没有在现实中得到很好的体现。重智育、轻德育，品德教育的针对性、实效性不强，无法适应社会的发展和学生成长的要求，致使高学历低素质的现象屡屡发生。清华大学学生伤熊事件、复旦大学学生虐猫行为、频发的校园暴力事件、高考落榜后的自杀事件等，其间隐现的问题，足以令每个教育者心痛。据北京大学精神卫生研究专家王玉凤的调查表明，在中国3.6亿未成年人中，至少有3000多万人存在学习、情绪和行为障碍。塑造全新教育观念，培养健康人格、塑造健全人性，任重而道远。

第二，教育教学存在一定的局限性，不利于学生的成长和发展。我国知识本位化一直处于主导地位，学科化明显，课程结构单一，学科体系相对封闭，造成了学科老师各司其职，无法形成综合性的实践能力；同时，各学科内容存在不同程度的交叉，学科老师的要求又无法统一，导致孩子无所适从。

第三，考核方式单一，评价过于强调学业成绩和甄别、选拔的功能。分数评价学生，升学评价教师，不利于学生综合素质的提高和个性发展，同时，也带动了家长、社会不遗余力地占用学生课外时间，"恶补""滥补"现象屡禁不止，进一步加大了学生的课业负担。

第四，不适合的教育教学，造成了不和谐的师生关系。中华民族历来弘扬尊师重教的传统美德，但发展至今，师生恶性冲突事件不断出现在公众的视野中，不由得引发社会对教师这一职业乃至教育本身的深刻反思。"我就是个坏学生，还坏到家了……我恨老师，更恨学校……我要发泄，我要复仇，我要杀老师"的言论，更让我们触目惊心。究其根源，不适合的教育教学，造就了不和谐的师生关系，体罚与变相体罚现象屡禁不止，师生关系持续恶化，致使个别学生不是在快乐中学习，而是在痛苦中煎熬。久而久之，人格必然扭曲，悲剧在所难免。

二、适合教育的理论依据

（一）孔子的因材施教

早在两千多年前，我国伟大的教育家孔子就提出了"有教无类"和"因材施教"的教育思想。"圣人之道，粗精虽无二致，但其施教，则必因其材而笃焉。”这是对孔子教学实践中一条基本原则的准确概括。朱熹也曾指出“圣人施教，各因其材。小以成小，大以成大，无弃人也。”根据每个孩子的特点，让他们在自己的能力范围内成功，这就是因材施教的思想，也就是寻求适合每个孩子的教育。

（二）卢梭的自然教育

“自然教育”就是服从自然的法则，顺应儿童天性发展进程，促进儿童身心自然发展的教育。卢梭提出了三点：（1）教育要顺应自然；（2）教育要培养“自然人”；（3）教育要注意人的年龄特性。卢梭强调说：“大自然希望儿童在成人以前就要像儿童的样子”。强调教育必须遵循自然，顺应人的自然本性。

（三）霍德华的多元智能理论

多元智能理论强调应该根据每个学生的智能优势和智能弱势选择最适合学生个体的方法，根据学生的不同情况来确定每个学生最适合的发展道路。我们要关注学生差异，善待学生的差异，促进学生潜能的开发，促进每个学生健康成长。这也就是我校所提倡的“让每个学生都来有所学，学有所得，得有所长”。

（四）苏霍姆林斯基的个性全面和谐发展教育思想

苏霍姆林斯基创造性地提出个性全面和谐发展教育思想，并将其作为学校教育的理想和目标。他强调指出，个性发展和全面和谐发展是一个相互联系的统一体，没有个性发展，全面发展是难以实现的。

（五）教育即生活

从实用主义经验论和机能心理学出发，杜威提出了“教育即生活”和“学校即社会”的观点。杜威认为，最好的教育就是“从生活中学习”“从经验中学习”。我国教育家陶行知先生也提出：生活即教育。他指出：教育是供人生需要、为了生活向前向上的需要的，教育要通过生活才能产生力量而成为真正的教育。

近年来，国内外对适合教育都有很强烈的共识。2010 年 2 月 8 日，美国联邦政府教育部长提出："21 世纪人类最好的教育，是让每个学生享受适合自己的教育。"顾明远会长在解读《国家中长期教育改革和发展规划纲要》时谈到人才培养时也说道：所谓因材施教，就是要给每一个学生提供最适合的教育，让每一个学生都生动活泼主动地发展。这无疑是对适合教育办学理念的又一个权威印证。

三、适合教育的内涵

所谓"适合教育"就是学生所接受教育的管理体系、教育教学理念、教学思路和手段正好适合于他的思维方式与接受能力，能使其能力得到最大程度的激发和发展。换句话说，能使学生的潜能得以健康可持续发展的教育，让每一个学生成人成才的教育，就是适合的教育。

适合的就是最好的，适合的就是公平的。教育要适合学生，学校应该为每个学生的发展提供适合的教育。教师既要开发构建学生的智慧、情趣，使之在德智体美诸方面全面发展，又要承认学生在智商、情商上是有差异的，适合的就是能得其所哉。

（一）教育要适应时代对人才的需要

随着知识经济时代的来临，社会对人才的要求也越来越高：不仅要求人才掌握知识，运用知识，能学以致用，而且还要求他们注重知识的生产和创新。这就要求我们的教学理念不断创新，教学方式不断创新，教师的思维要不断创新……只有这样才可能培养出创新型人才，才能更好地满足社会的需要。

（二）教育要符合教育对象的需求——个性发展

学校要关注人的全面发展、终身发展，为每个学生提供适合的教育。教育要服从人的发展规律，要更加关注全面发展学生的个性。学生是发展的人——要求教师尊重其身心发展规律，细心、耐心指导，挖掘每一位学生的潜能，“物”尽其用；学生是独特的人——要求学生的独特性应受到尊重，同时也应被视为一种教育资源进行开发和利用；学生是具有独立意义的人——要求教师尊重学生的选择，倾听他们的心声。

既适合时代的发展需要，又满足学生的个性发展需求，达到二者的有机统一，在这样的理念下进行的教育才能成为让人民满意的教育，才是适合的教育。

四、适合教育的实践与探索

适合教育是一个科学系统的办学思想体系，更应是一套科学有效的实践策略，应该体现和落实在学校教育教学的各个层面。

（一）适合教育的学校文化

学校的办学理念是学校的核心价值观，体现了师生共同的价值追求，对学校发展起着重要的引领作用。我们在借鉴先进经验的基础上，基于中外教育大家的教育思想，结合沾化的地域文化，提炼出了“创造适合师生共同成长的教育”这一办学理念。在理念引领下，学校又制定了“一个中心，两个基本，三个凸显”的办学思路。一个中心，以学校内涵发展为中心；两个基本，教师专业发展为基本，学生个性发展为基本；三个凸显，凸显办学的规范性，凸显理念的前瞻性，凸显适应中求变的创新性。在此基础上，衍生提炼出了学校的办学目标、校训、校风、教风、学风。

1. 校训：适应求变、自强至善
2. 办学目标：汲取冬枣之乡文化精髓，打造素质教育齐鲁名校
3. 校风：团结进取，有教无类
4. 教风：专业求精、言传身教
5. 学风：立志、勤学、合作、创造

学校环境文化是学校文化的重要载体，也是学校办学思想的直观体现。根据“汲取冬枣之乡文化精髓，打造素质教育齐鲁名校”的共同愿景，整

个北楼设计就像一株枝繁叶茂的冬枣大树。首先，将根深深扎入“一方水土养育一方人”的一层，以具有厚重文化底蕴的冬枣之乡文化，作为我校生根发芽和茁壮成长的土壤。然后，以中楼梯为主干，以校训为主线，自下而上，一层一个主题，分别是“适应”“求变”“至善”，层层递进，预示我校全体师生如同沾化冬枣一样适应求变、自强不息、修身立德、奉献甘美，不断追求品德高尚、全力奉献的至高境界。学生誓词和教师誓词以及东、西楼梯的养成教育和感恩教育则是主干的内化显现。最后，五楼层将冬枣树耸入云霄，各块展板内容都突出了“我与冬枣畅成长”这一主题，预示着孩子们从这里起飞，飞向美好的未来。

南楼总体设计以养成教育为主，展板内容活泼生动，主要从卫生习惯、礼仪习惯、学习习惯、社会责任、健全人格等各个方面给学生以引导。南楼东楼梯则从规范行为习惯的角度，引导学生远离危险，健康快乐成长。

（二）适合教育的课程体系

近五年以来我校课程开发与实施的过程中，兼顾国家核心课程、地方课程和学校课程三个层面的协调，逐步形成“一个核心、两大主线、三大支撑”的课程体系。一个核心——学生全面发展的质量核心；两大主线——学校核心课程、学校特色主题课程；三大支撑——学校环境文化课程、学校资源课程、学校拓展课程。

1. 优化国家核心课程

国家课程中的学科课程是学校课程的主体与核心，我校一方面严格按照国家及地方相关课程文件规定开足开全课程，另一方面加大核心课程教学的改革与创新力度。各学科在课程优化方面均有新的突破。如语文学科实现了学段有目标，六年有规划的小学语文目标体系。数学学科将数学学习与学生生活有机结合，用数学知识解决各种生活中的问题等。

2. 深化学校特色主题课程

首先，积极寻找学校特色主题课程研发的途径。①整合改编：从国家和

地方课程资源中获取研究信息，根据我校实际整合、改编，成为适合本校实际的学校课程，如阅读鉴赏、书法、电脑画、合唱、经典诵读等；②优势提升：把我校教育教学的传统优势项目提升为学校课程资源，凸显办学理念和特色，如乒乓球、数学思维方法与应用；③挖掘创新：鼓励教师发挥自身的优势特长，挖掘潜在的教育资源，创造性地开发有个性的学校课程，如剪纸、武术、跆拳道、口才与表演、葫芦丝等。

其次，组织编写学校特色主题课程教学资料。在深入研究国家课程及地方课程资源的基础上，我校组织教师编写了适合本校实际的学校特色主题课程教学资料：经典诵读读本《诗意童年》，语文课程资源《绕口令》《课本剧》，心理健康专题教育《呵护心灵　健康成长》《揭开你神秘的面纱》，综合实践活动课程《思考中前行》《实践中成长》，艺术教育资源《渔鼓戏》，养成教育资源《生活自理能力》等。

第三，学校特色主题课程的呈现形式。依据适合教育理念，我们从学校师资、设施等实际出发探索出一条“两个版块，两个结合”的特色课程开发之路。“两个版块”指的是学校与班级两个版块。第一版块，学校艺体特色课程。学校依据大多数学生兴趣爱好及音体美英语教师自身的优势特长，开发出 13 个学校级特色主题特色课程：剪纸、武术、跆拳道、毛笔

书法、电脑画、葫芦丝、绘画、乒乓球、舞蹈等。第二版块，班级特色课程。我们鼓励各班班主任及语文、数学等学科教师从“留守”于班内的学生实际出发，遵从学生意愿创办特色班，学生可以走班上课。有经典诵读类，如诗朗诵；口才与表演类，主要包括相声、小品、故事、唱童谣、课本剧创编等；益智类，如谜语、急转弯、顺口溜、魔术；综合创意类，主要有诗配画、创意贴画、变废为宝等。在学校特色活动课程的基础上，我们组建了学校乐队、乒乓球队、武术队等10多个学生团体，并积极与校外培训机构合作，实现师资互补、资源共享，着力提升孩子们各方面才能。迄今为止，我校二百余名学生已完成书画、声乐、舞蹈、乐器等各类省市级考级，多名学生在国家、省市级各类比赛中获奖。

（三）适合教育的课堂模式

我们依据课程标准开展的课堂教学改革等一系列活动已初见成效，适合学科学习规律的自主课堂教学模式已基本形成。

语文学科，其教学模式的指导思想为“培养学生自学能力，立足学情进行教学”。在这一思想指导下，我们设计了培养学生自学能力，有利于教师了解学情的前置性作业，低学段的《自学指导案》，重在引导学生学会

自学语文的方法；中高学段的《自学案》重在学生记录自学的收获。其模式的基本结构为“五步十环节”。第一步，前置自学、初步感知；第二步，复习导入、检测字词；第三步，朗读感悟、集体过关；第四步，默读品味、合作探究；第五步，拓展感悟、仿写练笔。数学学科的自主课堂模式一至六年级均为5个要素，即“明确目标、自主学习、讨论质疑、精讲点拨、巩固落实”。综合实践等其他学科主要采取

“小组探究式”，学生依据教材的内容选择主题，讨论确定研究内容，查找相关资料，然后小组进行汇总，最后在全班进行汇报展示。这种模式旨在培养学生的探究精神、合作精神，提高沟通及收集、梳理、汇总信息的能力。

（四）适合教育的德育教育

在适合教育理念的引领下，我们整合教育资源，将德育教育纳入学校课程体系，形成以“感恩、博爱”教育为主线，以“文明、健康、诚信、自主、合作、创造”为载体，以少先队活动为主阵地，以中华传统节日为抓手，有效实施节日活动与德育主题的“双轮驱动”，开展适合学生的德育活动，着力培养学生良好的行为习惯。

1. 创设适合的德育管理体系

学校根据学校实际发展状况和教育教学实践，从适合学生的成长和发

展需要出发，构建“以人为本、全员参与、自主管理”的管理体系。学校以“适应求变、自强至善”为宗旨制定领导岗位职责；以“立志、勤学、合作、创造”为宗旨制定学生行为规范；以“专业求精、言传身教”为宗旨制定教师岗位职责。各班根据各自实际和学校的各项制度规范要求，制定相应的班规班约，形成自主化班级管理模式。深入推进“十、百、千”（十佳、百优、千星）工程建设，有效挖掘和整合学校德育工作力量，加强家长委员会和家长学校建设，努力构建学校、家庭、社会三位一体的德育教育网络，形成全员育人的“大德育”体系。

2. 夯实行为习惯养成

从学生的行为习惯入手，狠抓养成教育。一抓路队规范：上学自动编队，“抬头，挺胸，拐直角，走直线”；放学编队下楼，依次离校，队伍整齐，规范有序。二抓课间秩序：打造适合学生发展的课间活动管理模式，积极创建适合学生需要的课间活动模块。三抓卫生习惯：注重个人卫生习惯的养成，保持好室内外卫生，营造健康整洁的校园环境。四抓礼仪教育，注重学生的人格培养，一言一行，彰显“淑女”气质、“绅士”风度。

3. 打造适合的德育活动品牌

紧紧围绕“适合教育”的核心理念，积极构建“感恩、博爱”为主题的大德育活动体系，实现了“年年有规划，月月有主题，班班都参与，人人有收获”的良好氛围。每学年三月、九月为文明规范月，倡导讲文明、知礼仪、守规范；四月份“健康”，倡导合理膳食、科学锻炼、规范作息；五月份“诚信”，倡导知荣辱、尊承诺、讲诚信；六月份“自主”，倡导自尊、自

律、自主、自强；十月“健康”，倡导开朗、乐观、积极、奋进，健康心态，阳光少年；十一月“合作”，倡导团结、友谊、合作、共享；十二月“创造”，倡导观察、发现、科学、创新。每月一个大主题，每周一个小主题，从对自己、对他人、对社会、对自然四个方面分层次逐步提升。

有效实施节日活动与德育主题的“双轮驱动”，推进校园文化建设，全面提升学生的思想道德和综合素质，形成乐观向上、愉悦怡人的育人氛围。学校活动“节日化”是德育实践工作的新探索。“节日化”就是要定型学校文化，提倡人人参与，彰显德育特色，过真正的生动的德育生活。根据我校的办学实际，特设定金秋合唱节（10月1日—30日）、传统文化节（11月10日—12月10日）、成长感恩节（4月4日—6月4日）、校园艺术节（5月10日—6月1日）、体育节（4月26—5月9日）。“唱响校园主旋律合唱比赛”唱响时代最强音，彰显新时代阳光少年的风采；表演《三字经》、诵读《弟子规》、吟唱《唐诗宋词》、朗诵现代诗文，传承祖国优秀文化，浸染学生健康发展；“童心祭英烈，共铸中华魂”“感恩父母”“感恩老师”“感恩自然”“爱祖国，爱家乡”主题教育实践活动，触动孩子心灵，培养孩子的人格；“校园歌手大赛”“小小主持人大赛”“我要上六一才艺展示”“童心庆六一”“六一书画展”，各种活动琳琅满目，异彩纷呈；“阳光体育”“韵律健身操”“特色体育活动”“趣味运动会”，增强孩子体质，成就健康人生。

4. 拓展适合的德育实践基地

积极组建和优化学校辅导员队伍，依据地域自然优势，开辟“万亩冬枣园科普活动基地”“海源盐化活动基地”“土地改良—万亩芦苇湿地活动基地”“健源枣制品活动基地”等四个校外科普活动场所。在校内开辟“小小种植园”社会实践活动基地，培养孩子吃苦耐劳的精神和生产生活的本领，真正体会“适应求变，自强至善”的深刻含义。深入挖掘烈士陵园、文化馆、电影院、书店、敬老院、超市、交警大队等活动阵地的教育潜力，积极开展有计划、有步骤的社会实践活动。学校先后组织了“遵守社会秩序，争做文明少年”“自理自强自立，争做新时代好少年”“盛世中华，心系奥运”“争做环保小卫士　构建低碳新生活”“童心向党——红色历程”等假期实践活动，加强学生行为习惯的教育，强化学生与他人、社会的融合，提高学生的社会公德意识，培养社会责任感。

5. 营造适合的教育大环境

学校成立了家长学校，分年级分批次组织家长学习，互动交流。积极争取外来资源，邀请知名家庭教育专家来我校做专题报告，提升家庭教育水平。同时，拓宽与家长的交流渠道，设立教学开放日，邀请家长走进学校，走进课堂。构建起了学校—家庭教育的大环境，使学校教育得以有力延伸和拓展。

6. 关注师生身心健康发展

为呵护师生身心健康发展，学校设立了专门的心理咨询室，编辑了《呵护心灵》校本课程读本，并开设心理健康教育活动课。我校承担的国家心理教育课题已经结题，心理教育专著《让星星发光》也已出版发行，真正实现了为孩子的健康发展护航这一教育理念。

（五）适合教育的教师发展

教师是一个学校的灵魂，教师的发展是学校发展的前提和必要条件。

1. 思想引领，燃起教师自我发展的热情

在激发教师自我发展热情方面，我们采用请进来走出去的方法，分期分批组织教师到石家庄外国语学校、青岛胶州向阳小学、德州乐陵实验小学等省内外知名学校参观学习。先后聘请陶继新老师、韩珍德校长、李胜勇校长、王明勤教授、张斌博士等省内外知名教育专家及乐陵实验小学的优秀班主任来校作关于教师发展、班级管理、教师职业幸福等方面的报告。组织全体教师观看魏书生、于漪、任小艾、霍懋征等教育大家的报告。这些做法都极大地激发了教师努力实现自我发展的热情。

2. 打造平台，提升教师专业素养

为提升教师专业素养，我们首先在写字、表达，科研、教学、学生管理等方面为教师提供平台。如一周一次的粉笔书法展示，学期末的优秀论文随笔评选等。还积极争取上级有关部门的支持，立足学校实际，着重学校文化建设、班级管理、课程建设、学情研究等几个方面申报课题，组织广大教师参与研究，进一步提升教师的专业素养。其次打造幸福课堂，提供教师专业素养综合展示的平台。我们提出打造“适合学生发展的幸福课堂”，组织校内公开课、观摩课及青年教师课堂大赛等活动，探索幸福课堂教学模式。并邀请省内外部分专家老师组织开展了“新生代语文名师风采展示暨幸福课堂观摩研讨会”，把我们学校教师的教学水平又提高到了一个新的层次。我校青年教师更是在县市教研部门组织的专业素质大赛、课堂教学大赛等活动中频获佳绩，这些成绩对教师专业发展自信的提升起到了积极的推动作用。

3. 营造氛围，实现群体共同发展的飞跃

为了激励教师整体进步，我们尝试开展了“我赞美你”教师论坛、《我心中的好老师》征文活动、“一带一师带徒”活动，这些活动使新教师不断成长、老教师不断创新，教师的整体水平得到很大的提高。三年来，我校有多位教师的论文在各级各类评比中获奖，多位教师在国家、省市级教育刊物上发表文章，一人出版专著。教师群体的专业化发展，提升了学校的办学品位和办学效益，提高了学校的知名度。

（六）适合教育的师生评价

在适合教育指导下的师生评价要面向全体、多个角度、多元与互动，突出评价的诊断和发展功能，通过有效评价促进教师与学生的共同发展。

我们采用的教师评价方式主要有：(1)自我反思：通过自评量表、教学反思日记、阶段性工作总结、个案分析或成长记录等进行自我反思；(2)同事互评：应用分析和研讨、说课、听课与评课、述职测评或展示成长记录等交流方式，互评互助，共同成长；(3)领导评价：应用面谈、座谈会、评课或教师述职等交流方式，日常观察、常规检查记录或教师成长记录等调查方式，注重发现教师的闪光点和进步，帮助教师树立自信心，实现自我发展。

适合教育要求学生评价要多元化、科学化，以适合每个孩子的成长需求。因此，我们尝试推行了自评与互评相结合，自我约束与检查监督相结合，既关注全体，又突出个体的全方位学生评价模式。各班以“文明、健康、诚信、自主、合作、创造”十二字方针为依据，参照班规班约，制定详细规范的评价制度，建立学生成长档案，通过“自评”“互评”、监督与考核，推选本班“每周一星”，深入挖掘每个孩子的闪光点，关注每个孩子的点滴进步。在此基础上，评选学校“每月之星”“学期之星”“百优好少年”“十佳好少年”，构建“星光大道”，成就绚丽人生。这样，既关注了学生成长的过程，也关注了学生成长的阶段性结果，有利于学生良好行为习惯的内化和优秀品格的养成。

适合教育是我们心中的教育理想，更是一份沉甸甸的社会责任。怀着这份教育梦想，我们携手并肩，执著前进，为实现伟大的中国梦而奋斗！

附　三

适合教育的思考与探索

——在滨州市小学校长论坛上的专题发言

一、适合的就是最好的

首先与大家分享一个视频《坐在路边鼓掌的人》。我不知道大家看完以后有什么感想，我的感受是，每个人都有适合自己的成长道路和适合自己的位置，无论是走在路上的英雄还是坐在路边鼓掌的人，都是自己的一种选择。

2010 年出台的《国家中长期教育改革和发展规划纲要》中明确提出“关心每个学生，促进每个学生主动地、生动活泼地发展，尊重教育规律和学生身心发展规律，为每个学生提供适合的教育。”如何为每个学生提供适合的教育呢？我认为应关注以下三个方面：

（一）关注学生的差异

教育的功能就是把自然人打造成社会人，自然人的第一特点就是差异性，遗传决定了人的差异，但造成人的差异的不仅仅是遗传，还由后天成长的环境所决定。比如说家庭成长环境、教育环境、社会环境等。有的人一生下来就衣食无忧，饭来张口、衣来伸手；有的人一生下来就吃不饱、穿不暖。大家可能看过湖南台有档节目叫《变形计》，同样是祖国的花朵，他们之间简直是天壤之别，人的差别不仅表现在身高、体重等看得见的外形上，还有我们看不见的差异，比如说他的情商、他的智商，作为教师，我们会一直面对差异，面对差异不能埋怨，埋怨会让学生失去自信，埋怨会让教师失去工作积极性，从而产生倦怠。不埋怨差异那就要研究差异，创造适合学生的教育，这样我们的学生在学习活动中不断产生兴趣和自信，在课堂上就会慢慢地听得懂，就会告别忍受，逐步走进享受。

上海建平中学原校长、著名教育专家冯恩洪先生曾讲过这样一个寓言故事：老虎成为百兽之王后，看到社会上越来越尊师重教，就一门心思想当校长，但没有哪个学校敢聘请它，于是它拿出自己的全部积蓄，办了一所森林动物学校，圆了它的校长梦。家长问老虎：把孩子交给你们学校有什么不一样呢？老虎底气十足地回答说，其他学校只教一种或两种本领，在森林动物学校，保证你样样本领都能学会。森林动物家长也是望子成龙啊，一个样样本领都能学会的承诺，让刚开张的森林动物学校招生火爆。但好景不长，开始出现了转学风，第一个转学的是鸭子，老虎很惊讶地问为什么转学？鸭子说，我们家族的遗传基因决定了我们在水里行、在地上不行，你要求我们水陆两栖，每天在水里还行，让我们在地上长跑五千米，我实在受不了。鸭子妈妈看到小鸭子一天天瘦下去，心疼不已，就告诉鸭子：你爷爷水里行地上不行；你爹水里行地上不行，恐怕你也走不出这个误区。样样都会不适合我们鸭子家族发展，咱们转学吧！紧接着第二个转学的是兔子，那一天教过河，讲完了要领兔子犯难了，它对校长说，我脚一沾水，腿就抽筋，活着学的本领越多越好，我现在到不了河当中就得沉下去，命都保不住，会多会少一个样啊！第三个转学的是老鹰，那天教爬树，老鹰想，展示我的强项的机会来了，老虎刚讲完，它第一个站起来说“我能行，我先上”，就张开翅膀呼呼地飞到了树梢上，老虎一脸严肃地告诉它“动作不规范，重来”，老虎规定要沿着树干爬上去，不能飞上去，于是老鹰受不了这样的教育，也转学了。就这样，没过多长时间，森林动物学校就关门了，老虎以美好的愿望开始，却以失败的结局告终。

这个寓言故事启示我们，人与人是有差异的，人人有才，但人无全才，要扬长避短，争取个个成才，教育就是应该发现和发展人的强势智慧。森林动物学校完全有可能办得群星灿烂、英才辈出，关键是要转变一个办学理念，根据每个学生的长处，发现学生的强势智慧，创造环境和条件，让学生的强势智慧得到充分发展。那就是：是鸭子就让它在水里游得更远；是兔子就让它在地上跑得更快；是老鹰就让它在天空飞得更高远。

（二）尊重学生的情感

近些年来，大家越来越信服一句话：好孩子是夸出来的。这句话的实质就是尊重学生的情感。对于学生的成长来说，自信和兴趣比什么都重要。当前我们教育最大的失败就是让一部分孩子失去了对学习的兴趣和自信。我们过度关注学生的学习成绩，大大忽略了学生的精神感受。对在学习和生活中犯错的孩子，不能一味地否定，更不能讽刺挖苦、挫伤孩子的自尊心，一旦自尊心受到伤害，孩子的自信心就会降低，进而对某件事或某个人的话就会不再感兴趣，并且产生逆反心理。应该在鼓励当中加以引导，维护孩子的自尊，树立孩子的自信心和好奇心，尊重学生的情感，尤其是在课堂上，让我们的学生喜欢课堂，而不是忍受课堂，从而形成和谐的师生情感交流。

我在一篇介绍美国教育的文章中看到，有一位美国的美术老师教学生画马，老师讲清了画马的角度与结构比例之后，就让学生去画校园里拴着的三匹马。每个学生画得都不一样，其中有个学生画的马是六条腿，面对这样常识性的错误，美国的这个老师是这样总结的：我们的这位小朋友很有创意，他画出了世界上根本不存在的六条腿的马来，不过今天不存在不等于将来不存在啊！如果你们谁通过改变遗传基因，果真繁衍出六条腿的马来，你可别高兴得太早了，马的功能是日行千里，六条腿的马日行千里，四蹄着地、两蹄休息，时刻准备着取代疲惫的另外两条腿。如果你能证明六条腿的马比四条腿的马日行千里的本领更卓越的话，同学，你别忘了申报诺贝尔奖啊！如果你真获得了诺贝尔奖，不要忘了到母校来一趟，让你的老师、你的同学分享你胜利的喜悦啊！

面对观察的错误，我想这位国际同行给我们做出了尊重学生情感的最好的诠释，学生是有灵感的，即使回答错误或做错了，学生也有追求自我尊重的需求。

（三）教育要释放学生的潜能

人总是有潜能的，总分第一的学生不等于没有弱势智慧，总分倒数第一的学生不等于没有强势智慧，哪一个老师如果能发现学生身上的强势智慧并且创造环境和条件让他们的强势智慧充分发展，那么这个老师在该学生的心目中一定会被视为终生难忘的恩师。

霍华德的多元智能理论也证明了这一点。那么作为教师，我们能不能发现学生的潜在能力，能不能让学生的潜在能力在我们的课程和课堂当中充分地得到发挥和发展呢？我认为，只要做到这一点，我们就在创造适合学生的教育方面迈出了重要的一步。现在我们欣喜地看到，很多学校已经成为这样成功的案例，如洋思中学、杜郎口中学、乐陵实验小学等。前年我在和崔其升校长交流中了解到，当年杜郎口中学教师学历合格率很低，大部分是民办教师和转正的民办教师，老师不会讲课和讲错的事情时有发生。崔校长是一位有思想敢创新的校长，同时又是一位工作扎实、钻研业务的校长，他听完课后，还要检查学生的作业，了解课堂的有效性如何，他发现虽然有的数学老师在课堂上讲错了，但是在学生作业中还有好几个学生做对了，于是他突发奇想，何不让这些学生来讲？于是奇迹出现了，虽然他们不会用数学语言来讲，但是听不懂的学生听得懂了，不会做的学生会做了，教错的老师头上也冒汗了。这个时候，崔校长的想法是，老师多讲就多错，我们要少错就少讲，把课堂教给学生，这一交不要紧，释放了学生的潜能，大面积提高了课堂教学效率。

二、近几年的实践探索

近年来，特别是市教研室提出创新行动三年计划后，我校在学校文化建设、教师发展、课程建设、课堂教学、教学管理创新等方面进行了初步探索。我校课程体系可以归纳为“一个核心”——学生全面发展的质量核心；“两大主线”——学校核心课程、学校特色主题课程；“三大支撑”——学校环境文化课程、学校资源课程、社区拓展课程。今天我主要从学校的文化建设、课堂教学改革、校本课程、教师发展等几个方面汇报一下我们的工作：

（一）学校文化建设

学校文化能使师生员工对学校产生一种心理归属感和价值认同感，从而形成巨大的向心力和凝聚力。同时，还能对学生起到潜移默化的教育作用。近几年，我们主要是在理念文化和环境文化方面做了一些探索。我县是中国冬枣之乡，冬枣树从沾化这片盐碱、贫瘠的土地上汲取营养，自强不息，坚忍不拔，不屈不挠，结出了甘甜、清脆的冬枣，享誉中华大地。沾化人民更是世世代代在这片贫瘠的土地上繁衍生息、辛勤劳作，适应并改造着这片热土。冬枣之乡多年的历史积淀形成了一种适应求变、自强不息、追求卓越的文化底蕴。适合的就是最好的。借助我县这一独具特色的地域文化，我们确立了我们的办学理念“创造适合师生共同成长的教育”，简单地说就是适合教育。确立了办学目标“汲取冬枣之乡文化精髓，积极打造素质教育齐鲁名校”。在此基础上又确立了一训三风，我们的校训是“适应求变，自强至善”。

在环境文化的设计上，为充分体现“创造适合师生共同成长的教育”的办学理念，将主题定为“我与冬枣共享成长”。主教学楼的设计就像一棵茁壮成长、枝繁叶茂的冬枣树，教学楼的一楼就是冬枣树的根，以具有厚重文化底蕴的冬枣之乡文化，作为我校生根发芽和茁壮成长的土壤；中楼梯是冬枣树的主干，它是全校师生拾级而上的路径，承载着师生共同求索的脚步；各楼层的走廊是冬枣树条条粗壮有力的枝干，流淌着学校成长的血液；办公室、教室和各功能室是冬枣树的无数枝叶，不断汲取，不断回报，成就整株大树的枝繁叶茂。展板的外形设计也是根据楼层递升，从绿叶、黄花、红果进行变换梯次上升。从一楼到五楼分别以可爱的家乡、适应自强、开拓进取、完美至善、放飞梦想为主题，层层相联，逐层递进。这既是冬枣的成长过程，更是师生共同成长的历程。

（二）深化教学改革，创新课堂教学

国家课程中的学科课程是学校课程的主体与核心，我们一方面严格按照上级有关文件要求，规范办学行为，提高课堂效率。另一方面以新课程理念为指导，加大核心课程教学的改革与创新力度，寻求适合学生的教育方式方法。在教学工作中，我们因材施教，不放弃每一个学生。积极探索实施自主合作探究的课堂教学模式，创设一种合作氛围，让全体学生都参与进来，探索实施适合不同层次学生的 ABC 作业评价等办法，力争让基础不同的学生都能学有所获。

我校在适合教育理念的引领下，组成课堂创新研究团队，组织各种形式的学习和研讨，积极探讨与尝试课堂的创新与改革，实现了由传统课堂向自主课堂的转变。我们从改变教学模式入手开始探究自主课堂教学模式，把传统的教师讲授式教学变成学生合作探究式学习方式。去年，我们组织部分骨干教师到杜郎口中学附属小学（淄博临淄）、授田英才学园等地考察学习，山东省教科所张斌博士、天津师范学院王敏勤教授、市教研室周主任等先后到我校指导课程实施和课堂教学，逐步构建了我们的“适合教育自主课堂教学模式”。在总模式的基础上，各学科又根据学科特点，分别构建了适合本学科特点的课堂教学模式。如语文的六步模式、数学的体系导入模式、地方课程的单元回归模式等等。

我校的课堂教学模式遵循三个原则：一是适合师生共同成长，共享幸福课堂；二是学生主动合作探究，培养学生适应社会的能力和创新能力；三是结合教师个人的特点和学生的年龄特点，在基本模式的基础上有所创新，适合教师本人的教学，适合本班学生的学习。

自主探究课堂教学模式的实施令课堂发生了悄然的变化：教师的讲解少了，学生的自主参与多了；教师的问题启动少了，学生的问题启动多了；走过场的合作少了，扎实的合作多了；一声不吭的学生少了，参与发言的学生多了；吞吞吐吐、羞羞答答的学生少了，表达流畅、回答自如的学生多了……

（三）校本课程实施

校本课程的开发原则

（1）人人都有感兴趣的事做

（2）人人都掌握某方面的技术或技能

（3）人人都有一定的成就感，都有自信心

（4）让学生学会合作、学会理解、学会专注

（5）让学生学会动手动脑，培养创新思维能力

（6）与综合实践、地方课程进行优化整合

校本课程的开发依据

对孩子的教育是件不能重复的事情，所以无论理论上如何完善，在改革之前还是需要慎重，所以我们在课程改革初期做了以下工作：

1. 专家引领和论证

2012 年 10 月份，在市教研室周主任的组织下，邀请了省课程中心的张茂聪博士、省教科所张斌博士、上海金山区教育发展中心的王三阳主任以及省内、市内的部分名校长来我们学校召开了“新时期小学课程建设论坛”，对我校的适合教育课程进行了论证，这对我校的课程建设起到了极大的推动作用。

2. 学生调查

我们向全校学生发放了调查问卷，征询学生喜欢什么样的校本课程。

3. 教师申报

我们对全校教师进行了特长调查，由教师根据自己的特长，自主申报开发课程，学校进行严格的筛选并制订课程方案和教学计划，每个特色班安排两名老师，一主一副，以主带副的形式来进行授课。

4. 发动家长

通过家长委员会，发动学生家长参与到校本课程开发和教学中来。最后经过沟通和筛选，确定了快板、面塑、厨艺、吉他四门课程由学生家长承担。每周四下午他们会免费准时来校上课。

5. 学生选报

学校将要开设的校本课程向学生公布，让他们在开设的这些课程中自由选择，绝大部分孩子都选到了自己喜欢的课程。

校本特色课程的时间：每周四下午的最后两节课

校本特色课程的方式：选课走班，打破年级、班级界限，学生根据选报的课程到指定的教室上课。

我们的校本特色课程大体上分为几种类型

音乐天地：包括葫芦丝、舞蹈、合唱、吉他

美术长廊：包括剪纸、绘画、书法、面塑、素描、摄影

阳光运动：包括武术操、跆拳道、太极拳、乒乓球

快乐起航：包括英语情景剧、经典诵读、快板书

科技天地：包括电脑画、科学小实验

综合实践：种植、厨艺、钩针编织

心灵驿站：心理游戏、心理咨询和辅导

精彩人生：精彩阅读　精彩周末　精彩假期

学生社团：棋艺、足球、篮球、爱乐、电子、卡通、科学

我们体会到校本课程的实施过程是一个螺旋上升的过程。2009 年是我校校本课程建设初期，我们提出“人人有特长、班班有特色”的口号。当

时，校本课程开发渠道主要集中在音乐与美术两大艺术教育课程上，开发课程资源的教师主要是教授美术与音乐学科的艺术课程教师，我们开发出书法、剪纸、舞蹈、手工制作、电脑画等 9 个面向全校学生的校本课程。因为可供选择的校本课程少，所以，每个班都只有为数很少的学生能够选修校本课程，留下来的学生怎么办？在当时情况下，我们决定开发班级特色课程。一二年级以经典诵读为特色，三至六年级每个班都有自己的特色，如“创意贴画”班，“变废为宝”班，“你说我猜”班、“课本剧班”等等。

校本课程开发者从只有音体美教师，到全校所有学科教师，再到家长，是课程意识不断提高的体现。2010 年我们实现了所有体育学科教师都开发出校本课程资源，数学、语文、科学、英语等十多名学科老师开发出了学校课程。如担任数学学科的曹景云老师已经取得国家二级心理咨询师资格，他从心理学角度出发，开发校本课程心理游戏，这门课程深受学生欢迎。最让人感动的是担任语文学科的王存俊老师，王老师已经是 47 岁的老教师，2009 年王老师作为班主任，从自己所教学科出发将“诗朗诵”作为本班特色。2013 年王老师抱着满腔热情，开发出了校本课程“钩针编织”。了解编制文化，欣赏编制作品，学习编制技艺，王老师的钩针编织课程让人耳目一新。本学期末，钩针编织班的孩子，戴着自己编制的凉帽，提着自己编织的杯子套，优雅地走在舞台上，这场别具一格的梯台秀，赢得全体师生的热烈掌声。

校本课程资源逐年丰富，2009 年至 2010 年 9 个课程资源，2010 年至 2012 年增至 20 个，截至今年已经有 30 多个优秀校本课程资源，可供学生选择。随着校本课程资源的丰富，“人人有特长、班班有特色”被赋予新的内容。“人人有特长”基本得以实现，3 至 6 年级 96% 的学生能够选修到自己喜欢的学校课程。自 2012 年起“班班有特色”的内容发生了大的变化，不再局限于由班主任开发出某个特色活动，学校统一安排课时，班内学生一起开展此特色活动。如今“班班有特色”的内涵发展为以班主任为主，班级学科老师共同参与，在班级管理目标、班级文化建设，甚至班级课程建设方面形成自己的特色。从这个意义上讲我校校本课程建设初期的“班班有特色”，恰恰是新教育倡导的“缔造完美教室”的萌芽。今天我校作为新教育实验学校，将在此基础上不断努力使“缔造完美教室”活动更加完善。

校本课程开设初期，我们对校本课程的认识依然停留在特色活动层面，没有目标，没有方案，几名艺术学科教师凭借自身特长，教授学生舞蹈、书法、乐器等，学期末学生能够出几个作品，就是教学成果了。正因为对校本课程认识上的不足，所以重视程度就受到影响。平时担任校本课程的艺术学科教师若有外出学习、准备演出等任务，校本课程就停止，学生返回本班。可是这部分学生不但无法顺利参与到本班活动中来，还冲击了班内活动，组织管理混乱。特别是，我们还需应试，每到期末复习考试阶段，就停止校本课程，进行学科复习。校本课程难道只能停留在活动课层面？2012 年我们邀请省教科所课程专家张斌博士来校做报告，提高了全校教师对课程的认识，引领我们走出了校本课程就是音体美老师教学生一种特长的误区。校本课程有培养目标，有课程方案，教师根据课程方案实施教学。但是，毕竟部分校本课程有它很强的专业性，不是人人都可以承担的，所以，为了保障校本课程的顺利实施，我们改革了校本课程教师任教制度。实行一主一副，以主带副的形式。每门校本课程都由两名教师承担，主讲教师负责课程内容的开发、授课等主要课程事项，助手教师协助组织、指导学生学习活动。这种形式使校本课程的教学时间、师资的有效延续都得到充分保障。

随着校本课程建设的深入，40 分钟的授课时间明显不能满足校本课程的需求。如厨艺等课程，学生要做好烹饪的各项准备，又要在烹饪结束后打扫厨房卫生，显然 40 分钟是不够的。解决这一问题的最好方法就是将周

三、周四两个时间段合并为一个时间段，形成校本课程大课时。在反复征求意见，认真考证的基础上，我们重新调整了课程表。如今，周四下午两节课为师生提供更充足的学习时间。

校本课程评价

从心理学的角度讲，一个人在学习过程中只有不断进步，才能产生成就感，才能具备继续学习的动力。虽然，校本课程是学生从自己的兴趣爱好出发，选修的课程，但是每门课程的学习都不仅仅是快乐，以何种方式让学生感受到自己的进步，体会到进步带来的成就感？校本课程的考核问题，摆在我们面前。2010 年我们从课程实际出发制定出考级制度，设计了考级证书，一门校本课程，一张考级证，证书设计成一张精美的书签。我们还采取授牌方式给予特色班认可与鼓励，当时，得到授牌的特色班教室有 16 个。随着校本课程建设的深入，校本课程的考核方式日渐多元。2013 年我们对考级制度做了改革，每一名校本课程教师都从课程实际出发制定课程等级认定标准，学校设计了等级证书、印章，制订出详细使用计划。选修校本课程的每名学生都发放一本等级证书，无论他选修哪门校本课程，只要取得相应级别，就可以在证书上加盖一枚印章。因为只有那些具有长久生命力的校本课程，才能定制印章，所以，这一评价方式改变了校本课程无目标、无计划，脚踩西瓜皮，滑到哪里算哪里的随意状态，都形成了自己的课程体系。教师只要吃透课程方案，就能够承担校本课程的教学工作。比如，我校王红梅老师开发的课程——剪纸，专业性很强，但是因为她制定出科学易行的课程方案，所以，作为助手的张国鹏老师，虽然对剪纸并不精通，但是按照王老师的课程方案，依然能够引领学生有效地学习这门课程。这本证书上的一枚枚印章，记录的是学生选修校本课程的足迹，是对学生学习的认定，更是对学生在兴趣特长之路上继续走下去的激励。

展示更是校本课程最好的一种评价方式。首先，我们利用学校文化墙这块阵地，为学生展示提供一方舞台。教室内的展示墙，教室外的走廊都有学生作品。一张张手抄报，一幅幅电脑绘画，一件件面塑作品，一帧帧富有生活气息的照片，一件件书法作品……孩子们每日都生活在自己营造的快乐氛围中。其次，为那些在某个领域具有特殊才能的孩子，提供更多的成长和学习机会。学校每年都积极组织学生参加国家、省、市、县教育部门举办的各项比赛，为学生创造各种与外界交流的机会。最受老师和学生欢迎的还是校本课程展演。2014 年我们不仅为师生提供展示精品的舞台，还提供了一方人人均可参与的平台。今年六月我校第一届“校本课程展演”成功举办。在“校本课程展演”中每个孩子都是演员，每个孩子都是编剧，每个孩子又都是导演，节目也许不精致，但是在这自编自导自演的过程中，每个孩子都获得了极大的快乐和满足。

回顾校本课程的发展过程，我们深切体会到，这一过程正是学校、教师、学生共同成长的过程。在校本课程资源开发的过程中，更是成长起一大批优秀教师，编写出十余种适合本校实际的校本课程教学资料。2009 年暑假，李敏、王俊青等几名教师在整合语文学科、传统文化中的经典诵读内容的基础上，编写出经典诵读读本《诗意童年》。去年，《诗意童年》整理改版后又投入使用。2010 年暑假颜冬梅、李敏、孟庆玉等五名骨干教师参与编写了 3—6 年级《综合实践活动》课程教学材料，充分体现了综合实践活动课程的特点，至今仍在使用。2011 年暑假在总结学校特色主题课程活动成果的基础上，编辑成册多个课程资料。（ppt 展示语文课程资源《绕口令》《课本剧》，心理健康专题教育《呵护心灵健康成长》《揭开你神秘的面纱》，综合实践活动课程《思考中前行》《实践中成长》，艺术教育资源《渔鼓戏》，养成教育资源《生活自理能力》。）

不过，校本课程的建设过程中，直接的受益者还是我们的学生。教学生 6 年，想学生 60 年，适合教育理念引领下的校本课程，正在从学生原始生命状态出发，促使学生潜能得以健康和可持续的发展，引领每一个学生走上成才之路。

（三）全力助推教师发展

为了让老师们快速转变教育教学理念提升专业素养，我们不惜花费大量资金，采取走出去请进来的方式，根据当前发展和老师们的需要，不停请专家来我校作报告，也频繁派老师外出学习，有时会一下派出整个学科的所有教师外出听课学习。这样的方式，类似于恶补的方式，一年多的时间，整个学校的精神面貌和教研氛围及老师们的教育理念发生了很大的变化。

在2011年至2013年两年的时间里，老师们每天都在幸福教育网站上浏览学习和发表帖子，也互相评论，教研氛围非常浓。今年老师们又登录教育在线新教育网站，继续交流研讨。我们聘请教育专家、名师如陶继新、张斌博士、王敏勤教授、韩珍德校长、周新奎主任、宋道晔老师等来学校作关于学校文化、课程建设、教师发展、班级管理、教师职业幸福等方面的报告，让老师们与专家名师面对面交流。去年9月底，在qq上用了一天的时间，陶继新老师和我搞了一次对话，他整理出一万字的文章——《创造适合师生共同成长的教育》发表在《中国教育报》上。

一所对学生成长负责的学校，必定要首先承担起教师专业发展的重任。我们采取了专业引领、人文关怀、专业培训，教学实践、经验交流、反思改正，全力打造一支高素质、高水平、精业务、爱钻研、讲奉献、有爱心的教师队伍。我在全校教师大会上公开承诺，凡是对教师专业成长有利的事情，学校会不遗余力地支持。

2013年下半年，我们把说课标说教材说课活动纳入常规教研活动，每周二、周五的上午分学科说课。上学期我们投资建好了自动录播室，除了周二、周五的说课活动外，又开展了“适合教育大课堂”活动，每周三上午由我校两位教师执教，再聘请县内外的一名优秀教师来执教同一课题，请市县教研员或名师来我校指导评课。这个活动不仅在本校受到了老师们的重视和欢迎，也引起了其他学校的普遍关注，现在每周三都会有外校教师来我校学习并参与讲课评课。今年下半年，我校 35 周岁以下教师增加到 46 人，已经由原来的年龄偏大的队伍转变成了年轻的队伍，新的师资力量正在成长，我们必须为他们搭建发展平台，也给他们一个成长的动力。经过与骨干教师探讨，决定开展年轻教师朗诵活动和教师沙龙活动，给年轻教师展示才华的机会和教学交流的平台。这两个活动都是每月一次，大大促进了老师们的工作热情和个人基本功的磨炼。

在硬件上为全体教师配备上微机，每年由学校出资为每位教师订阅了一份教育类杂志，通过教师自愿申报、学校订阅的形式落实。学校支持老师们外出参加学习和培训，无论是主管部门安排，还是民间团体组织，只要老师们提出合理的外出学习方案，我们便想尽一切办法，送老师们走上学习的快车道。

（四）借力新教育实验

今年 5 月份，我校申报了滨州市新教育实验项目实验学校，申报项目是“研发卓越课程”。这个项目是朱永新老师在 2013 年年会上首次提出立项的，前期的经验较少。但是我们考虑到无论是“缔造完美教室”“晨诵午读暮醒”，还是“推进每月一事”等，所有新教育实验的项目都是跟课程分不开的，所谓研发卓越课程，就是把课程做精、做细、做得有预期、有计划、有过程、有评价，而我校在近两年的时间内一直把课程建设作为重点工作，校本课程也初见成效，班级文化建设的国家级课题已经结题并全面推广，应该能够承担这项实验任务。6 月份，市教研室在我校对全县的基地主持人和实验学校进行了考核，我校杨娜老师被确定为全市“研发卓越课程”项目主持人，我校也被确立为这个项目的实验学校。

学校通过报告、研讨会等各种方式让老师们了解新教育，认识新教育，老师们积极报名参与新教育实验。我校有 41 位教师报名参与，组成了“缔造完美教室”“构建高效课堂”“新艺术教育”“晨诵午读暮醒”“研发卓越课程”五个项目组，经过大家推荐、审核，选拔了五位项目负责人。

晨诵——我们把晨诵内容定位为三个方面，一是新课标中义务教育部分的所有规定背诵的篇目，包括古诗词；二是咱们市里晨诵午读暮醒群中共享的优秀篇目；三是属于我们学校校园文化体系中的部分具有代表性的诵读篇目。以上所有篇目都由我校教师自己查阅和制作课件。每天早晨的晨诵课上，有的班在唱吟古诗词，有的班在诵读现代诗歌，优美的音乐和孩子们的读书声迎着朝阳，听了让人激动。

每月一事——我校在总结前期德育活动的基础上，进行了梳理和提炼，确定了学校层面的十二字方针和每月的主题。“十二字”方针为“文明、健康、诚信、自主、合作、创造”，“每月一个主题”“每周一次班会”。每学年三月、九月为文明规范月，倡导讲文明、知礼仪、守规范；四月、十月是“健康”，倡导合理膳食、科学锻炼、规范作息；五月份“诚信”，倡导知荣辱、尊承诺、讲诚信；六月“自主”，倡导自尊、自律、自主、自强；十一月“合作”，倡导团结、友谊、合作、共享；十二月“创造”，倡导观察、发现、科学、创新。每月一个大主题，每周一个小主题，从对自己、对他人、对社会、对自然四个方面分层次逐步提升。我们把主动权交给学生，班主任作为参与者只是孩子们的助手，全部过程都由孩子们自己组织和主持，每个学生都参与，每个孩子都有成就感，从而让他们的行为更加自觉和快乐。

卓越课程研发——目前，我们对于课程的开发做了一些工作，但是这些课程距离朱永新教授提出的真正的卓越课程还有距离。我们在这个项目上确立的实验形式是任务驱动式。新教育涉及教育教学的方方面面，作为一名教师，面对新教育，首先产生的可能是担忧，因为一旦走进新教育，之后的岁月将会付出太多的心血，很多教师可能会在刚开始还没有体会到成功时就退缩了。因此，我们决定采取任务驱动式的实验方式，由项目组分阶段按时给老师们安排固定的任务作为新教育实验的底线，在此底线之上，愿意成为榜样的教师完全可以给自己更多的任务，这样既保证了全体教师的成长，又不会限制榜样教师的凸显。另一方面，我们考虑到，如果我们作为一个团队，仅仅有往前跑的力量，却没有明确的驿站，那么老师们最终将一个个停留在驿站不再前进，任务驱动的好处在于，完成一个任务之后，老师们的成就感就增加一些，自信也会逐步增强，在这个过程中，看起来只是完成了一些任务，其实他们已经在悄然成长了。

三、近几年学校取得的荣誉

全国小学德育示范学校
全国红领巾小记者辅导计划示范基地
全国小公民道德建设实验学校

山东省规范化学校
山东省教学示范学校
山东省艺术教育示范学校
山东省语言文字规范化示范校
山东省优秀少先队集体

滨州市文明单位
滨州市基础教育课程实施优秀学校
滨州市教育科研先进单位
滨州市依法治校示范学校
滨州市教育系统先进集体
滨州市中小学数字化校园
滨州市平安和谐校园建设先进单位
滨州市平安滨州建设先进校园
滨州市“诗文诵读、感恩教育、才艺培养”示范学校

滨州市五好关工委

全市第四届迎国庆中华经典诵读比赛一等奖

中国教育报、创新教育、滨州教育对我校的工作也进行了报道

四、几点体会

（一）当校长，要用心

首先，当校长要有责任心，有使命感，组织上把一所学校交给我们，就要求我们把队伍带好，把学生培养好，办成让政府放心、群众满意的学校，从我们个人来说，前有多任校长，将来也会有接任的校长，当我们从校长位置上退下来之后，我们的老师、社会各界，一定会对我们有一个评价，千万别让人们谈论起来，说我们这一届没干什么事。

其次要善于学习和勇于探索。我的原则是读好书、交高人。要努力学习新的教育教学理念，赶上时代的步伐，千万不能兢兢业业地在家闭门造车，这样有可能是费力不讨好，要多与教育专家、名校长交流学习。从政的人要多与领导联系，经商的多与做买卖的人交流，我们干校长的就要多与专家、校长沟通。在交流沟通当中，就会有很多收获和启发。古人说“读万卷书，行万里路”，实际上是在读书当中、在行路的过程当中，学习到很多知识，掌握更多信息，从而提高自己。一校之长是引领发展方向、制定工作方针的人，如果校长方向不明，思路不清，那这个学校不会好到哪里去。都说思路决定出路，那么思路从哪里来呢？不可能从凭空当中冥思苦想出来，我的看法是：眼界决定境界，境界决定思路，然后才是思路决定出路。在2009至2010近两年的时间里，我跑了几十所名校，听了60多个专家的报告，学习教育专家的先进教育理念，借鉴名校的管理方法，这些对提升我的教育教学管理水平起了很大的作用。

（二）尊重教师，尊重他人

首先，要对我们的老师们多肯定、多鼓励、少批评。社会上都说知识

分子是最难管理的群体，包括教师、医生等。我认为这是消极的一面，积极的说法是知识分子也是最容易管理的群体，知识分子学历高，有思想，有个性，有干劲，当发挥出正能量来的时候，工作会非常出色，当发挥出负能量来的时候，破坏力也会很大。他们都有一个共同特点，那就是怕尊重，他们都想把工作干好，你只要理解他、尊重他，取得成绩给予肯定，给他们创造一个良好的工作环境和发展空间，就是累趴下他们也不会有怨言。

其次，要放手放权，用人不疑。当我们把工作安排下去后，只要定好工作目标、工作原则，那就让他们放手去干，不要左一个嘱咐、右一个要求，让他们缩手缩脚畏首畏尾，在工作过程中遇到困难就带他们分析原因，寻找办法，积极协调，给他们创造一个好的工作环境，在人力物力上给予支持。这样，不仅校长当的轻松，而且他们又有责任感，工作更主动、更有劲，工作会干得更漂亮，何乐而不为呢?

前些年我见过这样一位校长，他安排一名副校长出发，回来太晚了，那名副校长带领一起出发的两个老师在学校对面一个小饭馆简单吃了点饭，花了 120 元钱，饭馆老板拿着副校长签字的发票去找校长签字，这位校长说："咱们对门识户的，这个零头你别要了，给你按 100 元结账吧。"刷的一声就把零头划去了。饭店老板没办法，拿着校长签过字的发票找那位副校长诉苦，说这顿饭就是挣这 20 元钱，校长又给划去了，这叫怎么回事?副校长觉得不好意思，说："不要紧，以后再吃饭，花 120 写成 150 就行了。"大家想一想，如果一个校长让手下有这样的想法时，以后学校的工作怎么能开展好?所以干校长要放手放权，用人不疑，做支持他们工作的坚强后盾。越给他们权利，他们会越有压力，有压力就会有动力，要给他们创造一个宽松和谐的工作环境，若非重大事项，尽量不要越级管理。

（三）要精心经营学校

首先，是积极协调好上级教育行政部门，包括各科室以及相关部门的关系，如财政、物价、审计、纪检委等部门，和他们常走动、常联系，人熟是一宝，在很多方面，他们会给我们很多帮助和支持。

其次，是充分利用各种资源，多渠道筹措资金。学校要发展，没有钱不行。前面提到的协调好有关部门的关系，就包括县直有关部门和周边社区、村委会。县里提出“联市去省、跑步进京”，就是让各局委办积极向上去争取项目争取资金。我们学校虽然不能跑步进京，但也要充分利用各种资源，多渠道筹集学校发展资金。2009 年我刚到这个学校的时候，1200 名学生，年公用经费只有 50 来万（那时候生均公用经费只有 450 元），取暖费就占去 10 多万，内部设施几乎空白。

学校要发展，必须先找钱，一方面是在六一节、教师节、春节争取有关部门以及社区村委给予赞助；二是效仿周边县区学校的办法，接受赞助，咱们不能捧着金碗去要饭，很多区域外的学生要到学校来上学，占用我们的教育资源，他们也愿意赞助，但这是冒一定风险的，当时县里、局里要求不准接受赞助，我当时想，学校发展需要资金，一旦出了问题大不了被撤职、挨处分，我只要在这里干校长，就不能被资金捆住手脚，只要不贪污受贿，即使挨处分也认了。通过这种方式也筹集了一块内设配备资金，当然现在形势不行了，这个办法行不通了。再就是积极争取财政部门的专项资金和可调剂资金，要争取这方面的资金，就必须和财政局搞好关系，当时财政局一位主管领导爱打乒乓球，于是我就改造了一间乒乓球室，作为学生乒乓球队的训练房，业余时间邀请这位主管领导来打球，一场球打下来，由于地面是水泥地面，领导身上弄了一身灰，他一面拍打身上的灰一面对我说：“地面铺上塑胶吧。”塑胶铺好后，主管领导又来打球，看到门窗是旧式的钢窗，一刮风就进土，又发话：“把门窗换成铝合金的吧！”于是我抓紧改造到位，前后花了不足 5 万块钱，年底财政局划拨给学校 20 万元，近几年每年都有一定数额的专项基金或调剂资金划入学校账户。老师们对这种策略戏称为“乒乓外交”。

最后与各位校长分享下面几句话：

1. 做正确的事
   正确地做事
   把正确的事做正确
2. 不要打着爱的幌子
   做伤害孩子的事情
3. 不要因为分数而牺牲了孩子的兴趣
   不要因为统一而牺牲了孩子的个性
4. 教育是培养学生而不是培养考生
   教育是培养人而不是培养工具人
5. 不要因为功利而牺牲了孩子的未来
   不要因为应试而牺牲了孩子的创造
6. 以教育的理想办有理想的教育
   以教育的兴趣办有兴趣的教育
7. 以教育的情怀办有情怀的教育
   以教育的责任办有责任的教育

图书在版编目（CIP）数据

走向适合教育/杨金明著．-- 济南：山东人民出版社，2015.9

ISBN 978-7-209-09177-0

Ⅰ．①走… Ⅱ．①杨… Ⅲ．①教育研究 Ⅳ．①G40-03

中国版本图书馆CIP数据核字(2015)第211889号

走向适合教育

杨金明 著

主管部门 山东出版传媒股份有限公司
出版发行 山东人民出版社
社　　址 济南市胜利大街39号
邮　　编 250001
电　　话 总编室（0531）82098914
　　　　 市场部（0531）82098027
网　　址 http://www.sd-book.com.cn
印　　装 山东省东营市新华印刷厂
经　　销 新华书店

规　　格 16开（169mm×239mm）
印　　张 19.75
字　　数 230千字
版　　次 2015年9月第1版
印　　次 2015年9月第1次
ISBN 978-7-209-09177-0
定　　价 40.00元